19세기 급진적 성결운동 지도자들의 생애와 사상

G·I·F·T 사중복음논총시리즈1
서울신학대학교 글로벌사중복음연구소

GI·F·T 사중복음논총시리즈1

19세기 급진적 성결운동 지도자들의 생애와 사상

지은이 홍용표 박문수 장혜선 남태욱
엮은곳 서울신학대학교 글로벌사중복음연구소(GIFT)
　　　총장 | 유석성, 소장 | 최인식
엮은이 글로벌사중복음연구소 편집위원회
　　　편집위원장 | 최인식
　　　편집위원 | 오성현 박창훈 하도균
　　　책임편집 | 장혜선
주소 경기도 부천시 소사구 호현로 468번지 52
　　　서울신학대학교 구도서관 404호

초판1쇄 2014년 4월 22일
펴낸곳 도서출판 사랑마루
펴낸이 우순태
편집인 유윤종
기획 강신덕
디자인 최동호 권미경 오인표 김호정
출판등록 제2011-000013호(2011. 1. 17.)
주소 서울시 강남구 테헤란로 64길 17(대치동)
전화 (02)3459-1051~2 FAX (02)3459-1070
홈페이지 http://www.eholynet.org
ISBN 978-89-7591-326-6 93230

발간사

최인식 박사
글로벌사중복음연구소장

상황 없이 울리는 메시지는 없습니다. 모든 메시지는 구체적인 삶의 역사 가운데 주어집니다. 나사렛 예수 그리스도의 하나님 나라의 도래가 임박했다는 메시지는 로마의 황제와 헤롯의 제국주의적 통치 하에 신음하고 있던 유대백성들에게 들려졌고, 루터의 이신득의 교리는 로마 가톨릭의 교황주의와 공로주의를 타깃으로 삼았고, 웨슬리의 기독자 완전 메시지는 하나님의 주권과 절대은총을 율법무용론(anti-nomianism)으로 왜곡시켰던 극단적 칼뱅주의(Hyper-Calvinism)가 만연한 영국교회라는 상황 한 가운데서 선포되었습니다. 이들의 메시지는 당대의 주류 종교 지도자들에게는 '래디컬리즘' 그 자체였습니다.

이러한 현상은 19세기 말 미국에서 일어난 마틴 냅(Martin W. Knapp)과 셋 리스(Seth C. Rees), 윌리엄 갓비(William Godbey), 및 아론 힐스(Aron M. Hills) 등에 의한 성결운동에도 그대로 적용됩니다. 이들의 사상과 활동은 당시 미국 주류 교단들, 특히 미 감리교나 심지어 전국성결운동연합회(National Holiness Association)의 관점에서 볼 때도 '래디컬(radical)'했기 때문입니다. 이들의 생애와 사상을 이해하는 것이 만국성결교회의 신앙전통과 신학 사상을 파악하는 지름길이며, 이로써 한국 성결교회를 태어나게 한 사중복음의 정신을 보다 깊이 있게 파악하는 자리에 나갈 수 있게 될 것입니다.

서울신학대학교는 만국성결교회를 창립한 마틴 냅이 세운 〈하나님의 성서학원〉을 졸업한 찰스 카우만이 일본에 〈동경성서학원〉을 세우고, 또 한국에 세운 〈경성성서학원〉이 오늘에 이른 것입니다. 하나님의 성서학원은 20세기가 시작되던 1900년에 세워져 사중복음이라는 풀 가스펠(Full Gospel)을 가르치고 배움으로써 수많은 주의 종들을 배출해낸 선교의 요람이 되었습니다. 그와 같은 정신이 경성성서학원과 서울신학대학교에 면면히 흘러온 것입니다. 그 정신의 핵심은 하나님중심주의를 철저히 드러내는 오순절 정신, 곧 초대교회의 사도정신이었습니다.

선교 100년을 넘은 21세기 한국 성결교회와 서울신학대학교 역시 19세기 말 미 감리교회가 인본주의로 인하여 세속화와 교권화 되어 가는 것에 저항하여 교회와 신앙의 본질을 회복하려 했던 급진적 성결운동 지도자들의 펜티코스탈리즘(Pentecostalism)을 요청하고 있는 상황입니다. 이러한 때에 제1기 성결교회신학연구위원회(2002-2007)에 이어 제2기가 출발되어 '사중복음연구프로젝트 2013-2017'을 시작하게 되었고, 이를 보다 효율적으로 진행하기 위하여 〈글로벌사중복음 연구소, Global Institute of the Four-fold Gospel Theology〉를 창립하기에 이르렀습니다. 그리고 프로젝트의 일환으로 사중복음의 정신을 계속 이어나가는 데 필요한 「G.I.F.T 사중복음 논총」의 창간호를 내게 되었습니다.

여기까지 오는 데는 총장 유석성 박사님의 결단과 지원이 결정적이었습니다. 주지하다시피, 과거의 유산을 지속적으로 발굴하여 미래의 자원으로 활용하는 것은 아무나 할 수 있는 일이 아닙니다. 총장님의 인문학적 통찰과 실천적 신앙이 만날 수 있었기에 이루어질 수 있는 일이었습니다. 그리고 총장님이 임명한 네 분 연구교수님들의 헌신적인 연구가 있었고, 특히 장혜선 박사께서 모든 논문들이 하나의 몸으로 거듭 태어나도록 교열, 윤문, 용어통일 등 편집의 총책을 맡아주셨습니다. 아울러 이러한 일의 집행을 위해 기획하고 집행한 연구위원회의 위원으로 박창훈, 오성현, 하도균 교수의 수고가 있었음에 대해 감사드립니다.

끝으로 감사드려야 할 분들이 있습니다. 기독교대한성결교회 총회본부 교육국의 가족들입니다. 유윤종 국장님을 비롯하여 강신덕, 강형규, 전영욱 목사님 외에 여러 직원들이 혼연일체가 되어 대학과 교단을 하나로 잇는 가교 역할을 감당해주셨습니다. 깊이 감사드리는 바입니다.

「G.I.F.T 사중복음 논총」 창간호가 19세기 말과 20세기 초의 미국 급진적 성결운동 지도자들의 생애와 사상을 한국 교회에 소개하는 것으로써 다시 한 번 더 21세기 세계 기독교에 부흥의 불길을 일으키는 계기가 마련되기를 희망합니다. 바울이 디모데에게 주문했던 말이며, 마틴 냅이 미 감리교회를 향해 외쳤던 말, '아나주프레오'! 오늘 한국 교회에도 귀에 쟁쟁히 들려야 할 긴급한 메시지입니다.

"하나님이 그대에게 주신 은혜의 선물을 불일 듯 되살아나게 하시오."
'아나주프레오'! Revive and Refire!
(딤후 1:6, 현대인 번역)

일러두기

1. 마틴 냅이 창립한 God's Bible School은 「하나님의 성서학원」으로 통일
   하였다.
2. 냅이 창간한 정기간행물 Revivalist는 「부흥자」로, God's Revivalist는
   「하나님의 부흥자」로 통일하였다.
3. 벤 킬보른(Ben Kilbourne)은 우리말로 길보륜이라는 이름을 지었다. 그
   러나 후에 잘못 표기되어 길보른으로 사용하게 되었다. 영문으로 킬보른
   으로 표기하거나 한국어 이름인 길보륜을 사용하는 것이 올바른 표기이
   다. 그럼에도 본 논문들에서는 성결교회에서 사용해왔던 〈길보른〉으로
   표기했다.
4. 'Full Gospel'은 내용적으로 다중성을 띠지만, 한국성결교회에 전달될 때
   는 '사중복음'으로 혹은 '순복음'으로 소개되었다. 따라서 본서에서는 주
   로 두 용어로 번역하였으나, 이외에도 '온전한 복음' 혹은 '참 복음'으로
   번역의 다양성을 허용하였다.

목 차
Contents

셋 쿡 리스의 생애와 사상_박문수

마틴 웰스 냅의 생애와 사상

만국성결교회 창립자의 한국성결교회 신학에 대한 선구적 배경

A Study of the Life and Thoughts of Martin Wells Knapp-
The Founder of the International Holiness Union(& Church)
with Regard to the Motherhood Background
for the Theology of the Korea Holiness Church

홍 용 표 박사

글로벌사중복음연구소 연구원

1. 서론

마틴 웰스 냅이란 어떤 인물인가? 냅이 미 감리회와 구별되는 성결교회를 창립한 사회문화적, 영성적 배경과 이유는 무엇인가? 그가 19세기 말에 신생 성결구제전도관과 성결교단 및 그 선교국을 세우고 성경적 부흥, 오순절 성결신학 즉 순복음(사중복음을 포함한) 교리를 탄생시킨 과정은 어떤 것인가? 냅과 그 동료들이 미국과 동양(한국)에서 어떻게 성결교회를 세우게 되었는가?

필자는 이 논문에서 이런 질문들에 답하면서 마틴 냅의 생애와 사역을 특히 10대 지도력으로 성결 신학과 교역(Ministry)을 분석할 것이다. 이를 통해 냅의 전도, 목회, 선교실천과 성결신학이 한국성결교회에 전수되면서

순구원 복음 또는 사중복음으로 정착하는 사회문화적, 선교역사적, 영적, 신학적 동인과 과정, 그리고 그 결과를 연구하고자 한다. 이 논문은 사료부족으로 분명하게 파악되지 않은 성결교회 역사와 지도력을 바로 세워 미래지향적인 생동하는 성결의 영성, 교역, 신학을 재발견하고 재창조하는데 그 의미와 중요성이 있다. 냅의 '성령으로 인도받는 영성'은 순복음의 실천과 오순절-성결 사상의 원동력이다.

순복음 즉 사중복음을 오순절성결 신학과 교역의 주제로 볼 수 있는 이유는 무엇일까? 사실 사중복음에 더하여 순복음 전파를 강조한 만국성결교회의 냅이 파송한 카우만과 길보른이 한국성결교회를 세운 모토 역시 '순복음 전파'였다.[1] 냅의 모토는 "현재, 무상, 순전, 만인용 구원복음", "선교정신 없는 성결운동은 협잡이다", "성결교회는 순구원 복음을 전파한다."이었다. 냅의 성결운동에 응답한 카우만이 냅과 만국성결교회에 대하여 한 약속은 "나는 **순복음**(full gospel)을 변호하러 갈 것이다"라는 것이었다.[2] 카우만은 자신이 받은 선교 비전을 실천하기 위해 극동에 가서 미 성결연합 극동지부로서 성결연합 복음전도관(선교관)을 세워나가기 시작하였고, 만국성결교회 기관지 「부흥자」 Revivalist와 본부에 보고하였다. 그러자 냅은 동료들과 후원자들에게 파송한 "카우만 형제자매가 순 구원의 불, 즉 '순복음'을 전파하고 있었다."라고 보고하였다.[3]

순복음이란 무엇인가? 이는 성경적인 예수의 십자가, 부활, 재림을 통한 구원만 전파하는 것 또는 순전한 성령세례, 순구원, 성경적 성결, 사중복음을 말한다. 그러면 사중복음은 무엇인가? 이는 중생, 성결, 신유, 재림의 복음이다. 에즈베리 신학교 교수인 르온 힌슨(Leon Hynson, 만국성결교

---

1) Martin Wells Knapp, *Pentecostal Letters* (Revivalist Office, 1902), 42; 냅은 순복음을 사중복음 그 이상인 오순절 다중복음으로 이해하는데, 이는 그의 성결교과서인 *Lightning Bolts from Pentecostal Skies* (Revivalist Office, 1898)에 11중 오순절 복음으로 나타난다. "이 단체[만국성결교회]의 교리는 순복음을 전파하는 성결, 신유, 재림, 세계복음화……."
2) *Revivalist* (December 6, 1900): 9.
3) Knapp, *Electric Shocks from Pentecostal Batteries* [EMPB] III, Pentecostal Holiness Library, Vol. 3. No. 9 (1901 September), 49.

회 후손)은 이 냅의 순복음을 '오순절 신학'4)이라고 표현하였다.5) 카우만과 길보른은 만국성결교회에서 안수 받고 선교사로 파송되었으며, 선교비와 안식년을 만국성결교회 본부에서 받았다. 또한 냅의 글과 만국성결교단 헌법에 나온 대로 "순복음을 전파한다."는 표현을 반복해서 사용하였다.6) 같은 교단목사인 레티 카우만(Lettie Cowman)은 그녀의 책에서 냅이 사용한 "성경적 성결"과 "순구원복음"이란7) 표현을 사용하였다. 이러한 것들은 한국에 만국성결교회 총리로 파송되었던 카우만이 냅의 순복음적 사상의 영향을 받았음을 보여주는 것이다. 따라서 한국성결교회도 1960년 때까지는 자연스럽게 "순복음", "성령 충만", "성신세례"란 말을 주로 사용하였던 것이다.8)

냅에 대한에 연구를 위해서는 미국의 급진적 성결오순절운동의 사회문화적 배경을 간략하게 살펴보는 것이 필요하다. 19세기 말에서 20세기 초 미국은 남북 시민전쟁(1861-4) 이후 링컨 대통령의 노예해방이 선포되었으며, 전쟁 전후 주류 교파들이 남북으로 분열되고, 감리교는 초대형 교회로 성장하면서 교권화 되었다. 또한 1880년에서 1910년 사이에 유럽인들의 미

---

4) "Theology of Pentecost." Leon Hynson "They Confessed Themselves Pilgrims" in *Reformers and Revivalists* (Indianapolis, IN: Wesleyan Publishing House, 1992), 227.
5) 마틴 냅의 "오순절"(Pentecostal)이 붙은 책이나 논고가 30여 가지나 되기 때문이다.
6) *God's Revivalist and Bible Advocate* 1900-1906(Cincinnati, OH) and *Electric Messages: Missionary Revivalist* (Tokyo, Japan), 1903-1913 passim.
7) Lettie B. Cowman, *C. E. Cowman: Missionary Warrior* (LA, CA: OMS, 1928), 150, 152.
8) 서울신대 교장을 지낸 이명직은 "성신충만", "사대복음"이란 말을 사용하였다. 『구약영해집1』, 1932, 3. 서울신대 교장을 지낸 이건은 성신의 충만 성신의 세례를 사용하였다. 『성서신앙강연집』, 1939, 10. 성결교회 총회장을 지낸 박현명은 "복음 파급"이란 말을 사용하였다. 『야반규성』, 1940, 2. 이성봉은 그 자서전 『말로 못하면 죽음으로』(1965, 1993)에서 "순복음"이란 말을 자주 사용하고(36, 85, 132) 교대 용어로 사중복음(100)도 사용하였다(참조 복음주의[40], 불세례[62]). 그는 『부흥의 비결』에서 "사중복음"(1963:37) 이란 말을 사용하고 이를 상세히 설명한다. 그는 『임마누엘 강단』(1965)에서도 사죄, 성결, 재림, 신유를 다루고, 이를 순복음이나 사중복음으로 해석한다. 이성봉에게서 순복음과 사중복음은 같은 의미를 지니고 있다. 특히 그의 중생, 성결, 신유, 재림 내용은 냅의 '오순절신학'과 일치한다.

국 이민으로 미국의 인구가 1억 명으로 늘어나는 사회적 대변혁과 산업화와 더불어 영국과 독일로부터 합리성, 진화론, 과학을 강조한 진보주의 신학이 유입되었다. 이러한 시기에 급진적 성결운동이 등장하였던 것이다. 냅은 미시건(Michigan)에서 미국의 동서남북을 잇는 신흥 광역도시 루이빌(Louisville)과 신시내티(Cincinnati)로 이동하여 성결운동의 센터를 세우고 활동하였다. 그는 초교파적으로 영향을 끼친 급진적 성결오순절운동의 주도자로서 가장 효과적인 매체인 인쇄물과 정간물을 활용한 세계적인 복음확산자라고 볼 수 있다. 냅은 특히 부흥, 죄의 각성, 중생, 성결, 신유, 재림, 기도, 구제와 선교동참을 강조하였다. 그가 오순절 성결연맹들과 순복음 책들, 성결문고들, 기고문들, 설교들, 캠프집회들, 「부흥자」(잡지와 출판사)에서 강조한 성령론적 순구원 복음의 메시지는 만인을 위한 무상의 중생, 현재의 순전한 성결, 모든 병을 고치는 신유, 천국을 건설하러 오시는 주님의 전천년적 순간적 재림으로 요약된다.

만국성결교회 110년 역사에서 냅의 생애와 사상에 관한 문헌들은 그리 많이 나타나지 않는다. 그의 생애에 대한 책은 2권으로 자신이 쓴 자서전과 동료 애런 힐스(A. M. Hills)가 쓴 전기이다. 마틴 냅의 생애를 자서전 형식으로 회심과 성결에 대해 서술한 책은 『오순절메신저』*Pentecostal Messengers*이다.9) 힐스가 쓴 전기는『믿음과 기도의 영웅 냅의 생애』가 있다.10) 냅 부인의 『일기와 편지들』도 있으나11) 냅에 대한 자료는 그의 글들과 여러 파편적 글들에서 종합적으로 살펴보아야 한다.

본 논문은 성결운동 전체를 살펴보는 것이 아니라, 우선적으로 마틴

---

9) 냅의 초기 책 Martin W. Knapp, *Out of Egypt into Canaan; or, Lessons in Spiritual Geography* (Albion, MI: The Revivalist Pub. Co., 1888, 1889)이다. 냅이 자기 신앙, 사역, 사상적 변화를 간증한 책은 Knapp et al, *Pentecostal Messengers* (Cincinnati, O: M. W. Knapp, Publisher of Pentecostal Literature, Revivalist Office, 1898)이다.

10) A. M. Hills, *A Hero of Faith and Prayer, The Life of Martin Wells Knapp* (Cincinnati, O: Revivalist Office, 1902).

11) Mrs. M. W.[Minnie] Knapp, *Diary Letters* (Cincinnati, O: God's Revivalist Office, 1918).

냅의 생애와 사역에 국한되어 있다. 만국성결교회의 초창기의 인물들은 주로 마틴 냅과 연관된 루시 냅(Lucy Glenn Knapp 첫 부인), 존 냅(John Knapp), 미니 냅(Minnie Knapp 둘째 부인)과, 공동창립자 셋 리스(Seth Rees), 또한 함께 일한 초기 지도자들과 동료들인 윌리엄 갓비(W. B. Godbey), 엘 피켓(L. Pickett), 새뮤얼 킨(Samuel Keen), 베벌리 캐러다인(Beverly Carridine), 시 룻(C. Ruth), 조지 왓슨(George Watson), 이 대쉴(E. Dashiel), 애비 모로(Abbie Morrow), 엠 스토리(Mary Story) 등이 있지만 이들의 사역을 모두 살펴볼 수는 없다. 따라서 냅의 생애가 끝마치는 1901년까지의 성결운동 사역을 다룰 것이다. 또한 필자는 현재 상황에서 냅을 해석하여 들어가기 보단 냅의 원 자료를 중심으로 해석하고 한국성결교회에 적용할 것이다. 최근 성결오순절교회 역사가들의 오도된 사견을 수정하려다 보니 그와 연관된 현대 이슈들과 해석들은 앞으로 더 연구되어야 할 것이다.

이 논문은 역사연구법에서는 종합사관과 글로컬 접근법(glocal historiography),12) 지도력 성장과 퇴보 사이클을 사용하였다. 냅의 사역에 대한 연구에서 생동성을 위해 스토리텔링과 드라마식 소통(ACTS)도13) 사용한다. 역사와 신학 해석과 적용에서는 다차원적 주석과 석의와 영적, 신학적 모형과 반복적 적용을 다 사용한다. 이러한 연구방법으로 첫째, 냅의 전체 생애와 사역에서 순구원복음의 형성, 핵심사항, 변화 과정을 살펴본다. 둘째, 냅의 성령중심의 순구원 사중복음을 연구한다. 셋째, 냅의 성결교단 헌법, 총회록, 문고, 기관지, 학교 등 실천사항에 나타난 순구원 사중복음의 정체와 극동에 대한 전달 고리를 연구한다. 마지막으로, 냅이 성결교회뿐만 아니라 오순절신학과 카리스마 신학에 영향을 준 신학과 해석 틀 및 목회

---

12) 이 글로컬 접근법은 20세기 초 예일대 래투렛, 영 데이빗 베빙턴, 풀러신학교 에드윈 오어와 조엘 카펜터 및 윌벗 쉥크가 강조한 역사관점이다.
13) 이 ACTs 접근법은 문학, 음악, 드라마, 스포츠, 부흥회예배, 간증에서 뿐 아니라 선교학과 교회성장학에서 사용하는 방식으로, 풀러신학교의 피터 왜그너, 애스베리신학교의 조지 헌터3세, 존 파이퍼, 케빈 밴후저, 예일대의 윙크, 영국의 크리스 라이트, 애스베리신학교의 티모시 텐넌트, 바이올라 대학의 톰슨 등이 사용하는 방식이다.

선교의 적용원칙들을 연구한다.

필자는 이 논문 구성에서 냅의 생애를 10대 분기별로 나눠 그 사역과 사상의 발전, 그의 글들에 나타난 오순절적 순복음 사상, 성결 신학과 교역을 강조하여 전개한다. 결론에서는 마틴 냅을 다중시각에서 보면서, 그가 오순절 성결 신학과 교역을 체계화한 지도자임과 한국성결교회 신학과 교역의 모델임을 제시한다. 이제는 냅의 생애와 사역을 살펴보자.

2. 냅의 생애와 사역

애런 힐스는 마틴 웰스 냅(Martin Wells Knapp 1853-1901)의 전기 『믿음과 기도의 영웅: 냅의 생애』에서 냅은 체구가 작지만 성결교회의 '영적인 용사'라고 표현하며 찬사를 아끼지 않았다. 냅과 한국성결교회와의 직접적 연관성을 보기 위해, 그의 신앙과 삶의 여정에서 카우만과 섭리적으로 연결된 부분을 자세히 살피는 것이 의미 있을 것이다.

마틴 냅(1853.3.27.-1901.12.7.)의 집안내력을 보면, 그는 복음주의적 경건, 부흥, 개혁, 선교 기질을 갖고 있다.[14] 마틴 냅은 미시건 칼훈 카운티 크라레든에서 자레드와 옥타비아 냅(Jared and Octavia Knapp)의 아들로 1853년 3월 27일 태어났다. 그의 키는 5.3피트, 체중 110파운드, 작은 체구, 내성적 기질을 가졌으나 말씀연구, 기도, 믿음, 전도에 있어서는 영적 나폴레옹이었다. 냅의 이복형 L. J. 냅은[15] 법학도로 몬태너의 변호사였다. 그의 이복 누나 레타 코너와 로잘린 V. 벅은[16] 당시 서부 몬태너와 아이다

---

14) 마틴 웰스 냅의 조상은 1630년 영국에서 매사추세츠 워터타운으로 이민 온 니콜라스 냅(1592-1670, 영국 Wells-Next-Sea, Wells, Norfolk, England)의 후손이다. 냅은 독립운동 순교자 집안이다.

15) Hills, op. cit. 25. John A. Wiens, Gregory D. Hayward, Hugh D, Safford, Catherine Giffen, *Historical Environment Variation in Conservation and Natural Resources* (SF, CA: John Wiley and Sons, 2012), 87.

호의 개척자들이다. 냅의 둘째 아내는 미시건 렌싱 출신인 미니 펄(Minnie Ferle)이다.

그러면 냅의 생애와 사역을 10기로 나눠, 그가 만난 상황, 하나님의 섭리 그리고 그에 부응한 냅의 사역에 나타난 사상적 발전을 살펴보자.

가. 냅의 겁쟁이 소년기와 중생한 청년기(1853-1872)

냅의 부모들의 기질과 가정의 영성은 그의 어린 시절에 신체적으로, 신앙적으로 영향을 끼쳤다. 냅 가문은 뉴욕 주에 정착한 미 독립 유공자 가족이었다.[17] 그의 부모는 감리교 개척지의 속장이요[18] 충성된 회원들이었다.[19] 소년 마틴은 아버지를 닮아 체구가 작고 내향적 성향이었고, 체질은 허약하고 수줍어하여 집에 손님이 오면 뒤 담 넘어 농장에 숨어 손님이 갈 때까지 있었다. 냅은 이 모습을 나중에 "*날 때부터 겁쟁이였던 내가 '거듭났다'*" 라고 종종 고백하였다.[20] 냅은 몸이 허약해 농장에서 일할 때 강한 햇빛에는 빈혈 증세를 자주 보였고, 번개, 천둥, 폭풍우에는 잔뜩 겁에 질렸다. 그는 농장 지역에 살았기 때문에 여름과 가을에는 힘들게 일하고 겨울에만 공부했다.[21]

냅은 1870년 어머니의 교육에 대한 "계획과 희생으로 17세에 앨비언 대학에 들어갔다."[22] 그는 대학에 다니면서 자립적인 생활로 경제를 꾸려

---

16) http://www.rootsweb.ancestry.com/~mtravall/RAVALLI_COUNTY_OBITS_Bl.html
17) W. R. Cutter ed. *Geneological and Family History of Western New York: A Record of the Achievements of Her People in the Making of A Commonwealth and the Building of A Nation Vil I* (NY: Lewis Historical Publishing Co., 1912), 85ff. "Knapp Family." Martin Wells Knapp in http://www.homer-ny.com/page6.php.
18) Hills, *The Life of Martin Wells Knapp* [Life of Knapp] (Revivalist, 1902), 18.
19) John Fletcher Hursh, *Short History of the Christian Church* (Harper, 1899), 531-538.
20) Hills, *The Life of Knapp*, 414.
21) Ibid., 26-27.
22) Knapp, *Out of Egypt into Canaan* (Revivalist, 1889), 28, 32, 188.

갔다.23) 그는 이때까지 거듭난 신자는 아니었다. 그는 앨비언대 신학교수들 중24)에 표리부동한 자유주의 신학교수들의 교육에 "그런 교수들의 가식적인 종교에 아연질색하며" 이 절망적 환경에서도 그의 어머니의 경건한 신앙과 기도를 본받고 유지하려 하였다.25) 그는 이 대학에서 기도의 여성 루시 그렌(Lucy J. Glenn)을 만나 교제하던 중 깊은 영적 세계에 눈을 뜨고 큰 영향을 받았으며, 2년 뒤인 19세(1872년) 때 중생을 체험하였다.26) 그는 감리교에서 세례를 받았고, 신학교수들에 대한 거부감 때문에 성경으로 학생들을 양성하는 성경대학에 대한 비전을 청년기부터 가졌다. 그는 이런 신학기풍 때문에 학업 도중 지역 목회지로 나갔다.27)

나. 냅의 첫째와 둘째 목회지 시기-목사안수, 성령세례체험, 전도와 목회 사역(1877-1882)

마틴 냅은 대학동기인 그렌(L. J. Glenn)과 1877년(23세) 1월 7일에 결혼하였다.28) 그는 결혼 후 미시건 포터빌에서 3년간 목회를 하며 교회를 건축하였다. 냅 부부는 1880년(27세)부터 미시건 엘시 인근 더플린 순회지역 3개의 교회들을 돌며 목회를 하였다. 그는 목회 기간 첫 해에 미시건 연회가 요구하는 목사안수 필수과목들을 완수하여 1881년(28세) 가을 연회에서 목사안수를 받았다.29) 그는 순회목회 지역에서 마지막 2년간 6곳의

---

23) Ibid., 29.
24) Ibid., 31-32. "The long-faced, sanctimonious, and sepulchral tones of some professors." 우리는 마틴 냅이 후일 저술들에서 "가짜 교수들"을 공격하는 이유가 여기에서 발단됨을 알게 된다.
25) Ibid., 31-32. 감리교대 교수들은 독일신학의 영향을 받아 성서비평과 사회구원복음을 주장하였다.
26) Ibid., 32, 34.
27) Hills, *The Life of Knapp*, 5, 37.
28) Ibid., 35.
29) George L. Carter, *A Brief History of The Elsie Michigan Methodist Episcopal Church*, 1-12.

지교회들을 책임지고 1주일에 6번 설교를 하였고, 개척지, 학교, 주택에서 부흥회를 개최하였으며, 세퍼즈빌과 엘시의 2곳에서 교회 건물들을 건축하고 감독하였다.30) 이 부부는 기존 목사들과는 달리 '순복음'(Full Gospel)을 전하며 불신자와 빈자들에게 열정과 연민, 또한 사랑을 보인 목회자였다.31)

마틴 냅은 관할지역 순회목회 기간 중 윌리엄 테일러(William Taylor, 1821-1902) 감독에게 외국(인도) 선교사로 가겠다고 요청하였으나32) 허약 체질과 빈혈 증세 때문에 인도 선교사직을 거절당하였다.33) 세계 순회선교사 테일러는 오순절 성령 충만한 체험을 위한 수양캠페인을 하였으며, 성령의 은사와 신유를 강조하고, 바울의 선교방식인 자립식 현지인 양성과 사역 그리고 이양을 중요하게 여겼다.34) 냅은 그의 멘토인 테일러의 성령의 은사와 충만, 신유, 선교지에서 현지인과의 소통하는 선교방식을 따르고 있다. "성령의 은사들은 초대교회에 존재한 증거가 있다… 모든 선한 은사는 이 속죄 안에 있다. 복음은 "사중적"(fourfold)이 아니라 다중적(manifold)이다."35)

냅은 테일러에게서 이 성령 충만의 체험과 현지인을 양성해 사용하는 사역전략을 직, 간접으로 터득하였다.36) 냅은 자기 목회지인 포터빌 교회에

30) Hills, op. cit., 50.
31) Ibid., 40-41, 53.
32) *Heathen Woman's Friend* (HWF) (July 1880): 19. "Western Branch," HWF, June 1881, 283.
33) Hills, op. cit., 237. 테일러(1821-1902)의 생애를 보면 버지니아 락브리지 태생이고 1843년 감리교 발티모어연회 소속으로 세계순회선교사가 되었다. William Taylor, Ten Years of Self-Supporting Missions in India [New York: Phillips & Hunt, 1882]. Edward Davies, Illustrated History of Douglas Camp Meeting (Boston, MA: Mcdonald and Gill Co., 1890). 제 2장 참조.
34) 테일러는 1859-1896년 까지 감리교선교사로 Peru, Chile, South India, Burma, Panama, Belize, Brazil, Angola, Mozambique, and Zaire에 교회를 세우고 Austria, New Zealand, Ceylon (Sri Lanka), South Africa, and Caribbean해 전역에서 현지인 교역 조력활동을 하였다.
35) Knapp, *Pentecostal Letters* (Revivalist, 1902), 42-43.
36) Paul Yongpyo Hong, "Spreading the Holiness Fire: A History of the OMS Korea Holiness Church" (Fuller Theological Seminary, unpublished Dr. Missiology dissertation, 1996), 32. 테일러의 순복음 철학과 방식은 당시 영미 3자

서 열린 테일러 부부의 부흥집회에서 성령세례를 체험하고 신유를 받아 그 삶을 완전히 변화시키는 성령불 임재를 체험하였다.[37] 그는 성경적 성결인 성령 체험을 종종 구했으나 당시 인본중심적인 주류 감리교의 분위기 속에서는 그러한 체험을 얻기 어려웠다. 그는 이미 19세 때 중생을 체험하였는데,[38] 그 후 10년 뒤인 1882년 초에 다른 신자들이 받는 성령세례를 눈으로만 확인하였다.[39] 그리고 그 해 11월 테일러를 강사로 초청한 자신의 포터빌 교회의 특별집회에서 성령세례를 받았다. "나는 성령세례를 받아 원죄에서 정결케 되었고, 온전한 사랑으로 충만하였다."[40] 냅은 자신의 이 성령세례 체험을[41] "빛 가운데 동행함, 정결, 성령세례, 온전한 사랑 충만"[42]을 받은 것이라고 하였다. 성령의 능력과 사랑은 냅의 온 존재를 휘감았고, 3가지 생생한 성령의 인도하심들을 받았다. 그는 중생(회심)에 이어 나중에 임한 성령세례와 질병(이질, 관절, 빈혈증)에서의 순간적 신유 체험[43]과 함께 "너는 네 질병에서 고침 받았느니라."는 음성을 들었다고 간증하였다.[44] 냅은 순간적인 성령불세례와 신유를 받은 후에 성령의 인도 하에서 다른

(자전, 자급, 자립) 선교 정책, 성령부흥 사역, 집단회심, 형제애적 조직, 현지인교역자 활용을 결합시켜 신속히 성령 충만 복음을 전하고 자비량 교회를 세우는 전략이었다.

37) Hills, op. cit., 50, 테일러의 "냅 회고"(Hills, 344-357)와 캔티 회고(Hills, 59-52)를 보라. 앤더슨 외 공저 [선교역사와 신학] 홍용표 역(서로사랑, 1998) 번디, "윌리엄 테일러"(212 쪽 이하)를 보라.

38) Knapp, Out of Egypt into Canaan, 191.

39) Hills, op. cit., 53. 테일러의 1880-81 연차 서부 수양집회(Western Branch 10th Annual Meetings, Heathen Woman's Friend, July 1880-81, 19)와 다른 집회의 성결도 확인하였다.

40) Hills, op. cit., 53-55.

41) Ibid., 53, 54, 55. 냅은 성결을 '성령의 충만, 성령세례, 온전한 사랑, 가나안입성, 마음의 정결, 승리' 체험으로 묘사한다.

42) Knapp, Out of Egypt. 193. Hills, op. cit., 54-55. 냅은 이 성령체험을 그의 글들에서 오순절 세례, 오순절 성결, 성령세례, 성령 충만, 가나안 입성, 순간적 번갯불임재, 온전 성화, 온전한 사랑, 순구원, 최상구원, 순복음, 성경적 성결이란 교대어로 바꾸어 가며 표현하였다.

43) 냅은 1877년에도 장티푸스와 관절에서 신유를 받았다. Hills, op. cit., 43.

44) Knapp, op. cit., 193-194. Hills, op. cit., 56.

사람들도 그런 체험을 하도록 돕기로 서약하며, "성결함을 받은 후…은혜 받은 방식…오순절 불의 충만"을 전하기로 결단하였다.[45] 냅은 이 성령의 능력과 불로 빚은 쟁기로 6년간 5교회를 목양한 것이다.[46]

냅은 이 성령체험 후 그에게 영향을 준 테일러에 대한 소책자를 냈고, 이어서 1882년 애봇(Benjamin Abott, 1732-1796)에 대한 전기서 『오순절 다이너마이트』 *Pentecostal Dynamite*를 출간하였다.[47] 그는 애봇의 부흥과 오순절 성령세례 운동을 자기 체험과 미래사역의 비전과 연관시켜 이해하고 있다.

다. 냅의 셋째와 넷째 목회지 기간- 정간물 「부흥자」 와 성령세례운동 전개(1883-1887)

냅의 셋째 목회는 미시건 라이언스(Lions, 1883-34)에서 2년간 사역으로 이어졌다.[48] 그 후 몬태그로 교회(1884-86)에 부임하여 3년간 사역하였다.[49] 냅은 더플린 순회목사로 일할 때(1880) 테일러 감독 하에 있었고,[50] 포터빌 교회의 3일간 성결집회 중에 성령세례를 받았고, 타 집회들에서도 이를 확인하며 인도 선교에 대한 도전을 받았었다.[51] 냅은 이때 이후 목회지로 돌아와 임상실험을 하며, 부흥회를 여러 곳에서 인도하였다.

---

45) Knapp, PM, 61.
46) Hills, op. cit.,57.
47) Knapp, *Pentecostal Dynamite* [PD] (Louisville, KY: Pentecostal Publishing House, 1882).
48) Hills, 58.
49) Hills, 59.
50) J. D. Melton, *Biographical Dictionary of American Cult and Sect Leaders* (Garland, 1986), 141.
51) Hills, op. cit., 237. 윌리엄 테일러는 부흥성결과 자급선교의 사도로, 1870년 인도 선교를 독립적으로 시작했고, 1884년 아프리카 선교 감독이 되었다. 아시아와 아프리카에서 테일러의 집회 하에 많은 토착 회심자들이 아시아나 아프리카 집단문화와 연관되어 집단적으로 오순절 성령세례를 체험하였다.

또한 피니(C. Finney, 부흥), 파머(P. Palmer, 순구원과 제단초청), 어팸 (Thomas Upham, 영성), 마담 가이용(Madam Guyon 묵상), 햄린 (Hamlin), 애봇(B. Abott, 성령세례), 핸너 스미스(Hannah Smith, 행복), 해버걸(Havergal 간증),[52] 머핸(A. Mahan 성령세례),[53] 무디(D. L. Moody, 부흥), 고든(Gordon, 성령, 신유, 선교) 같은 영성과 부흥 전도자들에 대해 연구하며, 또한 부흥회에서의 중생과 성결을 받은 방법을 집중적으로 연구하며 정리하는 시간을 보냈다. 냅은 이들의 책들을 1890년대 중반까지 〈영성 시리즈〉와 〈금광 시리즈〉로 편성하여 출간하고 보급하였다.[54]

냅은 이 순복음 성결의 은혜를 받고 탐구 과정을 마친 1883년에 월간지 「부흥자」 The Revivalist를 더플린 교회 사무실에서 시작하여 미시건 연회 뿐 아니라 북미 감리교회들과 초 교단적, 초교파 선교회적으로 회람시켰다. 냅은 당시 「부흥자」의 소유주를 '하나님'이라고 명시하였고, 모토는 "현재, 충만, 무상, 만인용 구원"이고, "성령세례가 성공적 부흥사역자에게 필수적인 자질임을 일관적으로 견지한다."[55] 냅의 부흥자(오순절연맹, 성결연맹)의 "형제애, 자선, 충성"의 철학은 미시건 칼훈 카운티 기관들의 모토에서 차용해 온 것 같다.[56]

---

52) Knapp이 1887-1889년 편성한 Divine Guidance 시리즈와 A Mine of Gold 시리즈와 1890년 성결 시리즈 중 마담 가이용, 찰스 피니 시리즈를 보라. 그는 대중음악가 해버갈 책을 10만부나 팔았다.

53) 오벌린대초대총장 Asa Mahan(1779-1889), The Baptism of the Holy Ghost and From Purity to Power을 보라. 후자는 냅이 낸 책제목 Out of Egypt into Canaan 으로 쉽게 알 수 있다. 머핸의 '정결에서 능력으로'를, 냅이 '이집트에서 가나안으로' 제목에서 핵심용어만 대치한 것을 알게 된다..

54) The Revivalist 1890-1894년 기간에 나타난 100여권의 금광 시리즈 책 광고와 보급 항들을 보라.

55) Martin Wells Knapp, Christ Crowned Within (Revivalist Publishing Co., 1887) 마지막 뒷부분 광고항 참조. 또 Knapp, Out of Egypt into Canaan (Revivalist, 1899), 203.

56) Michigan Pioneer and Historical Society, Historical Collections and Researches (Lansing, MI: Wynkoop, 1902), 188. 칼훈 앨비언 포스트 지의 모토가 "형제애, 자선, 충성"(Fraternity, Charity, Loyalty)이었다. 냅은 이를 부흥자와 성결오순절연맹의

냅의 아내인 루시 냅은 1885년에서 1886년의 기간에 여러 교회들에서 마틴 냅과 2주간에 걸친 부흥회 사역을 인도하여 성령 충만의 역사가 나타난 것을 「부흥자」에서 생생하게 중계하거나 요약해 보고하였다.[57] 냅은 또한 1886년 「부흥자」에서 찰스 카우만의 고향인 아이오와 주 앨고너에서 한 열정적 전도자의 집회에서 일어난 순구원복음 부흥역사를 보고하였다. "구원, 회심, 영광의 폭풍우들, 성령감동…, 성결과 정결…, **순구원(Full-Salvation) 충만(Full)**을 전파하였다."[58] 그의 「부흥자」 정간지는 부흥사역 중심으로 '순구원' 즉 오순절 성령 충만 복음을 전하는 매체임을 처음부터 밝히고 있다.[59] 「부흥자」의 초기 기사는 주로 '최상 구원'인 순복음 체험에 집중되었다. 냅은 웨버(James Weber)의 성령체험 부흥사역을 드라마틱하게 발전시켜 『부흥의 폭풍들』을 출판하게 된다.

냅은 라이언스와 더플린 지역에서 성령의 능력으로 목회 하는 가운데 5교회를 건축하였다.[60] 그는 이 해에 그의 비서 베시 퀸(Bessie Queen)과 장차 후임 총회장 조지 컬프(G. Kulp)를 만났다. 이 시기에 냅은 사도행전과 요한계시록 및 구약 등의 설교에서 순구원, 참 성결, 성령세례와 세계선교의 동기를 강조하였다.[61] 그의 3년간 부흥사역의 핵심 주안점은 성경, 복음주의, 성령운동, 은사, 순결한 사랑, 성별, 헌신과 헌물 등이었다.[62] 이를 바탕으로 쓴 그의 둘째 명작 『내 안에 그리스도의 관 씌움』은 21,000부가 판매되었다.[63] 그러나 감리교에서는 그의 급진적 성령운동(중생, 성령능력, 신유)에 대해 한편에서는 칭찬하고, 또 다른 편에서는 책망하였다.[64]

목적으로 채용한 것이다.
57) Hills, op. cit., 59-68. 냅은 그 부흥회를 "성령의 능력 전기 충격"으로 표현했다(61쪽). 그 부흥회 기사는 이 책 75쪽 이하를 참조하라.
58) 원문은 *The Revivalist* (December 1886 and January 1887).
59) 1883년부터 1901년까지의 「부흥자」와 부흥자 출판사의 목적, 철학, 오순절성결 신학사상 등의 골조와 변화를 참고하라.
60) Hills, 57.
61) Hills, 71, 75-76, 81-83.
62) Hills, 62-63, 70.
63) Hills, 80.
64) Hills, 85. *The Michigan Western Advocate*의 냅 부부에 대한 칭찬과 비판 글들을

라. 전도자 냅의 부흥성결문서 사역에서 허전한 썰물과 충만한 밀물(1887-1892)

냅은 10년 목회를 한 후 교회들이 초청하는 전국차원의 전도자가 되기로 결심하고 감리교 미시건 연회에 자유로운 부흥사 사역을 요청하였고, 이 연회는 그의 요청을 허락하였다.[65] 냅은 첫 부흥회를 오하이오 주 베츠빌 교회에서 인도하였다. 냅은 이 부흥회 이후로 "순복음을 전파하려는 불타오르는 열정"을 갖게 되었고, 앨비언 대학에서 받은 성경대학 설립에 대한 비전과 미국 전역과 세계 차원으로 순구원복음 성결문서를 체계적으로 전파시키는 비전을 확정하였다. 이 부흥회 이후 그가 「부흥자」 출판사에서 낸 첫 걸작은 1885년에 부분적으로 출간한[66] 『그리스도께서 내 안에 관 씌우심』(1887)의 증보판이었으며, 이 책은 베스트셀러가 되었다. 이제 「부흥자」는 미시건 앨비언에서 출간하는 자비량 월간 잡지인 동시에 '부흥자출판사'(Revivalist Publishing Co)를 갖게 되었다. 그는 아내 루시의 도움으로 이 출판사에서 전도지와 전도 삽화 및 전도 책자들을 내고, 〈하나님께 인도받음 시리즈〉, 〈금광시리즈〉, 제니 파울러 저술인 청소년을 위한 순수 독서 문고인 〈사중연결시리즈〉 등 20여권을 출간 보급하였다.[67]

이 때 냅에게 자문하거나 동역한 전도자들이나 작가들은 피니, 머핸, 파머, 윌리엄 테일러, 우드, 맥도널드, 클락, 어팸,[68] 스틸, 왓슨, 비 테일러, 핸너 스미스,[69] 해버걸,[70] 개리슨,[71] 킨, 레비, 이 데이비스, 에이치 데이비

참조하라.

65) Hills, op. cit., 70.

66) Knapp, *Christ Crowned Within* (Revivalist Publishing Co., 1887), vi.

67) 참고문헌 참조.

68) 어팸은 성령세례 체험을 강조한 긍정적 영성 심리학자이다.

69) 퀘이커교도로 그녀의 『행복한 삶』은 베스트셀러 영성 책이다. 냅이 그녀를 유명하게 도왔다.

70) 냅의 해버걸의 생애와 찬양 라이릭은 10만권이 나가 그는 포켓용과 대중 복음가를 구상하게 되었다.

71) 이상은 그가 영성 시리즈물로 낸 책 저자들이다.

스, 브리시, 모리슨, 심슨,72) 고든, 영국의 스펄전, 부스, 해리스 등이다.73) 이들은 당시 초교파적 부흥성결운동 전도자들과 복음찬양가의 대가들이며, 부흥성결과 순복음 영성을 강조한 저자들이다. 냅은 이들의 책도 〈금광시리즈〉에 첨가, 보급했다.

냅은 1887년 『출애굽에서 가나안 입성』을 부흥자출판사에서 내고, 그의 총 성결연맹 수장인 맥도널드의74) 맥도널드출판사 등에서 동시 출간하여 수만(28,000) 권이 판매되는 베스트셀러 저자가 되었다.75) 냅의 전도자 사역과 성결문서 출판은 전국차원의 성결운동 지도력에서 사역의 양 날개가 되었으며, 그는 1887년 주도급 전도자와 저술가로 급부상하였다.

냅의 동료인 힐스는 냅에 대한 자서전에서 그의 첫 10년 사역을 이렇게 요약한다. "이 청년 목사는 10년간 보기 드문 성공적 목사, 성공적 저자, 성공적 세계급 부흥자 출판가, 성공적 전도자였다."76) 허약할 때 겸비한 냅은 피비 파머의 순구원 성령운동에 관한 작품들을 심층 연구하였다.77) 그는 1899년 7월에 그의 성령운동 부흥사역에서 입교인, 중생인, 성결인78) 3종류의 교인 중 성결인에 의한 성경대학과 전도자 양성학교 설립

---

72) 1894-95년 「부흥자」에 냅이 심슨의 책을 소개하고, 그의 복음가에 심슨의 노래를 작곡해 넣은 몇 곡이 나타나는 것을 볼 때 냅은 그와 전도자로 상호 동역내지 그에게 오순절운동의 영향을 준 것 같다. 또한 냅은 웨슬리언 성결전도자 켈소 카터에게도 영향을 준 것 같다.

73) J. W Rawlinson, Thomas Moots, T. H. Mulin, Jennie Fowler, C. J. Jackes, F. L. MaCoy, C. H. Sweat, Chaplin Macabe, Elijah P. Brown, J. C. Williams, C. Root, J. Dunn, M. E. Cushman, John Pike, J. C. Smith, J. Rutter 등도 냅의 동역자들이다. 냅은 1895년에 이르면 이들 중 20명을 정선해 1명당 4권을 지정해 부흥성결 전집 80여권을 편성한다. *Revivalist* 1890-1895참조.

74) William McDonald는 전국성결연합회 회장 출신으로 '총 성결연맹'을 냅과 신시내티에서 창립하였고, 아직도 Gill and McDonald Publishers Co[나중 Christian Witness출판사로 변경]를 보스턴, 뉴욕, 시카고에서 운영하고 있었다. 그는 냅의 책들을 이를 신시내티 크램스튼사 등에서도 찍어냈다.

75) Hills, 84.

76) Hills, The Life of Knapp, 84-85.

77) Hlls, 89.

78) Hills, 78. 94, 105, 189. (1) 구도인 probationer/ professed/ helped, (2) 중생인 regenerated/ convicted/ saved, (3) 성결인 sanctified/ Spirit-baptized. 이는 한국성

비전을 받았다.[79)]

마. 냅 부부의 건강악화와 상처한
큰 슬픔에서의 전화위복(1890-1892)

　냅은 이 축복받은 시기에 특출한 성공과 폭넓고 강한 노동을 하면서 둘째로 받은 환난 즉 5년간 건강악화, 자비량 출판경영 일로 심한 재정적 시련, 아내의 중병과 같은 다양한 시련을 겪었다.[80)] 이 시기는 자비량 「부흥자」 정간지와 부흥출판사의 과도한 경영과 부부의 과로로 인해 그 아내가 병들고 자신도 허약해진 시련기였다. 그는 1899년 6월 13일에 『부흥폭풍들』을 증보 출간하였고, 순식간에 15,000부가 판매되었다.[81)] 그는 부흥사역을 인도하면서도 졸도증세로 아픈 아내를 돌보았다. 그는 당시 11세였던 딸 앤너와 마가복음 16장과 야고보 5장에 나타나는 신유성구로 그 아내 루시 냅을 살리려고 갖은 애를 써 보았다.[82)] 루시 냅은 병들어서도 '기독교여성절제연합회' 회원으로 봉사하였고,[83)] 이리저리 치유방책을 찾고 캘리포니아에까지 다니며 신유를 갈망하였다. 그녀는 하나님의 음성을 듣고 의사의 약을 거절하였다. 그녀는 자신의 죽을 시간을 알았고, 천국에서의 구원 찬양을 하며 냅과 가정에 용기를 주었다. 그녀는 1890년 9월 5일 금요일 아침 용광로 시련을 통과하여 주를 만나게 됨을 찬양하며 소천하였다.[84)]

　루시 냅 부인은 목사안수를 받지 않았지만 성공적 부흥설교자요, 찬양

결교회에서도 이 3종류대로 보고될 것이다. 『규암성결교회사』(1914-1945)를 보라.
79) Hills, 93.
80) Hills, *The Life of Knapp*, 92-93. 목회자 아내인 그녀의 증세는 정신 압박성 간질이었다.
81) Hills, 90.
82) Hills, 96.
83) Hills, 101. Woman's Christian Temperance Union 1890년 명단과 연감 참조.
84) Hills, op. cit., 101, 103.

사역자요, 출판 사업가였으며, 연합운동 및 선교 후원활동을 전개한 믿음과 기도의 비전을 가진 여걸이었다. 그녀의 시신은 미시건 앨비언 묘역에 안치되었다. 장례식에는 앨비언 대학의 애번 교수, 절제연합회원들, 친척과 친지들, 교인들과 부흥사역을 인도한 교회의 교인들이 참석하였다. 마틴 냅과 그 가정은 이 시기에 가장 큰 충격을 받았으며 큰 슬픔을 당하였다.[85]

미시건 랜싱 출신인 미니 펄(M. Ferle)은 성령세례를 받았으며, 〈부흥자 출판사〉의 유능한 조수로, 루시 냅의 건강이 악화되었을 때 그녀 대신 「부흥자」 업무를 터득하였다.[86] 펄은 당시 체력이 탄탄한 회심한 여걸이었고, 글재주가 있고, 유능하고 효율적인 사무원이었다. 이 시기 냅은 5년 간 매우 아팠음에도 칠전팔기로 극복해 가며, 각지를 다니며 여러 교회들의 영적 부흥과 타락 상태에 대해 수많은 사례들을 연구하고, 면담하고, 부흥하는 교회의 자료들을 수집하여 분석하고, 모델화시키며 정리하여 『부흥 불쏘시개들』(1890)이라는 부흥 방법과 전략에 관한 책을 출간하였다.[87]

냅은 1890년 9월 21일 미시건 앨비언에서 그의 '하나님의 성서학원'에 대한 비전을 재 확인받았다.[88] 12월 15일 인도의 프로이드 선교사를 만나 해외에 대한 선교의 비전을 받았으며 국내 교회는 루터와 피니 같은 개혁과 갱신에 대한 비전을 받았다.[89] 1891년 6월 2일 냅의 아버지 자레드가 81세 일기로 소천하였다. 그는 그 다음 후일 미 출판의 본거지가 된 그랜드 래피즈(Grand Rapids)에서 집회를 인도하고, 리드 시 수양대회도 인도하였다. 그는 루시 사후 1주년 추도일까지 파슨스, 화이트홀 등 여러 곳에서 쉴 새 없이 전도자로서 부흥과 신유 사역을 계속 인도하였다.

냅이 신시내티로 내려오게 된 계기는 신시내티의 성령 충만한 전도자 글래스콕(J. Glascock)이[90] 1891년 부흥회를 인도하러 미시건 앨비언에 와

---

85) Hills, 99.
86) Hills, 106.
87) Knapp, *Revival Kindlings* (Revivalist Publishing Co., 1890).
88) Hills, 109.
89) Hills, 111.
90) Glascock, *Revivals of Religion* (Revivalist, n.d. GBS, 1911), 7, 52-77. 그는 순복음 전도자였다.

서 "하나님이 우리가 성결과 책 사역을 하러 신시내티에 가기 원하신다."라고 예언하였기 때문이다.[91] 그는 1891년 12월 2-12일간 글래스콕 전도집회에 참석하여 순복음 사역을 위해 자신을 신시내티로 부르는 예언을 전해 듣고, 기도하다가 12월 10일 6가지 면에서 직접 응답을 받았다.[92] 그는 12월 18일 성령의 인도하심과 신유사역도 재 확인받았다. 냅은 이때 이후로 글래스콕 목사와 신시내티 사역을 연합하게 되었고, 그의 2가지 책 『에스겔에서의 별종 포도송이』(1897)와 『신앙부흥들』을 출간하였다. 냅은 원래 그 출판사를 시카고로 이사하려 했으나, 이미 그곳에는 많은 기독교 출판사들이 있었기 때문에, 또 그의 여러 책들이 이미 신시내티 크랜스튼 출판사 등에서[93] 출판되고 있었기 때문에 그의 부흥자 본부를 신시내티로 이전하기로 정하였다. 1892년 6월에 기록된 냅의 미시건 앨비언 일기를 보면, 그는 11월 1일 신시내티로 이전할 계획을 갖고 이를 기대하고 있었다.[94]

냅은 부흥성결문서 출판을 계속하며, 전도자들과 이들의 당대 전략들을 심층 연구하였다. 그는 교권주의자들의 외식, 인본주의, 세속성 뿐 아니라 참 성령의 인도보다는 거짓 영들의 인상들에 미혹된 많은 사람들에 대해 심각한 관심을 가지면서, 1892년 9월 1일 『인상들』 *Impression*이란 책의 원고를 탈고하였다. 그러면 이제는 미 동서남북을 잇는 신흥 가교요 타락한 도시 신시내티와 켄터키 산간에서 동시에 영성운동을 전개한 냅의 성결오순절운동의 조직사역을 살펴보자.

---

91) Hills, op. cit., 115.
92) Hills, 112-16.
93) 이 출판사는 주로 여성 성결운동자들과 선교 활동 관련 책들을 출간하였고, Stowe, Jennings에서도 출간.
94) Hills, op. cit., 123, 127-128. 냅의 1892년 11월 18일에 기록한 일기 내용을 참조하라.

바. 냅의 부흥자 본부 신시내티 이전 후
   활발한 조직사역(1892-94)

냅은 1890년대 초반 켄터키 루이빌, 프라스키 카운티 평바위 산간과 신시내티라는 도시와 농촌의 양 날개로 이동하며 성령세례 체험에 의한 영성수양회, 부흥회, 성결문서 출판, 성결교단 조직사역을 실현하기 시작하였다.[95] 그는 1892년 6월 2일에 성결연맹 모임을 가졌다.[96] 냅은 1892년 9월 14일 비서 미니 펄과 재혼하고 미시건 연회에서 그녀를 소개하였다. 마틴과 그의 새 아내인 미니, 그리고 자녀 앤너와 존 냅은 1892년 9월 20일에 「부흥자」 정간지와 부흥자출판사(RPH)를 미시건에서 신시내티 외곽인 커먼스빌 체이스가 520 번지로 이전하였다. 「하나님의 부흥자」(God's Revivalist) 지(紙)는 여기서 새로운 체제로 운영되었고, 새 본부에서 만여 명의 독자들에게 발송되었다. 냅 부부는 신시내티에 도착 전부터 자기 네 집에서 성결기도회를 개최하도록 개방하였다. 그는 신시내티에 도착 후 조지가에서 술집을 구입, 개조하여 '성결구제전도관'(HRM)을 열었다. 그는 신시내티 집과 전도관에서 뿐 아니라 부흥사로 여러 교회들과 캠프들의 집회를 인도하면서, 「부흥자」를 편집하고, 부흥자출판사에서 성결문서, 부흥전도지들, 구원가(歌), 부흥 책자들을 출판하여 북미와 영어권에 회람시켰다.

냅은 아내의 질병 당시 신유를 빙자한 협잡 전도자들을 많이 만났기 때문에, 상처한 후에도 성결과 신유 사역에서의 진위를 가리는 일을 개발하였다. 또한 성령이 인도하는 믿음과 기도로 헌신한 자신의 성역을 재확인하며, 전도자 사역과 부흥 성결 문서 작업을 계속하였다. 그는 또 웨버가 『부흥의 폭풍들』의 내용 시정을 요청하여 세 출판사에서 증보판을 출간하였

---

95) Paul W. Thomas, "A Historical Survey of Pilgrim World Missions" Asbury Theological Seminary (unpublished B.D. Thesis, 1963), 14; Paul Westphal and Paul William Thomas, *The Days of Our Pilgrimage: History of the Pilgrim Holiness Church* (The Wesley Press, 1976), 9.
96) Hills, 120-122.

다.97)

냅은 앨비언에서 탈고한 『인상들』 Impressions(1892)을 신시내티에서 출간하였다. 이 책에서는 하나님의 영의 역사와 다른 거짓 영의 미혹을 가려내고 성령세례 받는 단계들이 제시되어 있다.98) 현대까지 가장 많이 읽힌 냅의 베스트셀러인 이 책은 신적인 인도하심, 영성, 평생소명을 가려내는 것에 초점을 둔다. 이 책은 신자가 성령세례 체험 즉 하나님으로부터 오는 인도하심과 그 뜻을 체험하고 확실히 아는 것에 목적이 있었다. 그는 기도와 말씀 묵상에서 감정적 통찰과 영감 받아 신앙순례와 사명을 감당하도록 하는 인상으로 인도받는 방법과 단계들을 구체적으로 가르친다.99) 냅의 신적으로 받은 인상들과 그 감정은 4중 테스트로 (1) 성경(Scripture) (2) 정당(Right) (3) 섭리(Providence) (4) 적당(Reasonable)이다.100) 냅의 영성의 기준은 성경적 순복음, 순간적 성령체험, 섭리적 실제성, 적당한 어울림이다.101) 냅의 영성은 존 웨슬리의 성경적 성결과 경험, 헌신찬양, 봉사, 우정 등은 공유하지만,102) 오순절적 성령으로 인도받는 황홀경 체험, 신유, 종말의식, 자유와 평등, 대중적 즉흥 영감과 신정보를 수용하는 소통에 중점을 두는 면에서는 200여년전 웨슬리와 차이가 있었다. 이런 면에서 그는 고전 성결운동에서 오순절운동으로의 패러다임의 변동을 보인다.

냅은 1892년 신시내티에서 매입한 집에서 전국성결연합회 산하 성결연

---

97) Knapp, *Revival Tornadoes, or Life and Labors of Rev. James Hulse Weber, Evangelist* (Revivalist Publishing Co., 1887, McDonald and Gill Co., 1890). 이 책은 Stowe and Jennings 출판사에서도 나왔다. 냅은 여러 곳들에서 책을 내고 동료들은 타출판사에서도 축쇄판을 내었다.

98) Knapp, *Impressions* (Revivalist Publishing House, 1892). 1-145. 냅은 선교학적 리서치(현장연구)의 선구자였다. 이 책은 피니의 책 [부흥방법]과 [명목신자에 대하여] 등의 영향을 받았다.

99) Ibid., 52-61, 68.

100)Knapp, *Impressions* (Tyndale, 1984), 49, 50. 4중 Scripture, Right, Providence, Reasonable.

101) Knapp, *Pentecostal Letters*(Revivalist, 1902).

102) Ralph Waller, "John Wesley's Spirituality as Seen in His Life and Thought" in The Spirituality and Leadership of John Wesley ed. By Gi Sung Yang (Kumran, 2005), 80-102.

합회를[103] 윌리엄 맥도널드, 로우리, 킨 등과 함께 창설하였고, 신시내티 핵심 요원들을 모았다. 그 첫 공식 집회로 그해 9월 존 교회에서 첫 오순절연합회 모임을 가졌고, 그 이후 그 그룹은 이 교회에서 주일 오후 정기 성별회로 모였다. 이때 냅은 동역자 퀘이커교도 셋 리스(Seth Rees)를 만났다.

냅은 1890년 시작된 윌리엄 맥도널드 총재의 총 성결연맹(GHL)의 신시내티 본부 겸 이 지역의 지부인 "중앙성결연맹"(CHL)을 기획하여 연합부흥대회를 매년 봄과 가을에 개최하였다. 냅은 첫 연합대회를 트리니티 감리교회에서 1893년 5월 7-14일에 열어, 강사들로는 존 톰슨(필라델피아 감리교회), 베벌리 캐러다인(세인트 루이스 남감리교회), 에드스 레비(필라델피아 침례교회) 등이 이끌게 하였고, 원거리에서 온 대회 손님들에게 숙박과 여행을 제공하였다. 냅이 총 매니저인 중앙성결연맹은 바로 이 대회에서 공식으로 조직되었다.[104] 중앙성결연맹의 목적은 신시내티가 동서남북을 잇는 주요센터[105] 도시이기 때문에 주변 주들에 성결을 전파하는 사역을 추진하는 것에 있었다.

여기서 신시내티 백화점 사장인 메리 스토리(Mary Storey, -1907)가[106] 연결되어 냅의 집회에서 성령세례를 받고, 냅의 성결연맹에서 첫 여

---

103) 이 1892년 성결조직은 1897년 오순절부흥연합 및 기도연맹의 원류이다.

104) W. T. Purkiser and Timothy L. Smith, *Holiness unto the Lord I & II* (Kansas: Nazarene Publishing House, 1983)참조.

105) Knapp, *The Double Cure* (Revivalist Publishing House, 1895), 3. 그는 서문에서 이 책이 하나님의 말씀에 근거한 영적으로 가난한 자를 위한 "복음의 축제 충만"용 성결 교과서임을 천명한다.

106) Hills, 130. 폴 토마스가 같은 만국성결교회사가들은 그가 재력가여서 어번산을 주도한 '여걸 내지 매트리아키'(여왕)으로 오도하나(*The Days of Our Pilgrimage*, Wesley's Press, 1976), 45, 68; Wayne Caldwell et al, *Reformers and Revalists*, WPU, 1992). 그녀는 1906년 인도 선교사로 갔다 풍토병으로 거기서 순교하였다. 빌 카슬비는 그녀가 냅의 사후 만국성결연합 주도권 싸움에서 셋 리스를 이긴 것으로도 보기도 하나(Kostlevy, *Holy Jumpers*, Oxford University Press, 2010, 70-85). 그녀는 만국성결교회 원년 선교국 실행위원으로 카우만과 길보른이 1905년 만국성결교회의 "한국 총리"가 되게 하는데 큰 기여를 했다. *God's Revivalist* (January-March, 1906) 판들을 보라.

성 목사안수를 받게 되었다. 후에 그녀는 오하이오, 켄터키, 웨스트버지니아, 매사추세츠, 일리노이, 극동, 인도에 선교지원자로 이름을 높이게 된다. 이때(1892-1893년) '오순절부흥연맹'(PRL)과 '오순절기도연맹'(PPL)이 창설되고, 이 모임은 세계 모든 기독교인들이 참여할 수 있도록 하였으며, 그 목적은 순수한 부흥운동 전개와 오순절성결 전파에 있었다.[107] 이때 냅의 「부흥자」와 『구원가』를 본 유학생 사사오(T. Sasao) 등과 연결되어 이 연맹에 '만국'(International) 자를 넣어 '만국 오순절부흥연맹 및 오순절기도연맹'(IRPL & PPL)이 된다.[108] 이는 냅이 초교파적으로 만든 최초의 체계적이고 세계적인 성결오순절운동이기도 하다.

사. 냅의 복음가, 뷸라하이츠 성결학교, 영성수련원 사역(1894-1895)

전국 차원의 전도자가 된 마틴 냅은 켄터키 남부 산간 플라스키 카운티 뷸라하이츠 캠프수양대회를 창립했다. 그는 음악전도자 엘 피켓(L. L. Pickett)을 만나 자신의 설교와 작품들을 대중음악으로 작곡하여 승화시킨 『눈물과 승리가』 제1집을[109] 브라이언트(J. Bryant)와 합동으로 1894년에

---

107) *The Revivalist* (March1894). "International Revival Prayer League and Pentecostal Prayer League." 이 오순절기도연맹은 영국에 연결되어 레터 해리스는 그 지부를 형성하였고, 여기서 영국의 거의 모든 오순절-성결운동들이 탄생하였고, 그 제자 데이빗과 존 토마스는 영국 만국성결교회(IHM)을 만들어 나중에 미 만국성결교회와 한국성결교회와 서울신대에 선교사들을 파송하였다. David McCasiland, *Oswald Chambers: the Life Story* (Discovery Publishing House, 1993)을 보면 냅, 해리스, 나까다, 카우만, 토마스의 연결 라인이 구체적으로 설명되나 만국성결교회에서 오래전에 독립한 OMS 입장에서 글을 쓴 것이 옥에 티이다. 그로 보건데 역사는 이런 면에서 힘을 가진 자의 자기중심적 해석이 가능하다는 것을 보여준다.
108) Thomas, op. cit., 21 footnote 54. 일본 『구원가』는 사사오가 이때 냅을 접하여 번역을 시작한 것으로 사료된다. 일본 성결교회는 1902년 냅의 『성경구원승리가』를 번역했고, 한국어로는 1907년 출간되었다.
109) L. L. Pickett, Martin Wells Knapp and John Bryant, *Tears and Triumphs* Vol. I (Columbia, SC: L. L. Pickett, Publisher, 1893; Louisville, KY: Pentecostal

출판하였다. 이 대중 복음가는 순식간에 십여만 권이 팔리는 베스트셀러 대열에 올랐다. 냅의『눈물과 승리가』의 1장에는 자신의 가사 '눈물과 승리' 외에 키, 테일러, 킨, 케러다인, 밀스, 스미스 등과 앨벗 심슨(A. B. Simpson)의 가사들을 작곡해 넣었다.110) 냅은 서문에서 "새 시대가 오면 새 음악도 오고 사람들은 새 책과 새 노래를 요청"한다고 밝히고 있다. 또한 하나님이 이 책을 출판케 하심과 이 책이 교회부흥, 주일학교와 가정의 깊은 각성과 복음 전파에 기여한다고 소개하였다.111) 수양부흥회에서 사용하고자 한 이『복음가』는 미 남서부에 오순절성결운동을 전하는 기폭제가 되었다. 그는 여기서 피켓의 켄터키 연회 동료 전도자들인 헨리 모리슨, 윌리엄 갓비, 시 존스, 파이크 등을 만났다. 이들은 각자 성결출판사를 갖고 있었다.

　　냅은 켄터키, 버지니아, 테네시 산간 거주자들의 '영성'과 복지사업에 큰 관심을 두었다. 이 영적 부담감을 가진 냅에게 켄터키 평바위 소재 학교, 캠프미팅(전국수양대회), 성결성경학교, 양로원, 고아원 등 종합 복지센터를 열 기회가 허락되었다. 냅의 집회에서 은혜를 받은 기독교인은 평바위 산에서 3마일 떨어진 곳에 200에이커112) 산간을 1차로 기증하고, 다른 산 거주자들이 300에이커를 더 기증하였고, 후에 700에이커를 구매 조건으로 추가로 기증하였다. 이 산지 영성수련원은 신시내티 남부에서부터 185마일 떨어진 켄터키 수양림과 강을 낀 대 산맥지대였다.113)

　　Publishing House, 1894). 이 책은 미 남부 오순절 순복음(사중복음 플러스)가 확산에 가장 기여한 책이고, 마틴 냅이 세계적 인물이 되게 하였다. 일본의 사사오는 미국 샌 프란시스코 유학 시 이 노래를 접하고 번역(구원의 노래)을 시작하였다. 일본 성결교회 사역은 이 복음가의 직 · 간접 영향이 크다.

110) L. L. Pickett, M. W. Knapp, and John R. Bryant, *Tears and Triumps* (Columbia, SC: L. L. Pickett, Publisher, 1893; Pentecostal Publishing House, 1894), No.1. 냅의 『눈물과 승리』, No. 36. 심슨의 *Some Sweet Morn,* 등등이다. 피켓은 남부 캐롤라이나 컬럼비아에서 냅의 「부흥자」지를 줄여 4쪽으로 내고, 냅의 부흥성결에 관한 책도 합작으로 출판하여 남부에 영향원이었다.

111) Knapp,『눈물과 승리가』 표지, 2.

112) 1에이커는 1,200평이다. 따라서 이 땅의 크기는 1200에이커, 약 1,440,000 평이었다.

냅은 이곳을 "뷸라하이츠"(Beulah Heights)라 불렀다. 산간 거주민들은 자녀들의 선한 정신교육과 영성교육을 위해 목재로 학교건물을 지어 주었고, 냅은 이 수양센터의 목적이 "하나님을 예배하고 청년들을 훈련시키는 정결한 곳이 되는 것"114)이라고 말하였다. 로빈슨과 맥클러칸 등이 컴버랜드 성결운동에 동역하여, 냅의 수양대회와 복음가를 활용한 영성운동은 남부 테네시, 미시시피, 조지아, 앨라배마, 남북 캐롤라이나, 텍사스, 캔자스, 콜로라도, 그리고 서부로도 확장되었다.

프라스키 카운티의 평바위 뷸라하이츠는 250마일이나 떨어진
신시내티와 차타누가 중간 컴버랜드 강가에 위치해 있다.

이 뷸라하이츠 캠프수양대회는 1894년에 창립되었다. 1895년 여름 전국수양대회는 신시내티 중앙성결연맹이 주도하였고, 냅은 "뷸라하이츠 성결학교와 캠프대회연합회" 회장으로 9월에 캠프 그라운드에서 봉헌식을 거행하였다. 이 캠프 수양대회에서도 수천 명이 참석하였고, 120여명의 성결 체험자들이 나왔다.115) 이 수양대회는 급진적 은혜체험을 경험하는 집회 방법과 자유평등사상을 미 남서부로 성결오순절운동을 대중적으로 확장하는 계기가 되었다. 이곳의 성결학교는 9월 9일 25명 남녀 학생이 함께 공부하는 학교로 개교하였다. 매지 더프는 교사였고, 버틀러 목사는 이 캠프집회

---

113) Hills, *The Life of Knapp*, 182.
114) Hills, 134.
115) "Cincinnati Holiness League" *Revivalist* (circa January 1896).

와 기도원 책임자였고, 옥타비아 냅은 영성, 복지사업과 선교훈련원의 실제 운영자였다. 이 연맹의 부회장 리스는 이 성결학교와 수련 복지원을 이렇게 회상한다.

산간 주민들은 복음을 들으러 산길을 따라 20-25마일(약 백오십리)이나 되는 거리를 가려 생각하기란 어려웠을 것이다. 어린이들은 [이 학교에서] 읽고 쓰기를 배웠고, 예수를 개인적 구원자와 성결케 하는 자로 임상적 지식을 받았다. 구원의 책들, 소책자들, 전도지들은 이 지역 곳곳에 확산되었고, 미국 전 지역에서 온 옷상자들을 받았고, 궁핍한 자들 가운데 배포하였다. 냅의 희망은 하나님이 너무 가난하여 도시 학교로 가서 일하고 동시에 공부하고 [직장을] 준비할 수 없는 사람들을 위해 남녀 공학 산업 센터와 학교를 세워 희게 무르익은 추수지들로 인도하시는 것이었다.116)

켄터키 수양센터의 장소는 냅의 전도 집회에서 은혜 받은 신자들과117) 산 주민들이 기증한 산맥이 뻗은 광활한 지역이었다. 그는 이곳에 양로원과 고아원, 보통학교, 성결성경학교를 세웠을 뿐 아니라 선교사 훈련원을 만들어 자신의 어머니 옥타비아 냅이 관할하게 하였고, 한국에 온 선교사들은 거의 다 이곳에서 수양이수 과목 및 일반과목 과정을 거쳤다.118)

냅은 1895년 말 「부흥자」에 대대적으로 부흥성결 책들을 출판 보급하려고 피니, 맥도널드, 부스, 심슨 등 20명 저자들과 이들의 각 4대작 문고판들인 80여권의 책들을 제공하였다.119) 냅은 1895년 심슨의 책『성령과

---

116) Hills, *The Life of Knapp*, 140.
117) 아마도 신시내티 백화점 사장이었던 메리 스토리(여 목사)등이 재정을 기증한 것 같다.
118) 1897년 마틴 냅의 만국성결연합 『헌법』을 보면 '모든 신자들의 깊은 영성 촉진하도록'이 나와 있다. 냅, 『오순절 성결신학』 홍용표 역편 (오순절출판사, 2013), xxi. 이 센터는 후일 킹스우드대와 선교본부가 될 것이었다.
119) 냅은 1894년까지는 이 책들을 〈금광시리즈〉로 출판하였다(*Revivalist*, 1899-1894참조). 1895년 냅은 Sheridan Baker(4권 활천 등), B. Carridine(4), E. Davis(4), C. Finney(4), W. Godbey(6), F. Havergal(5), C. Booth(4), S. Keen(3), M. Knapp(6), William McDonald(4), G. McLaughlin(2), L. Pickett(4), H. W. Smith(2), A. B. Simpson(4), D. Steele(4), M. Pearse(4), G. Watson(6), William

동행」, 『천국복음』, 『온전 성결』, 『치유복음』을 재출간 하거나 보급하였으나,[120] 심슨의 『사중복음』만은 출간 보급하지 않았다. 냅은 셋 리스의 퀘이커교 은사목사인 업데그래프(D. B. Updegraff)의 책을 소개하였다.[121] 이 일로 냅의 성결연맹에 상당수 퀘이커 교역자들이 참여하게 되었다.[122] 이 수양센터는 냅의 1893년 오순절기도연맹과 1897년 만국성결연합 헌법에 나타나는 '깊고 초교파적인 영성'을 받는 곳으로, 도시와 농촌을 잇는 수양회와 복음화 전략차원에서 개발된 것이었다.

아. 냅의 부흥자, 구제전도관, 성결연합의 성공적 조직과 성결본부 확보(1895-1900)

냅의 「부흥자」(God's Revivalist)와 부흥자출판사(RPH)는 북미와 영어권 독자들의 급증으로 신시내티 외곽 커민스빌(Cummonsville) 체이스가 520번지에서 도심 전신국과 우체국이 가까운 도심의 YMCA 건물 이층의 넓은 공간으로 이전하였다. 그는 이 부흥센터에서 우선 타락한 도시 신시내

Taylor(5), B. Taylor(2), J. Wood(2). 총 79권을 출판내지 보급하였다. 그러나 냅은 심슨의 케직적 사중복음 용어를 수용하지 않고 그의 순구원복음을 '다중복음' 이라 강조한다.

120) "Valuable Revivalist Premiums" *Revivalist* (1895): 5. 「부흥자」의 이 기록에 따르면 냅은 A. B. Simpson: *Walking in the Spirit, the Gospel of the Kingdom, Wholly Sanctified, The Gospel of Healing*만을 출간, 보급하였다.

121) Dougan Clark and Joseph Smith, *Davis B. Updegraff and His Work* (Revivalist Office, 1895) and *Pentecostal Kernels* (Revivalist, 1897). 업데그래프는 오늘날 가능한 성령세례를 체계적으로 강조하고, 중생, 정결, 성별, 봉사를 위한 성령세례, 성결, 오순절, 십자가에 옛사람과 세상을 못 박음, 사도들의 성령체험단계들, 성령의 인도, 영성, 전천년 재림, 신유, 부흥 방법과 부흥사의 삶 등을 술회하고 있어 만국성결교회 신학에 큰 영향을 준 책들로 사료된다.

122) 오하이오 출신인 에드스 P. 엘리슨(1869-1954)은 냅의 성결연맹 하나님의 성경학교 조직신학 교수와 원년 오순절나사렛교회 총감독으로 나사렛교회 심벌을 1920년대까지도 '순복음'으로 유지한 것이다. 그 교재는 *Bible Holiness Doctrines, The Bible in Education*이었다. 그는 냅의 동역자 힐스를 텍사스 그린빌 대학 교장으로 데려가 냅의 자서전 및 『근본주의 신학』을 출판하도록 도왔다.

티의 복음화를 목표로 사역하였다.

냅의 성결종합본부가 이곳으로 이전하기 전 과정을 상세히 살펴보자. 냅의 전국성결협회 지부 모임, 중앙성결연맹, 만국부흥기도연맹의 공동 모임들은 신시내티 G.A.R 홀(문화센터겸 식당), 제니 캐시데이전도관(JCM), 강건너 켄터키 코빙턴 파이크가 전도관(CPM)에 의해 후원되었다. 1897년 10월에는 다른 새 성결구제 전도관(Mission)과는 별개의 부흥자 채플(Revivalist Chapel)이 신시내티 시카모어(Sycamore)가에 개척되었다.[123] 1898년 여름에 다시 G.A.R 홀을 전세를 얻어 주일마다 이 홀에서 예배가 열렸고, 빈 공간에 텐트를 쳤으며, 매달 이곳에서 집회가 열렸다. 가을에서 겨울이면 이들의 북컨선(큰 서점) 방을 확보하여 2주간 연속된 수양예배들을 개최하였고, 그 후에 센트럴(Central)가 그랜드호텔 맞은 편 이전의 술집에서 구제전도관 사역을 계속하며 700-1,200명에게 급식과 의복을 시여(施與)하였다. 또한 성결구제전도관은 매일 낮에는 성별회, 저녁에는 구령회를 열어 이들이 회개, 성령, 신유를 체험하고 간증하게 하였다.

1890년대 부흥자와
성결구제전도관 본부
신시내티 YMCA

냅은 1895년 전국 성결 오순절교회에서 답지하여 온 질문들에 부응하여 『이중치유』 Double Cure란 책을 중생과 성결 교과서로 출간하였

123) Hills, The Life of Knapp, 159.

다.124) 여기서 냅의 「부흥자」가 종합 부흥자출판사(RPH)로 확장 개명되면서 YMCA로 이전하며, 부흥과 오순절성결 책들, 전도지들, 오순절문고, 순복음문고, 성결문고, 소년문고(어린양), 청소년문고(활천) 등 15여 종 시리즈가 계속 출간되었다. 월간 8쪽 타블로이드 판 「부흥자」는 중앙성결연맹과 오순절부흥연맹의 기관지(Organ)였고, 그의 사역, 진보, 계획들, 광고들, 문고들을 할애하였고, 구독자는 수만(25,000-70,000명) 명에 이르렀다. 이를 시기한 전국성결연합회(특히 감리교회) 임원들은 냅의 대회들에서 한편으로는 동역하고, 다른 한편으로는 그 대회들에서 고소할 거리들을 여러모로 찾기 위해 전국성결연합 소속 사람들을 그의 집회들에 보냈다.

냅은 신시내티 복음화 차원에서 YMCA 건물에서 목요일 저녁마다 구령과 성결집회를 열고, 성결구제전도관의 본부만은 이전 술집 자리에서 이곳 YMCA 사무실로 통합하였다. 이 성결구제전도관의 주일 오후 예배들은 신시내티 다른 교회들에서 담당하여 성별회로 열렸지만, 그 본부는 위 그림 YMCA 2층이었다. 따라서 YMCA와 성결구제전도관들에서는 매일 집회가 열리고 도심 타락자들과 빈자들을 위해 구호사역을 하였다. 이 성결구제전도관은 센트럴가 320번지에 소재하였다가 캠프수양대회 후 코트와 존가 코너 '복음성막'으로 이전하였다. 이 전도관은 결국 신시내티 조지가에 건물을 매입하였고, 1914년에는 이 전도관이 "제일성결교회"로 바뀐다.125) "가든지 보내든지 작정"이란 냅의 해외선교기금부와 '세계일주선교부'는 이 성결연맹 선교부로 시작되어 다수의 선교사들을 **영어권과 그 인근 지역들에** 파송, 후원하였다.126)

---

124) 이 책은 중생과 성결을 대비하고 이 체험의 구약과 신약성서 및 부흥역사의 예증을 제시한다. 이 책은 냅의 전형적 오순절적 예표적 영적 해석이 적용된다.

125) *Constitution of International Apostolic Holiness Church(es) 1900-1922* 부록에 실린 교직자와 선교사 명단을 보라. *Constitution of Pilgrim Apostolic Holiness Church 1922-34* 부록도 참조하라. International/Pilgrim Holiness Advocate 1919-1938 기록도 참조하라. 카우만가, 이 에이 길보른가, 이 엘 길보른가, 라센가, 허즐러가, 토마스가, 윌리스가, 먼로가 등은 만국성결교회 오하이오 지방의 이 제일성결교회 소속으로 한국(일본)에 파송되어 있었다.

126) Knapp, *Electric Shocks from Pentecostal Batteries* [ESPB] Pentecostal Holiness Library 1899, Vol. 2, No. 9(Revivalist, 1899), 154.

냅은 1896년 켄터키 펑바위 뷸라하이츠 수양원이 너무 멀고 접촉이 불편하여 수양대회가 적당치 않은 것으로 성령의 인도하심을 받았다. 그래서 그는 뷸라하이츠에서도 캠프수양대회를 계속 열었지만, 신시내티 근처 카티지 지역 페어 그라운즈(Cartage Fair Grounds)에서 "구원파크 캠프수양대회"로 명명하며 켄터키수양대회와는 다른 기간(6월 5-15일, 10일간)에 개최하였다. 이 수양대회는 신시내티 중앙성결연맹의 제2차 연례모임으로도 열렸다.[127] 냅은 수천 명이 몰려드는 캠프수양대회 청중을 보고 매서용(Colportage 판매용 정선본으로 100쪽이내) 문고들을 구상하여 순구원복음계간(Full Salvation Quarterly), 오순절문고, 오순절성결계간문고, 어린양, 활천[128] 등 15여 종 시리즈물로 130여권의 소중대형 책들을 출간 보급하였다. 냅은 오순절문헌을 편성하고 보급하는데 있어서 대단한 열정을 가진 전문가였다.

1) 감리교의 박해 하에서 오순절 성결연맹의 창립과 세계적 확장
냅은 1892년 창립 이후 자신이 회장으로 섬기던 '성결연합'과 '오순절 기도연맹'(1893년 창설)을 1897년 초에 준 교단인 '만국성결연합 및 기도연맹'(IHUPL)으로 긴급하게 통합 개명하여, 이 해 9월 정식 총회를 열고 셋 리스를 회장으로 추대하였다. 선교총무에는 바이런 리스, 재무에는 시룻, 총무에 윌리엄 허스트를 맡겼다.[129] 이는 내외의 상황적 요인이 있었다. 먼저 외적 요인은 전국성결연합회 지도자들이 1896년 헨리 모리슨을 감리교에서 출교하였고,[130] 또 자신을 감리교에 고발한 것이었다.[131] 당시

---

127) 냅의 이 오순절식 캠프수양대회는 오하이오 심슨 그룹에게 영향을 주어 기독자연맹도 뷸라파크수양회 란 명칭으로 모방한 집회를 따로 모이게 되고, 그 교단에서 오순절운동이 일어난 것으로 보인다. 에이 비 심슨의 잡지 Weekly 1895-1907년 기간 오순절 내용을 보라.
128) 참고문헌과 부록 13종류 문고들을 보라.
129) Knapp, *The Constitution of International Holiness Union and Prayer League* (Revivalist Office,1897), 1.
130) Timothy Smith, op. cit., 42.
131) J. D. Melton, op. cit., 142. 카우만이 나가던 시카고 은혜교회의 메트로폴리탄 교회 대 오스틴 성결교회 분열 사건은 Bill Kostlevy의 Notre Dame 대학교 박사논문

감리교에서는 신유, 재림 교리 주장을 금지할 뿐 아니라, 또한 여성 목사안수, 독립연맹에 가담하는 자들을 제재하기로 정하였기 때문에,132) 이들이 초대형화 된 독립 성결연맹 주동자 냅을 감리교 연회에 고발하리라고 예단할 수밖에 없는 상황이었다.

그래서 냅은 성결연합 및 오순절연맹 부회장으로 배후로 물러나 있으면서 감리교 교권주의자들의 고소를 대비하였다. 그는 외부적으로 전국성결연합회(NHA)의 우드, 맥도널드, 스틸, 파울러, 이 데이비스, 힐스 등을 영입하였으나 이들 중 일부는 훗날에 이르러 냅에게 화근이 된 인물도 있었다. 그는 또한 내부적으로 갓비, 왓슨, 힐스, 킨, 캐러다인, 비 테일러, 티 데이비스, 맥로린, 피어스, 대쉴, 파이크, 애비 모로, 캐서린 부스 등을 주 성결학자들로, 켄터키 피켓, 해버걸 및 C. 모리스를 음악 동역자로,133) 미랜더 홀즈를 여자 부흥사 및 선교 예언사역자로134) 하여 적어도 24명 정도의 창립 전도자들과 직원들을 세워 오순절 성결조직을 체계적으로 공고화하기에 이른다.

또 내부적으로 준 성결교단 창립이 긴급했던 이유는 냅이 편집장이고 그 아내가 매니저인 「부흥자」135)와 부흥자출판사 책들과 소문고 책자들

(Burning Bush)과 Holy Jumpers를 보라. 카슬비는 퀸, 스토리, 갓비의 반란으로 만국성결연합이 분열되어 근본주의적 GBS와 성결교회로 축소된 것으로 본다. 그는 카우만이 이 본부를 편승한 것으로 해석한다.

132) Timothy Smith, op. cit., 35, 37, 41-42, 59, 184. 1885, 1897년 전국성결연합회 (NHA)는 신유와 재림을 금하고, 이를 주장하면 전국성결연합회 교회에서는 부흥사 자리를 허락지 않고, 감리교회나 기존 전국성결연합회 소속 교회에서 출교하기로 했다. 특히 59-60쪽 냅에 대해 보라.

133) Revivalist (November, 1895):5. 20명 책 명단을 보라. 그리고 L. Pickett, M. W. Knapp and John Bryant, Tears and Triumphs Vol. I(1894)은 8개월 만에 4만권이 나갔다. Vol.2 (Pentecostal Publishing House, 1897). 이 복음가 1, 2집은 3년 내에 20만권이 나갔다. 합본(1901)은 백여만권이 나간 것으로 추정된다. 피켓은 냅 사후 이 책 수입으로 큰 부자가 되었다.

134) Miranda Vorn Holz and her daughter, The Old Paths (M. W. Knapp, Publisher of Pentecostal Holiness Library, Office of Revivalist, 1898). 냅은 이 책 서문에서 홀츠가 예언사역자로 해외선교 사역과 모금에도 기여하고 있음을 말한다. 치사피크의 이 대쉴은 그녀의 아들이다.

135) Revivalist (circa March, 1895): 7. Revivalist (circa November, 1895): 1.

이 북미 전역과 영어권에서 판매부수가 엄청나게 확장되고, 부흥회들, 캠프 수양집회들, 전도관들을 통해 회심자들(개종자들, 탈퇴자들, 출교자들, 독립 천명자들)이136) 급증하였기 때문이었다. 당시의 만국성결연합의 구성원들을 4가지 범주로 구별할 수 있다. (1) 감리교와 퀘이커교 같은 각 교단들에 남아 있는 자들(Remnants or Stay-inners), (2) 사도교회를 부르짖으며 독립하여 개척한 교단을 탈퇴한 자들(Come-outers), (3) 교단들에서 출교 당한 사람들(Kicked-outers), (4) 교회 개척자(Pioneers) 등이다.137) 이때 윌리엄 갓비는 성결교회가 가시적 교회에서 탈퇴할 뿐 아니라 인간적 단체를 다 거부해야 한다고 강조하였다.138)

바로 준 교단인 만국성결연합 및 기도연맹을 조직할 때, 오벌린 대학과 무디 신학교에서 강의하던 애런 힐스와 '불타는 떨기나무'(Burning Bush)운동 및 은혜교회를 인도하던 이 엘 하비 그룹의 소개로 찰스 카우만과 나까다 쥬지가 신시내티에 본부 연맹의 정회원이 되었다.139) 이때부터 나까다와 카우만 일행은 이 본부와 긴밀한 관계를 유지하였고, 결국 극동에 선교사로 파송된 것이다.

2) 성결교회 호교 문서의 편성

냅은 『성경포도송이에서 온 오순절 포도주』라는 명칭으로140) 성경적

---

136) 개종자 Converts, 탈퇴자 Come-outers, 출교자 Push-outers, 개척자 new mission pioneers로 부른다. Godbey의 "Church-Bride-Come-outism"(Revivalist Office) 을 보라.

137) Hong, *Fuller Theological Seminary Dissertation* (1996), 15. *Revivalist* (1900 February 8).

138) Godbey, "Comeoutism" in *Church-Bride-Kingdom* (Revivalist Office, 1905), 42-46.

139) 일본성결교회 역사편찬위원회 사료집과 최근 나까다에 대한 논고를 보라. Juji Nakada 中田重治 Nakada Juji (1870-1939). 나까다는 무디신학교를 다닐 때 이곳을 방문하였고, 그 일로 무디신학교를 중퇴하고, 냅의 성결연맹 본부와 학교로 가 편입 후 통신으로 공부하여 여기서 목사안수를 받고 만국성결연맹 극동 선교사가 되었다. E. W. Kilbourne, op. cit.,124. 전후를 보라.

140) Knapp et al, *Pentecostal Wine from Pentecostal Grapes* (Revivalist Office, 1897). 냅 등 12인이 저술한 성경적 성결신학 총집의 모본이다. 레티 카우만과 오스

성결신학을 12명이 합동으로 1년 매일의 큐티식으로 출간해 감리교와 외부 공격에서 오순절운동을 성경적으로 변호하려 하였다. 또 냅 등 12명이 공저한 『예수만』 Jesus Only[141]이란 책은 매일 큐티식으로 순구원복음을 다 각도에서 예수 중심으로 종합한 책이다. 이 책들은 성경적 성결교회 교리에 대한 변증서들이었다. 냅이 준교단 만국성결연합 조직에서 성령세례, 성결과 순구원복음 저자들을 12명씩 배정했다.

냅은 1898년 『오순절하늘의 번갯불』(LBPS)을 집필하여 오순절 성결신학을 대요리문답과 소요리문답 식으로 큰 책과 작은 책으로 편성하여[142] 중생, 성결, 신유, 재림, 부흥선교, 교회, 은사, 가정, 헌물 주제로 변증하였다.

냅은 여기에서 그치지 않고 미래 성결운동의 성경적 변증 포석으로 윌리엄 갓비에게 『신약성서 성결주석』을 쓰라 제안하여, 갓비는 요한계시록부터 주석을 쓰기 시작하였고, 결국 7권으로 완성하였다. 셋 리스는 '오순절 교회', 바이런 리스는 '여선지자(여 목사)', 힐스는[143] '순복음 오순절 부흥'과 '성령세례', 왓슨은 '성령 충만한 목회', 룻은 '온전 성결', 템스터는 '카톨릭에서의 오순절개종', 모리슨은 '성령세례', 캐러다인은 '오순절 성령 은사', 코넬은 '오순절 전도목회', 에이치 데이비스는 '기적의 신유와 성결', 비 테일러는 '순구원[복음]',[144] 리스와 갓비는 '재림', 애비 모로는 '성경연

월드 챔버스는 이 책에서 아이디어를 얻어 매일성결 묵상 책을 내어 1000만권 이상 팔리는 불후의 명작 베스트셀러들이 되었다.
141) Knapp et al, *Jesus Only: A Full Salvation Year Book* (Revivalist Office, 1897, 1902). 냅 등 12명 공저이다. 『예수만』 과 하나님의 성경학교 모토 "All for Jesus" 는 "예수만"파에 영향을 주었다.
142) Knapp, *Lightning Bolts from Pentecostal Skies* [LBPS] (Revivalist Office, 1898) 는 대책자이고, 소책자 Flashes from LBPS(1898)이다. 냅은 이 책이 각지에서 온 질문을 답하여 쓴 변증서임을 밝힌다 (Knapp et all., Pentecostal Messengers [Revivalist]).
143) 힐스는 원래 '전국성결연합회'의 지도자였고, 무디신학교 교수로서 1897년 출판 일로 냅을 만났다.
144) *Full Salvation* (Revivalist, 1897). 이 순구원은 파머와 테일러가 같은 이름으로 낸 책명이다.

구 및 주일학교 교육', 찰스 스토커는 '세계선교'에 대한 변증서를 집필하게 하여 오순절성결교회의 종합교과서들을 편성하였다.[145]

냅은 동료 나일스(F. L. Niles)에게 성경적 성결 교과서를 집필하게 하였다.[146] 이 책은 성결의 정의, 성결의 필요성, 성결을 받는 때(순간), 성결과 성별, 믿음으로 성결, 성결과 그 증거, 성결과 성장, 성결과 성령, 성결을 받는 방법 등으로 전개되어 있다. 나일스의 이 '오순절 성결신학'은 이전 합동 저자들의 오순절 성결신학서(매일 묵상서들) 보다는 더 조직적이고 실천적인 것이었다.

냅은 「부흥자」를 1899년 1월부터 월간 8쪽에서 주간 16쪽 타블로이드판으로 확장 변경하여 발행하였다. 이때 「부흥자」의 목적은 약간 바뀌어 "**오순절 체험**을 개개인들과 교회 가운데 **순수한 부흥 생활의 기초**로 제시하고, 이 생활의 인센티브나 결실인 어떤 **성경적 교리(사중복음 등)**도 무시하지 않는 것이다."[147] 냅의 급진적 사상은 르온 힌슨과 랜덜 스티븐스가 평한 '오순절 체험과 신학'(Experience and Theology of Pentecost)으로 확정된 셈이었다.

3) 법정싸움에서 승리

냅은 독립 캠프대회, 이 오순절 순복음 변증 문고들과 기존 교회에 대한 심한 질타와 개혁을 자극하는 문서들[148] 뿐만 아니라, 감리교 미시건 연회 지도자들에 의해 교회법을 어겼다는 이유로 법정에 회부되었다. 그 이유는 냅이 그 동료 이 대셜이 주도한 메릴랜드 치사피크 만 연합대회에서

---

145) 냅이 부흥자 오피스나 출판사에서 출간한 성결 오순절 문고들의 저자와 책들을 참조하라.
146) Fred Lewis Niles, *Steps to Holiness* (M. W. Knapp, Publisher of Pentecostal Holiness Literature (Cincinnati, O.: Revivalist Office, 1898).
147) Hills, *The Life of Knapp*, 154.
148) 냅은 교권적 횡포, 복음선포에서의 교황제, 인간적 제약, 세속적, 물권사랑, 세력화, 외식, 주초문화, 선교회 파산, 배교 등을 질타하고 오순절 성령 안에서의 자유를 강조하였다. Hills, 161-200. 그는 신약성경 성령 충만과 치유, 웨슬리 성결증빙구로 변호하였다. 홍용표 서울신대 성신연 콜로키움 2013년 12월 11일 발표 내용 중 냅의 '감리교 법정' '감리교 탈퇴' 항을 보라.

장로감독의 허가받지 않고 1899년 7월 그 집회를 인도하였다는 것이었다. 그러나 실상은 감리교의 전국성결협회가 사도행전 4장 19-21절을 본문으로 설교한 냅의 신유와 재림 주장을 이의제기하여 위법으로 고발한 것이다.[149] 결국 그가 감리교와의 법정다툼에서 이겼으나 이 일로 양편의 대결의 골은 더 깊어갔다.[150] 그는 이런 상황에서도 재림을 강조하는 차원에서 요한계시록을 죄악 목록과 연관 지어 십계명 해설 논고인『죽음의 강과 그 지류들』(1898)[151]을 확대 집필하였고, 속권 요한계시록 강해로『성결 승리』도 출판하게 된다. 여기서도 그는 감리교를 비롯한 주류 교회들의 형식주의와 명목신앙을 예언자적으로 질타한다. 그는 성령의 확신으로 거대 감리교 교권을 개혁하려 하고, 악한 세속적 세력들을 대항하는 진취적인 (Aggressive) 믿음과 용기를 가진 지도자였다. 그는 또한 같은 시기에 세속적 기독인의 집회 중 소음방해 법정고소건도 공정하고도 당당히 대결하였다.[152] 그의 성결, 자유, 평등의 리더십은 이제 신시내티 어번산 성결본부를 중심으로 세계적 오순절 리더십으로 부상되었다.

4) 전국적이며 세계적 차원의 구원파크 수양대회

1894년부터 마틴 냅은 켄터키 뷸라하이츠에서 구원파크캠프수양대회를 주도하였으며, 주 메시지는 중생, 성령세례, 현시 및 신유와 재림이었다. 그의 수양대회는 요란한 대성통곡과 찬양, 신유와 기도집회, 제단초청, 헌금, 성결연합과 신학교 보고, 선교대회 등이 특징을 이루었다.[153] 1899년 오하이오 주 해밀턴 카운티 카티지 페어 그라운즈에서의 "구원캠프수양대회"는 만국성결연합(준 교단 IHU)과 중앙성결연맹(CHL)이 합동으로 주최한 수양

---

149) Hills, *The Life of Knapp*, 161.
150) Knapp, *Pentecostal Aggressiveness* (Revivalist Office, 1899). Hills, op. cit., 161.
151) Knapp, *The Death of River* (Revivalist Office, 1898).
152) Hills, *The Life of Knapp* 제 16장 "의를 위해 박해를 받음"네 나타난 신시내티 법정기록을 보라.
153) Knapp, *Electric Shocks from Pentecostal Batteries* I-IV (Revival Office, 1898-1902) 내용을 보고, 필자의 서울신대 성신연 콜로키움 2013년 12월 11일 발표논고 "냅의 생애와 사상" '냅의 구원파크수양대회 중계록'을 보라.

대회로 북미 24개 주 출신 대표자들과 거의 모든 20여 교파 소속 2,000여 명 신자들이 참석하여, 오순절 성결전도운동과 극동, 인도, 아프리카, 남미 등 해외선교운동에 연합하였다.154) 찰스 카우만의 일본 뱃삯(780불)도 에드윈 길보른의 한국선교 비전도 이 수양대회에서 응답되었다.

> (중략)… 1900년 7월 5일(일곱째 날): 오전 6시 찬양회 간구로 승리, "**성결운동이 선교운동이 아니면 협잡이다**" 강조, 카우만 부부 일본에 가 순구원불 전파 중…. 선교집회 인도(투루푸츠), 오후 3시 예배 **냅이 신약 대명령 설교** (눅 24:49; 마 28:19), **회개, 중생, 성결과 선교 설교**…. 155) 〔다른 날〕 오후 1시 30분 냅 '**성결연맹**' 집회, 이사야 58장 읽고 만국성결연합 '목적' '맹약' 봉독…. 156) 새벽 6시 냅이 신유집회 인도하며 22명 제단에서 기름부음, 지금 당장 임하는 치유능력 간구, 치유간증…. 157) 냅이 **오순절성경학교를 위한 집회** 찬양, 노방전도, 후원기도 응답,158) **카우만 부부 일본 선교 헌금 놓고 기도 후 60불, 300불 기도 응답받고 울고 뛰고 기뻐해 함.**159) 결과는 많은 사람이 **중생, 성결, 신유 기도** 응답받고, 기타 2000명이 참석한 구원파크의 텐트, 음식제공, 잠자리, **1000명 제단초청** 응함, 17개 교단 **연합**과 조화, **부흥자의 역할과 해외선교 사명**을 강조하였다.160)

북미와 영어권에 『오순절 배터리에서 온 전기충격들』, 『성경으로 돌아가자 즉 오순절훈련』, 『마지막 기도회』란 문서로 생중계된 구원파크 캠프수양대회들에 대한 묘사를 보면, 이 집회에서는 땅을 진동시키는 순복음이 전파되고, 영감 넘치는 찬양과 기도가 진행되고, 간증이 자주 들려지고,

---

154) Knapp, *Electric Shocks from Pentecostal Batteries* [ESPB] II, Pentecostal Holiness Library, Vol. II No. 9 (Revivalist, 1900), 84. Mrs. Martin W. Knapp, *Electric Shocks from Pentecostal Batteries* (Revivalist, 1902), 6-7.
155) ESPB 1901: 63.
156) Ibid., 65.
157) ESPB 1901: 66.
158) ESPB 1901: 67-69.
159) ESPB 1901: 70. Knapp, *Pentecostal Letters* (Revivalist, 1902), 107-108.
160) ESPB 1901: 72. 진한체 강조는 필자의 것.

강사들이 전한 중생, 성결, 각양 성령 은사들과 부흥 신유체험이 실제로 일어나고, 긴박한 재림을 예비하는 신자들의 목회 소명과 선교 헌신 체험, 무수한 간증들이 계속 일어났다. 이러한 것들은 급진적인 방식과 사상이요, 적극적인 복음화운동이었다. 이 수양대회들의 주 강사들 상당수가 만국성결교회의 창립 주역들이었고,161) 이 집중 수양대회들의 주 메시지는 하나님의 말씀과 체험에 입각한 오순절 부흥, 회개, 중생, 성령세례 성결, 신유, 재림, 선교로 급진적이고 진격적인 오순절과 선교 운동이었다.162)

5) 혁명적 복음가 창작과 보급 발상

냅은 부흥 전도집회나 수양회에서 자신이 만든 복음가『눈물과 승리가 1-2집 합본』을 활용하였다. 이런 전도집회와 수양대회에서 사용한 간편한 『구원 멜로디들』, 『눈물과 승리가』1, 2, 3집 중 1, 2집만 1900년까지 20만권이 나간 것으로 냅은 밝힌다.『성경구원승리가』등에서 보듯이 새 문화와 기술을 사용한 전도자 냅의 기여는 엄청난 것이었다,163) 당대 성결 문화와 대중문화 즉 대중적 문학, 음악, 미술, 사상, 교통, 기술 등을 활용하고, 적합한 도시와 농촌의 장소를 선정하고 적기에 산학 팀, 후원자, 선교사와 현지인을 활용하는 등 팀 전략을 사용해 효과적 의사소통으로 선교와 성결운동에 있어 최대결실을 본 것이다. 그러한 사역의 결실에도 냅은 이웃들에게는 소음방해라는 고소를 당하였고, 또한 이러한 시련을 성령의

---

161) 10일내지 12일간 열리는 만국성결운동 캠프수양회 강사들에 대해서는 *The Revivalist* 또는 GRBA 1890-1919 과 ESPB I, II, III, IV를 참조하라.

162) Knapp, ESPB III(1901), 5, 11-12, 20, 43, 32, 52, 66, 49-50, 55, 67-69, 70-72, Mrs. Knapp, ESPB IV(1902), 7, 12, 19, 90-101, 107. 여기서 일본 카우만가의 첫 회심자 다게마예의 간증, 장차 길보른가의 일본 선교가 보고되고, 세계일주 선교사 스토커의 세계선교가 보고되었다. Mrs. Knapp and Seth Rees, *The Last Prayermeeting or Eternal Realities* (Revivalist Office, 1904), 1이하, 12, passim. 셋 리스, 이 퍼거슨, 시 위글이 주 강사이고 이 수양회는 재림과 심판을 강조한다.

163) 냅,『오순절 성결신학』홍용표, 역편 (2013) 부록 6을 참조하라. 만국성결교회, 『눈물과 승리가』합본,『성경구원승리가』외 동 교회 찬송가 *Mount Up Songs* I, I, III(God's Bible School and Revivalist, 1903-1913), *Praise of His Glory Songs* (God's Bible School and Revivalist, 1922), *Hymns of Glory* (Pilgrim Holiness Church, 1926-1934)도 참조하라.

능력과 동역자들의 지원으로 이겨냈다.

캠프미팅, 하나님의성경학교

악대전도단

오하이오강 구원선
(중생 성결 천국)

전도책자, 복음가

6) 하나님의 성경학교 구원선 및 전도단

냅은 신시내티와 켄터키 코빙턴 사이 큰 오하이오 강변에서도 하나님의 성경학교 구원선(Salvation Boat)과 공원과 길가의 모임공간에서도 구원마차, 구원자동차, 노방 전도단을 만들어 구령운동을 전개하였다. 그는 이 구원선과 전도 팀으로 오하이오 강을 따라 켄터키 루이빌, 테네시 내쉬빌, 앨라배마, 미시시피 등 남서부 길목을 오가며 도시의 유흥가, 오락지, 슬럼 지역과 농촌 지역에도 신학교와 개 교회 연합 팀으로 복음을 전하는 일도 주도하였다.

7) 오순절운동의 2가지 복선 전략- 성결구제전도관과 부흥자 채플

앞에서 말했듯이, 마틴 냅의 "부흥자 채플"(Revivalist Chapel)은 사회 구호 기관인 성결구제전도관과 별개로 시카모어가와 4가 코너에 창립되었

다.164) 이 채플에서는 구호와 나눔 잔치도 벌이고,165) 주일 오후 2시 30분과 7시 30분에 각기 '성별회'와 '구령회'로 모이게 되었다.166) 여기서 낮에는 베시 퀸과167) 엠 지 스탠들리(M. G. Standley) 같은 많은 청년들이 '성결성경학교'에서 성경공부도 하고, 구원체험도 하였고, 밤에는 슬럼가 죄인들과 노동자들을 초청해 중생과 성령체험을 간증하며 신유의 은혜도 받았다.168) 부흥자 채플은 선교현장 겸 임시 가동된 성결신학교였다.

8) 전천년 재림사상의 수용

냅은 1890년대 초부터 전천년 재림을 수용했고, 감리교 전국성결연합회의 학자들이 보란 듯이, 리스와 갓비에게 수양회 설교내용인 전천년 '주의 재림'을 책으로 내게 하고, 뉴욕 루터교 거장 조셉 세이스 박사의 '임박한 재림'에 관한 책도 출간하였다.169) 또한 냅은 전도자들이 아닌 신약신학자가 급진적 재림을 변증하게 하였다. 물론 신유와 예언에 관한 책들도 지성적인 전도자들이 집필하게 하여 출간하였다.

냅은 1900년 겨울 신시내티 성결성경학교 확장의 책임감을 갖고, 하늘로부터 받은 종합 성결센터 비전을 기획하게 된다.170) 이 부흥자 채플이

---

164) Mary Storey, "Despise Not the Day of Small Things" GRBA 15 (July 23, 1903), 3-4, 15 (July 30, 1903), 12, 15(August 6, 1903), 12,

165) "Revivalist Chapel Love-Feast" Revivalist (October 25, 1900): 4.

166) 한국성결교회는 연차 수양회, 구제선교, 주일 오후 성별회와 밤 구령회를 그대로 복제했다.

167) 베시 퀸은 마틴 냅의 비서이고, 스탠들리는 후일(1902) 퀸의 남편이 되고 하나님의 성경대 총장이 된다. M G. Standley, *Light That Never Fails* (Revivalist Press, 1934)을 보면 그는 중생을 구원, 성결을 성령세례와 연관시킨다(12-22 쪽). *My Life As I Have Lived* (Revivalist, 1949)를 보라.

168) Souvenir Edition of God's Revivalist (January 4, 1905), 3, 32쪽으로 이 특별 판에 카우만 가족과 길보른 가족과 같은 만국성결교회 세계선교사들 사진과 사역 활동도 나와 있다. 만국성결연합[교회] 1900-1919 기간 현장 뒤 목사 선교사 명단들도 보라.

169) Rees and Godbey, The Return of Christ (Revivalist, 1900) 와 Joseph Seiss, The Second Coming of Christ (Revivalist, 1900). 그는 The Apocalypse(계시록주석), 임박한 재림, 마지막 때, 금제단, 성령의 타입(예표)로 유명한 신약 신학자였다.

170) Souvenir Edition of God's Revivalist (January 4, 1905), 6-7.

어번산으로 옮겨 간 다음에는 아래 그림의 성전을 신축한 후에 '하나님의 성결성막'171)(God's Holiness Tabernacle)이라 불렀다. 이 부흥자 채플 곧 하나님의 성결성막은 초만원을 이루어, 신시내티 성결연합과 기도연맹 인원을 다 수용할 수 없게 되었다.

자. 냅의 최고조에 달한 성경신학교 사역과
성결오순절교단 확립(1900-1901)

마틴 냅에게 1900년은 획을 긋는 중요한 해이었다. 냅은 이미 성경성결신학교 및 선교사양성원에 대해 20년 전에 비전을 받았다. 냅은 1893년 신시내티 성결구제전도관 사역에서 상담자의 요청으로 신학교의 필요성을 느꼈고, 캠프집회에서 얻은 성경공부와 주제별 문고교재를 활용한 통신 학교(通信學校)를 1890년 중반에 이미 시작하고 있었다.172) 1895년 냅의 동산 평바위 지역에 "켄터키 루이빌 근처 뷸라하이츠에 성결성경학교가 열렸다." 카우만과 나가다는 무디성서학원에 다니다가 1897년 냅의 이 켄터키 성결학교와, 또 신시내티 만국성결연합, 성경신학교, 수양대회를 방문해 냅 단체의 평생회원이 되는 동시에 통신학교식 신학교 수업도 시작하였다.

냅은 1900년 한 주인이 소유한 10만 불짜리 건물과 부지 매입 프로젝트 중 첫 헌금 300불, 이어서 1,000불, 700불, 5,000불을 받게 되어, 그 주인이 그 금액에서 값을 깎아 2만 불만 요구하는 어번산 신학교 부지와 건물들을 구입하였다.173) 그는 성경적 성결 교육자로 성경신학교 선구자요, 30여권 성결문서 저술가요, 130여권 오순절 성결 책자 편성자이다. 냅의

---

171) 무교동에 건축된 중앙성결교회 이름도 "성결성막"(Holiness Tabernacle)과 건축 모양도 같다.
172) Knapp, "Bible Student's Library" Leaves from the Tree of Life, The Book and Its Theme or the Bible and Its Teaching, Our King Cometh, Entire Sanctification: A Second Blessing, The Danger Signal or A Shot at the Foe 등.
173) Hills, 204-213.

성경의 권위와 해석의 모토는 '성경으로 돌아가자'(Back to the Bible)이다. 이 모토는 그의 오순절적 예표적 성경 해석으로 대표된다. 냅에게 있어서 성경은 신앙과 신학의 가장 중요한 권위요 원천이므로, 그는 성경 즉 초대 오순절 기독교로 돌아갈 것을 강조한다. 그는 구약과 신약 모두에 나타나는 복음적 성결을 강조한다. 냅의 성서해석은 오순절적, 예표적, 실용적, 성령 공동체 모델로, 웨슬리까지 나타나는 바울신학에서 오순절적 복음신학으로의 패러다임 변동을 나타낸다.

하성대 '하나님의 성결성막' 채플, 냅과 그 신학생들인 카우만 부부와 길보른 부부(1900년 말)

1) 냅의 1894년 이후 성결성경학교와 1985년 하나님의 성서학원 (Holiness and Bible School and God's Bible School)의 목적

냅은 그의 학교들의 목적을 다음과 같이 밝히고 있다. "하나님의 성서 학교 및 선교사훈련원은 하나님이 최고봉, 기독교 군사들을 위한 사관학교, 영적 숯불을 위한 불길 전도관, 구원의 빛을 위한 등대, 성경공부와 구령과 선교/전도관들 세우는 것을 목표한다." 냅은 1900년 하나님의 성서학교와 선교사훈련원을 통합하여 체계적이고 공인된 학교를 운영하여 찰스 카우만 부부와 윌리엄 시무어 등 190명이 입학하였고, 이듬해에는 에드윈 길보른 부자 등 150명이 입학하였다.[174]

---

174) 1900년 공인 통합학교인 '하나님의 성서학원' 및 선교훈련원 설립이념과 학제에 대

2) 성결 신학과 문화의 공고화

냅은 이 학교의 공식 개교와 경영으로 바쁜 와중에도 성결신학자와 성경강해자로 1900년 요한 계시록의 순복음적 주해인 『성결 승리』,[175] 하나님의 성경학교 카탈로그인 『성경으로 돌아가자 즉 오순절훈련』 1,2권, 성결전기인 『데이빗 제이 루이스의 말과 사역』을 출간하여 실천신학 교과서를 만들었다. 그는 이제까지 중생, 성결, 재림에 대한 책을 자신과 동료를 통해 여러 가지 시리즈물로 출간하였다. 또한 냅은 마이케이어 헨리와 에이치 데이비스를 통해 출간된 『신유』와 『기적』, 갓비를 통해 『성령의 은사』를 발표하게 하여 사중복음 교과서를 만드는 것은 물론, 신약성서 성결주석들을 완성하게 하여 성경적 성결 교과서를 만들고 있었다.

냅은 테일러(B. S. Taylor)와 공저로 『담배와 술』(금연과 금주)을[176] 출판하여 내적 성결을 외적이고 사회적인 성결로 연결시켜야 함을 강조하였다. 그의 『담배와 술』[177]을 통해 구제전도관의 중독자들에 대한 건강과 회복을 독려하며, 성결인들의 금주와 금연을 강조하였다. 즉 복음적 성결학교에서 성결문화와 사회복지 교과서들을 만든 것이다.

냅은 힐스의 『오순절 빛』과 『만인복음』에 이은 『오순절이 거부됨』과 『성령과 능력』으로 목회용 〈오순절 순복음 시리즈〉를 완성해가고 있었고,[178] 데이비스(H. Davis)의 다른 『제단에서의 숯불』(1902)[179]을 교정하고 있었는데, 이는 예배학 교과서였다. 이 책들은 성령중심의 순구원복음

해서는 홍용표, 서울신대 성신연 콜로키움, 2013년 12월 11일 논고 "냅의 생애와 사상" '하나님의성서학교' 항을 보라.

175) Knapp, *Holiness Triumphant* (Revivalist Office, 1900), *Back to the Bible or Pentecostal Training* (Revivalist Office, 1900), *Word and Work of David J. Lewis* (Revivalist Office, 1900). 마지막 책은 침례교 목사 성결운동에 관한 것이다.

176) Knapp and B. S. Taylor, *Pipe and Quid: An Essay on Tobacco* (Revivalist Press, 1901).

177) Ibid.

178) A. M. Hills, *Whoever Gospel* (Revivalist, 1899), *Pentecost Rejected* (Revivalist, 1902), *St. Paul on Holiness* (Revivalist, 1897), *Holiness and Power for the Ministry*(Revivalist, 1902).

179) H. Davis, *Coals from the Altar* (Revivalist Office,1902).

의 실천 교과서들이었다. 냅은 시 포터의『기독과 성막』(1903)과 왓슨의
『영혼양식문고』10여권을 편성해 실천적 성결을 강조하였다. 왓슨의 책들
은 실천신학적 성결 교과서들이었다.

냅은 존 웨슬리의 52대 설교 중 6개 설교를 편집한『영혼의 안
식』[180]을 출판해 사중복음과 세속적이고 타락한 감리교에서의 독립된 성
결교회를 강조하였다. 냅은 이 책 서문에서 존 웨슬리의 설교들 중 '신자들
안의 죄,' '신자들의 회개,' '온전,' '인내,' '교회,' '분파분열' 6가지 만 선별
하여 자신의 5중 오순절 순복음을 연결시켰다. 또 냅은 감리교와 화해해
보려고 장차 통합될 하나님의 성서학원과 선교사훈련원 카탈로그 광고에
처음으로 웨슬리의『기독자 완전』과『52주 설교선집들』도 공급한다고 실
었다. 냅은 감리교에 오순절 성령 충만 교회, 즉 성령의 구원하고 성결케
하는 임재와 협동이 살아 움직이는 교회를 촉구했으나 감리교단이 회개하
지 않자 그는 하나의 새로운 교단을 창립하는 결단을 내리게 된다. 여기에
는 **하나님의 말씀과 하나님의 성령과 하나님의 섭리라는 시험을 거친 마틴
냅의 간절한 기도가 있었다.**

3) 신생 성결교단
이제 냅은 그의 신생 교단에 대해 이렇게 천명한다.

나는 어떤 교단보다 더 큰 성령과 교회(교단) 모든 회원들의 연속적 연합과 소
사이어티[신생 오순절성결교단]에 대한 깊은 확신을 갖는다.…성결연합회는 하
나님 백성의 강한 성령운동과 연결이고…신적 탄생, 신적 세례, 신적 사역…우
리 주님의 성령 안에서 그 일을 행한다. 하나님은 우리 사역의 각 분야에 놀라
운 방식으로 성령을 붓고 계시고 우리는 계속 오순절 가운데 있다.…[181]

---

180) Knapp, *Soul Rest As John Wesley Taught* (Revivalist Office, 1901). 냅은 성서
적 신앙, 자범죄와 원죄, 불신자의 회개, 신자의 죄와 성결, 기도와 인내와 성별, 독
립 성결교회 분립을 강조한다.
181) Ibid.,125-131.

냅이 새로 세운 성령세례 받는 성결교회는 하나님 말씀 위주이고, 예수가 머리이고, 성령이 감독인 교회요, 성령 받은 지역 모임들과 교역자들과 협동하며, 자유롭고 평등하고 고침 받고 승리하며 재림을 소망하는 신약의 오순절 교회이다.182) 냅의 오순절 교회 상은 성령 안에서 연합된 하나님의 교회요,183) 성령세례 받은 지도자들이 다스리는 신약 원칙들에 기초한 형제애적 교단이다.184)

한국성결교회는 마틴 냅이 타락한 감리교와 결별하고 오순절성결을 기치로 탄생시킨 바로 이 만국성결교회의 직계후손이다. 1901년 마틴 냅의 마지막 만국성결교회 헌법과 조례의 신학과 정체성(identity, polity)은 1) 순복음 성경적 성결, 중생, 재림, 신유 교리의 국내 전파와 세계 선교였고, 2) 사도교회적인 7인의 핵심 상부행정 지도력 중심의 회중제와 개 교회는 4인의 지도체제(회장, 부회장, 총무, 재무 2/3 찬동 결정)이다.185) 냅이 카우만과 길보른을 파송하기 전 교단 교회명에는 "사도"가 첨가되어 강조되고, 전체 조직은 총회와 지역 연합회(5인 이상 안수 받은 목사로 구성)와 개 교회[전도관] 및 개 교회 정회원 신자들로 구성되었다. 직분제는 목사, 부흥사(전도자), 선교사들, 안수집사들, 집사들, 정회원인 신자들로 구성되고, 금주, 금연, 그리고 의상의 성결문화를 유지하였고, 세례는 3가지 방식(침수례, 점수례, 부수례) 중 선택할 수 있었고), 성례식으로는 성찬식, 안수식이 있으며, 신학교 수학기간은 2년제(1년 실습)로 간편하였다.186)

4) 냅의 성결오순절교단 변증과 선교 도구

1901년 1월부터 냅은 그때까지의 「부흥자」에서 「하나님의 부흥자와 성경변호」(GRBA)라는 명칭으로 개명하였다. 「부흥자」도 그리고 〈하나

---

182) Ibid., 136-141.
183) Knapp, LBPS (1898) "Pentecostal Church"도 보라.
184) Ibid., 142-143.
185) Constitution and By-Laws of the International Apostolic Holiness Union (Revivalist Office, 1901): 1-4.
186) *Constitution of IAHU* (Revivalist Office, 1902): 1-12.

님의 성서학원〉도 그 주인은 하나님의 것임을 천명한 것이다. 그는 감리교를 변호한 것이 아니라 사도교회적 성령운동을 강조한다.[187] 그의 성결연합, 세계선교부, 또한 제자들이 세울 개 교회들도 하나님이 주인 됨과 오순절적인 교회임을 신학생들에게 각인시키기 위해서였다.

냅은 그 사이에 부표 신약성서와 관주 성경을 집필하고 출간하였다. 또한 『눈물과 승리가』 1,2권의 요약본인 오중복음 중심의 『구원 멜로디』와[188] 『눈물과 승리가』 복합 정선본도 청소년 세대에게 대중음악을 활용하여 선교하기 위해 출간했다. 그리고 냅은 한국 복음가의 저본(底本)이요 앨비언과 하나님의 성서학원 음악교수인 알 니일이 냅의 작사 32곡을 작곡해 엮은 『성경구원승리가』도 출간 직전의 형태로 완성했다. 이것들은 기독교 복음음악 교과서였다.

전도자 냅은 일전에 수양집회에서 성령의 은사들과 성령이 차고 넘치는 '활천'(Living Waters)[189]을 설교하였고,[190] 그의 사후 냅 부인은 이를 『성경적 우물들에서의 활천』(Sparkling Waters from Bible Fountains)으로 출판하고 청소년 성결문고로 이어갔다.[191] 이는 청소년 교육 교과서요,

---

187) The Methodist Advocate대신에 Bible을 강조하는 점에서 근본주의적 초대교회 회복을 강조하는 만국사도성결교회 기관지였으나, 1919년에는 동 지가 분립되어 독립 GRBA 대 만국성결교회 기관지 International Holiness Advocate로 나뉘고, 1926년 후자는 Pilgrim Holiness Advocate 필그림성결교회 교단 기관지로 개명된다. 우리는 여기서 GRBA를 독립으로 오해하였다.

188) M. W. Knapp and John Sweeney, *Salvation Melodies* (Revivalist, 1899). Knapp and Pickett, *Tears and Triumphs Combined* (Pickett's Publishing House, 1901).

189) 이 '활천'(Living Waters)이란 말은 이전에 냅의 집회에 초청했고 동역했던 쉐리던 베이커가 성결협회 전도자들의 성결설교를 엮은 「활천」인데, 냅은 그의 책들도 출간 보급하였다(Revivalist [November 1895]). 베이커는 냅이 『출애굽에서 가나안으로』를 낸 맥도널드와 길사에서 같은 해에 책을 냈다. Baker, *Living Waters* (McDonald, 1889). 그는 성결인의 성령 충만과 선교를 강조하였다.

190) Knapp, E*lectric Shocks from Pentecostal Batteries; or Food and Fire from Salvation Park Camp Meeting*, M. W. Knapp, *Publisher of Pentecostal Literature* (Revivalist Office, 1898), 86-87, 109.

191) M. W. Knapp, *Sparkling Waters from Bible Fountains* (Revivalist Office, 1902). 이는 청소년 문고이지만 한국에서는 1922년 성결교회 기관지 「활천」(Living Waters)명이 되었다. 길보른은 냅의 「활천」 설교와 잡지, 베이커의 「활

한국성결교회 기관지 「활천」의 모델이 된 것이다.

차. 냅의 소천과 한국성결교회 신학과 선교 유산(1900-1901)

냅은 1900년 '만국성결연합[교회]'을 시카고 상무교통부 등기소에 교단으로 등록하였다.[192] 이 해 카우만은 1년 후 만국성결교회 부총회장이 된 헨리 볼튼과 알 보인튼 그룹에게 한국에 선교하러 갈 계획을 말했고,[193] 무디성경신학교장 알 토리(R. A. Torrey)에게도 '사도성결연합'이름으로 극동선교를 나간다고 보고하였다.[194] 냅은 카우만과 길보른이 그 본부와 신학교에서 받은 한국선교 비전을[195] 듣고 기도하며 후원하다가 1900년과 1901년에 각각 안수해 극동선교사로 파송하였다.

냅은 1901년 마지막까지도 몸이 허약해진 상태에서 감리교 교권주의자들의 위협으로 인한 긴장, 국내외에 엄청나게 늘어난 영적 사업과 부흥자, 부흥자출판사, 만국사도성결연합(북미와 영어권 연성 조직 200여 교회들, 전도관, 성경학교 네트워크들), 하나님의 성서학원와 선교훈련원은 하나님의 이름으로 등록해 과로하게 일하고 전도자로 사방으로 뛰는 상태였다.

1901년 12월 1일 토요일 냅은 고열과 머리가 심하게 아픔을 호소하면서도 1주일간 그의 바쁜 일정을 계속하였다. 12월 7일 토요일 그는 문자 그대로 완전히 탈진해 있었다. 사후 의사 진단에 따르면 그의 사인은 고열병(장티푸스)과 영양고갈이었다. 그는 믿음과 기도의 용사로서 48세 나이로 소천하였다. 그는 루시에게서 자녀 앤너와 존, 그리고 미니 펄로부터 낳은

천」책을 잘 알고 있어 한국성결교회 기관지를 「활천」으로 정하였다.

192) 홍용표, 『한국성결교회사 110년 이야기』(서울: 아카데미 킹북, 2011), 415 참조.
193) 카우만이 1900년 9월 하나님의 성경학교에서 시카고 보인튼에게 보낸 한국에 가서 만나자는 편지를 보라. 볼튼은 냅의 자리를 메꾼 만국사도성결연합 부총회장이다 (1902, Constitution of IAHU).
194) 무디신학교 기록과 홍용표 『110년사』부록 2를 보라.
195) Edwin W. Kilbourne, *Bridges* (2000), 서론 xx. "To the Hermit Kingdom of Korea."

딸 루시와 어머니 옥타비아와 송별하였고,[196] 그 옆에는 한국 선교의 주역인 이 엘 길보른과 그 어머니가 지켜보고 있었다. 냅의 장례식은 12월 10일 오후 2시 하나님의 성결 성막에서 검소하나 성스럽고 장엄하게 거행되었다. 그 육신은 그 유언대로 크립튼 하이츠 화장터에서 화장을 하였고, 12월 19일 화요일 셋 리스가 하나님의 성결성막에서 수천 명이 참석한 가운데 추모예배를 인도하였고, 그를 태운 재는 새 성막 머릿돌 근처에 묻혔다.[197]

냅의 복지원 호프 카티지도 봉헌되었다.[198] 신시내티에 있는 냅의 성결구제전도관은 후일 제일성결교회로 바뀌어 한국선교사들이 **만국성결교회 오하이오 지방회**의 교회소속으로 파송될 것이다. 동료 힐스는 냅에 대한 전기를 『믿음과 기도의 영웅』이란 제목으로 출간하였다.[199] 냅이 출간을 준비하다 중단한 순복음 서신들이 포함된 『오순절 서신들』[200]과 사중복음과 선교 중심의 『성경구원과 승리가』,[201] 힐스가 쓴 냅에 대한 자서전 등은 그의 부인 미니 냅의 노력으로 출간되었다. 또 냅의 순복음 프로젝트 마지막 작품들인 애런 힐스의 『거절된 오순절』,[202] 에이치 데이비스의 『현대의 기적』과 마이케이어 헨리의 『신유』, 시 포터의 『기독과 성막 안 기독인 체험』, 찰스 스토커, 바이런 리스, 갓비의 『세계선교』 책들도 뒤이어 출간되었다.[203] 이렇게 그의 오중적(중생 성결 재림 신유 선교) 순복음 사

---

196) Miss Bessie Queen, "Translated" *God's Revivalist and Bible Advocate* (December 19, 1901); 1-2. 엠 지 스탠들리의 이 역사 기록의 기억 착오 때문에 「부흥자」 시작연도(사실 1883)와 하나님의 성경학교 및 선교훈련원 기원(사실 1895년)이 오도되어 사가들이 역사 원문을 보지 않고 부화뇌동해 따르게 된 것이다.

197) M. G. Standley, "All Is Well" Revivalist 21 (July 9, 1921): 2-8.

198) Mrs. Martin W. Knapp, *Electric Shocks from Pentecostal Batteries* (Revivalist, 1902), 13, 117-119.

199) Hills, *A Hero of Faith and Prayer, the Life of M. W. Knapp* (Revivalist Office, 1902).

200) Knapp, *Pentecostal Letters* (Revivalist Office, 1902).

201) Knapp and R. McNeill, *Bible Songs of Salvation and Victory* (Revivalist Office, 1902).

202) Hills, *Pentecost Rejected* (Revivalist Office, 1902).

203) Michajah Henley, *Divine Healing* (Revivalist Office, 1902). H. Davis, *Modern*

상, 즉 오순절성결 신학과 교역은 그의 생애 마감 이후 그 완성을 보게 되었다.

마지막으로, 냅의 오순절 성결 선교비전은 극동의 한국성결교회 뿐 아니라 세계 성결교회를 낳은 동력이었다. 냅은 자신의 성결과 선교정신 이 1893년부터 실행된 것으로 이렇게 표현한다.

> 매일 오후와 저녁에 **성결회**(성별회 holiness meetings)을 열어 거기서 많은 사람들이 회심하고 **성결함** 받았다…."성별"…. '**가라**….' 예수께서는 우리는 이 모든 세계에 가서(마 28:19) 만민에게 복음을 전하라(막 16:15)고 명하셨다…. 나는 하나님께서 이곳들에 우리가 **누군가를** 보내기 **원하심**을 느낀다.204)

카우만 부부가 목사로 또한 선교사로 안수 받기 전에 이미 1896년부터 1900년 초까지 이 만국성결연합(준 교단)에서 파송한 선교사들은 다음과 같다. 중국에는 크라우스, 아프리카에는 메리 멀렌, 윌리엄 허스트 부부, 비어트라이스 피니 부부, 인도에는 프루덴, 스위넨버르그, 투프츠 부부 등 10명 가까이 되었다.205) 그래서 「부흥자」에는 극동보다는 인도, 아프리카,

---

Miracles (Revivalist Office, 1901), Charles Stalker, "Missionary Address" *The Revivalist*, 14(July 31, 1902), Stalker, Charles H. *Twice Around the World with the Holy Ghost: Or, The Impressions and Convictions of the Mission Field.* Cincinnati, O: Revivalist, 1902; Columbus, (OH: Charles H. Stalker, 1906). William Godbey, *Around the World, Garden of Eden, Latter Day Prophecies and Missions [Missions]* (Revivalist, 1907). 바이런 리스(총무, 세계일주선교사)는 아버지 셋 리스와 함께 세계 선교여행기를 집필하였으나 냅 성결그룹의 산산 분열에 실망하여 하버드 대학교 영문학을 마치고 아이비리그 대학의 영문학 교수가 되었다.

204) Knapp, ESPB(1899), 152-153.
205) 1901-1902년 만국성결교회 헌법과 조례에 나타난 목사 수는 100여명, 여자안수집사 수는 11명으로 등재되어 있다. 공식 선교사들은 7명으로 등재되어 있다. 극동 카우만가 부부, 에드윈 길보른, 아프리카 윌리엄 허스트부부, 비어트라이스피니, 엘리사벳 펄이다. "Ordained Ministers and Ordained Deaconesses" of the International Apostolic Holiness Union (1902): 1-4. 냅의 사후 유언장을 놓고 주도권 싸움을 벌여 성결오순절연합과 선교그룹들이 냅 부인 측과 결별 사건들이 일어났다. 1908년 나사렛교단에 냅의 측근들이 가담하여 통합교단을 만든 것은 그 한 사례일 뿐이다.

아르메니아 선교기금이 먼저 설치되었다.206) 그리고 냅은 바로 이「부흥자」의 "세계성결선교기금"으로 세계 일주 선교사들을 파송하고 후원하였다.207) 냅은 부흥성결복음화와 해외선교 사상을 피니,208) 파머, 애봇과 웨버의 부흥전도, 테일러의 선교로 부터 배워 오순절 성결과 선교의 실천, 신학, 전략을 극동에 적용하였다. 냅은 1890년대 전반기부터 구제선교를 하였고, 1890년대 후반부터는 파송과 순회 선교사의 현지조사와 더불어 선교기금을 모금하여 해외 선교에 주력하였다.209) 카우만의 동역자 나까다는 냅의 만국성결교회와 하나님의 성서학원에 1897년에 와서 "성령운동 본부에서 성령세례와 안수를 받았고, 이런 성서학원을 세우려고" 고국으로 돌아가 이 교단에서 파송할 카우만 부부를 기다리고 있었다.210)

1900년 12월 카우만 부부는 이 만국성결교단 총회 지도자들인 냅, 리스, 찰스 스토커 등 5인 안수위원들에게서 목사안수를 받았으며 극동(일본과 한국) 선교사로 임명되었다.211) 이들과 길보른 등 후속 선교사들은 그들을 파송한 만국성결교회의 의도대로 한국, 극동과 세계에 순복음을 전파하

---

206) *Revivalist* (November 8, 1900): 9 "Africa Mission Fund, Worldwide Holiness Fund, India Fund." 그러나 만국성결교회에서 파송한 아르메니아 선교사는 수년 내 순교 당하였다.

207) Rees(1908), Stalker(1902, 1906), Godbey(1907), Hills(1895-1911), Morrison(Pentecostal Herald 1910)의 세계선교여행에 관한 책들과 Revivalist 1910, 1914년에 나타나는 한국 선교여행에 관한 판들을 보라.

208) 1890년대 냅 피니 시리즈에는『구원의 길』,『부흥 방법』,『공언 신앙자들 강좌』,『복음 주제들』,『마소니파』등. *Revivalist* (November 1895): 5.

209) 마틴 냅의 해외 선교, 설교를 위해선 1899,1900,1901년 기간 출간된 ESPB (1899), 138, 153, ESPM (1900), 78-83, 1901: 49-50, 70; ESPM(1902)을 보라.

210) *Revivalist* (December 6, 1900): 9.

211) *Revivalist* (November 1900); Lettie Cowman (1928), Kostlevy, "Burning Bush"(1997) and Holy Jumpers (2010) 참조. 다음 글들은 냅과 그 동료들의 일본 및 한국성결교회 선교 본부와 교회들과 신학생들의 상황을 보여준다. Worldwide Holiness Missions Fund Rescue, Mission Fund, Japan and Korea Bible-School Fund. Charles Stalker, *Twice Round the World Missions* (1905), William Godbey, *Missions* (1907). Edwin Kilbourne, *The Story of Japan and Korea Mission* 한국 선교 이야기. *The Great Commission* (1907/8). E. W. Kilbourne, *Bridges Across the Century* (2000).

고 성결교회를 세우는 일에 충실하였다.

냅 그룹의 한국(극동) 성결교회 선교 과정을 간단히 살펴 보자.[212) 만국성결교회의 한국선교 계획은 1900년부터 잉태되었다. 카우만은 하나님의 성서학원에서 1900년 9월 12일 시카고 제이 알 보인튼이란 의사에게 한국선교에 관심을 갖고 '한국에서 만나자'는 약속 편지를 보내기도 했다.[213) 카우만은 만국성결교회 하나님의 성서학원 졸업 후 일본 선교만이 아닌 한국 성결선교가 그의 목표지였던 것이다.[214) 에드윈 길보른도 바로 냅의 이 은혜의동산 본부에서 한국선교 비전을 보았다.[215) 냅의 지도력 하에서 하나님의 성서학원을 편입 이수한 카우만부부는 1900년 11월 25일 신시내티 하나님의 성서학원 강당에서 일본 선교사 후보로 송별식이 있었다.[216) 카우만은 이 송별답례에서 이렇게 순복음을 강조하였다. "브라더[형제] 냅으로부터 아주 많은 강의를 받은 나는 **순복음**을 변호하러 가…주의 은혜로 도와 주의 복음에 충실할 것을 기대한다."[217)

[하나님의 부흥자] 지 1901년 5월 16일 14쪽에는 찰스 카우만의 일본지부가 나와 있고, 동 지 동년 6월 27일 7-8쪽에는 카우만의 성령세례 성결론이 전개되어 있다. 1901년 일본 도쿄에는 부흥자와 만국성결연합 극동 본부가 설치되고, 1902년부터 만국성결교회에서 파송한 길보른 의 도움으로 도쿄 극동본부의 [선교부흥자 하늘의전보]도 월간으로 출간되었다. 냅이 안수해 파송한 나까다 쥬지도 냅의 후원으로 성결의 벗 [불의 혀]도 출간되고 있었다.

---

212) 홍용표 2013년 12월 5일 콜로키움 '한국성결교회신학에 반영된 냅의 오순절성결신학'을 보라.
213) 1900년 9월 12일 "카우만이 볼드윈에게 보낸 편지"
214) 냅의 사후 만성 그룹 간 알력 다툼과 합종연횡으로 한국선교는 1905년까지 지연된 것뿐이었다.
215) Ed Erny, *No Guarantee but God*(OMS, 1969)와 E. W. Kilbourne, *The Bridges*(OMS, 2000) 참조하라.
216) "Farewell Service of Brother and Sister Cowman" in *the Revivalist* (December 6, 1900): 9.
217) Ibid.

그러면 **냅의 극동 선교 과정 중 카우만의 한국성결교회 태동과 직결된 일본 성결교회 선교 개척과정을** 보자. 찰스 카우만은 1900년 9월 제이 보인턴과 헨리 볼튼 그룹에게 한국성결교회 선교계획을 전하였었다.218) 냅은 그 해 11월 신시내티 하나님의성경학교에서 찰스 카우만과의 극동선교 행송별식을 갖고, 카우만부부 안수식을 [부흥자] 지에 11월에 공지한 후 12월 첫 주 시카고에서 목사와 선교사로 안수하여 파송하였다. 냅은 길보른 을 1901년 신시내티에서 하나님의성경학교를 이수시킨 후 목사와 선교사로 안수하여 동양(한국, 일본)에 파송하였다. 카우만은 서부행 기차 칸에서 고전 12장 '성령의 은사들'을 묵상하며, 샌프란시스코에서 도착하여서는 퍼거슨의 브니엘전도관에서 신체 치유를 받고 윌리엄 갓비와 송별식을 갖기도 했다.219) 찰스와 레티 카우만은 이어 샌프란시스코 일본 교회에 참석하여 기도하며 '성령 감동과 인도'를 받고 성결전파의 사명을 갖고 있음을 냅에게 보고한다.220)

카우만부부는 1901년 2월 15일 호놀룰루에서 나중(1904) 한국 성결선교 촉매가 될 기하라 목사를221) 만났음과, 2월 22일 일본 요코하마에 도착하며 나까다를 만나는 상황과, 도쿄에서 나까다와의 일과 성결연합, 성경수련학교, 부흥자 지부 사역 시작을 냅에게 보고하였다.222) 1901년 4월에는 이미 미국 신시내티와 시카고 양 본부 [하나님의 부흥자]의 '일본 지부'가

---

218) 이 그룹 중 만국성결교회 부총회장 후보 헨리 볼튼은 1902년 만국성결연합 부총회장이 되었지만 총회장으로 지명된 이 엘 하비는 대도시성결교회 창립자로 남게 된다. 1902 Constitution of IAHU(Revivalist, 1902) 표지참조.
219) God's Revivalist and Bible Advocate[GRBA] "From Brother Cowman" (January 31, 1901):9.
220) GRBA Sister Cowman, "Off for Japan" GRBA (January 14, 1901):9; E. A. Kilbourne, "Wise and Foolish" GRBA (February 7, 1901):7.
221) 기하라는 나까다와 1904-5년 한국성결교회를 세우려 한국 전역과 만주 선교여행을 하러 올 것이다.
222) "From Brother and Sister Cowman, Steamer China, On the Deep, Half-Way from Honolulu to Yokohama. My Dear Brother Knapp" GRBA (April 4, 1901):9, 12-13.

등재되었다.223) 냅은 1899년 나까다에게 일어판 성결지 [불의 혀]를224) 내는 일을 합의하여 보냈고, 냅은 카우만 및 길보른과도 1900년 부흥자의 동양 지부 [선교부흥자판 하늘의 전보](EM, Missionary Revivalist), 성경학교, 성결연합 지부를 내기로 합의하고 일본으로 갔다.

카우만 부부는 일본의 우상숭배와 기독교인에 대한 박해 상황과 선교의 긴급성, 도쿄 나아요마 조자마루 나까다의 감리교회의 낮 성별회와 저녁 구령회, 주일학교, 매일 노방전도 상황, 2500불 짜리 성경신학교 매입과 1명 학생명 연간 50불, 현지인 교역자 120불 후원 요청, 4월 1일 연 중앙복음전도관과 성경신학교 [동경성서학원](5000불 프로젝트) 시작과225) 운영계획, 셋 리스와 찰스 스토커를 강사로 모실 성결수양대회 준비, 냅의 사중복음인 [오순절청천벽력]의 변역 기획, 구제소(고아원), 복음지프차, 성경번역 운영 계획, 성령세례 설교(마 3:11-12)226) 등으로 마틴 냅에게 매주 보고하고 기도를 부탁하였다.227)

---

223) "Tokio, Japan Branch—C. E. Cowman." GRBA (May 16, 1901):16; "Tokio, Japan Branch—C. E. Cowman. Africa Branch-W. Hirst, Greenville Branch—C. M. Kuiyn" GRBA (May 16, 1901):16.

224) Tongue of Fire [불의 혀]는 원래 냅의 '오순절기도연맹' 영국 지부를 운영한 레더 해리스의 잡지명이기도 하였다. 나까다는 1899년 신시내티와 그 곳 캠프수양회에 왔던 오스월드 챔버스와 함께 영국을 다 방문하였다. 이들은 나중에 신시내티 본부에 교수와 주 강사로 왔다가 다시 1907년 일본에서 성결 수양회를 열 것이다. McCasiland, Oswald Chambers(1993), 90이하를 보라.

225) The Cowmans, "From Brother and Sister Cowman, Central Gospel Missions, Tokio, Japan, April 8, 1901. Our Dear Brother and Sister Knapp" GRBA (May 16, 1901):13. 카우만은 여기서 "일본 하나님의 성경학교" 사진을 보낸다고 냅에게 보고하였다. The Cowman, "From Brother and Sister Cowman, Tokio, Japan, April 20, 1901 Dear Brother and Sister Knapp" GRBA(June 27, 1901): 9. 여기서 카우만가는 냅 그룹에게 살 건물 사진을 보내고 5000불을 도울 것을 부탁하였다. 이 프로젝트는 결국 1904년 5만 불 프로젝트 신주쿠 만국성결교회 극동선교부와 동경성서학원으로 완성되었다(Revivalist 1905-1906). 바로 이 학교에 1902년부터 한국학생 모집광고가 되어 1905-1907년 사이 김상준 정빈 등 남녀 11명이 입학하게 된다.

226) C. E. Cowman, "The Baptism with the Holy Ghost and Fire," GRBA (June 27, 1901): 3. 여기서 카우만은 성령불세례가 온전 성화이고 믿음으로 받는 정결과 열매 맺는 것이다라고 설명하였다.

냅의 [부흥자]를 통해 버지니아 성결인이 만국성결연합 일본 선교부 교역자 120불을 헌금한 것이 답지한 상태에서, 카우만, 나까다, 길보른 은 "극동선교"를 위한 연속를 기도 부탁하고,228) 한국 선교 비전을 받 은 에드윈 길보른 은 순복음과 동양 선교를 강조하였다. "카우만의 중 앙복음전도관과 성경학교.... 5,000명 이상이 그리스도의 제자들.... 지금 13명 학생... 순복음을 전.... 성령불세례[성결] 복음을 갖고 무르익은 때 입니다."229) 이처럼 카우만 가, 길보른 가, 나까다가는 오순절 성결운동 의 대부 마틴 냅 부부에게 자식이 부모에게 필요한 것은 다 달라는 식 으로 순복음 즉 성령불세례(성결) 복음 전파를 위해 선교지에서 필요한 것을 다 요청하고, 냅은 이를 기도하여 응답을 받고 또 그 후원자들에 게 기도와 후원을 부탁하고 있었다.

하나님의 섭리로 냅의 부흥자 가족을 통해 세워진 첫 극동선교본부인 중앙 복음전도관과230) 일본 하나님의 성서학원은 만국성결연합의 '순복음' 을 대표한다.231) 카우만 가는 냅의 만국성결교회들이 지원할 300명 용사를 기도 부탁하고 있었다. 카우만 가는 냅이 소천한 줄도 모르고 1902년 2월 첫 주까지도 선교사역을 보고하며 후원을 부탁하다, 냅이 소천한 지 2달만 인 2월 11일에야 미국 부흥자 본부로 답신을 보내며 이제 이후로는 "하늘

---

227) The Cowmans, "From Brother and Sister Cowman, Steamer China, On the Deep, Half-Way from Honolulu to Yokohama. My Dear Brother Knapp" GRBA (April 4, 1901);13: GRBA (May 16, 1901):9,13.

228) "Prayer Answered for Japan: From Sister Cowman, Brother Cowman" GRBA (August 29, 1901):9.

229) E. A. Kilbourne, "The Revival in Japan" GRBA (August 29, 1901) :12; GRBA (February 7, 1901): 7; E. A. Kilbourne, "Translated" GRBA (June 18, 1901): 7. 길보른 은 여기서 오순절, 순복음, 예수 베드로 요한의 성령불세례 복음, 성령충만 교역이라 표현한다. 그가 만국성결교회 안식년에 집필한 [대명령](1907)이나 일본[한 국]선교이야기(1907/1908)는 오순절신학이다.

230) "복음전도관"(Gospel Mission) 이란 이름은 냅의 신시내티 구제전도관 사용처, 시 룻과 이 퍼거슨의 교회 명이기도 하다. 이 후원자들의 이름을 따라 붙인 이름이다.

231) "From Brother Cowman, Tokio, Japan, October. Dear Brother Knapp and All" (GRBA November 28, 1901).

아버지"가 그가 그 뜻대로 데려가신 대부 냅 대신 그의 성지를 이루어 갈 것이라고 회원들과 후원자에게 위로를 하였다.232)

이제는 **냅의 한국 성결교회 선교과정을 보자.** 냅이 그의 비서 F. L. 포터에게233) 만국성결교회 총회장 및 신학교교장을 시카고 이 엘 하비(카우만 교회 목사, 메트로폴리탄성결교회와 오스틴성결교회로 분열)와 그 후원자 듀크 파슨을 등용하라는 유언을 남겼다. 그러나 그 유언 대신, 셋 리스와 그 동역자 에스 헨리 볼튼(시카고 서부 오스틴성결교회)이 마틴 냅의 자리를 차지한 것 때문에,234) 찰스 카우만이 제이 보인튼과 약속한 한국선교 사역은 지연되었고, 냅의 여비서 베시 퀸의 남편 엠 지 스탠들리 및 윌리엄스 가와의 혈연적 가약을 맺은 길보른이 실세가 될 한국사역은 누구와 연결되든 발전할 가능성이 커 보이고 있었다.

카우만은 그 대부 냅이 소천한 후 몇 달 안 되어(1902년 4-5월경) 극동 선교본부와 성결수양회에 '멋진 한국 대표'(a fine delegation from Korea 고명우)가 참석한 것을 북미와 세계 [부흥자] 가족들에게 보고하였다.235) 카우만과 길보른은 1905년 만국성결교회 세계선교국에서 한국 총리

---

232) "From Japan,"Tokio Japan, February 11, 1902, Dear Revivalist Family" GRBA (March 20, 1902):9. Hills, op.cit.,351.

233) 이장하의 1912년 최초 작 [하나님의 장막](성막)은 포터의 [성막] 책을 번안한 것으로 사료된다.

234) IAHU 1902년 헌법 표지 Assistant Superintendent S. Henry Bolton. 오스틴성결교회 Address: 519 St. Pine Ave, Chicago, Illinois. 냅의 사후 시카고에서 카우만 교회와 연관 목사들인 이 엘 하비와 포터 대 셋 리스와 그 조수 볼튼 간 싸움과 오스틴성결교회 분열은 William Costlevy, *Holy Jumpers* (Oxford University Press, 2010), 80-85 참조하라. 냅의 사후 여인 3인방 퀸, 냅 부인, 스토리, 갓비 대 리스 그룹간 만국성결운동과 재산 주도권 다툼으로 마틴 냅의 북미 전국 성결그룹이 흩어지고, 이 주도권 문제 때문에 1908년 만국성결교회 회원들이 대거 이동하여 나사렛 교회로 병합한 오순절 성결 교단이 생기는 것을 보게 될 것이다. "Austin Holiness Church" Chicago Daily Tribune (May 5, 1902):3. 헨리 볼튼은 만국성결연합 부총회장으로 이 하비 버닝 부쉬운동에도 가담하며 찬송가사도 10여가지 작사를 하였고, 극동으로 간 카우만과 길보른을 후원하였다.

235) Lettie B. Cowman, Charles E. Cowman: Missionary Warrior (LA, CA: OMS, 1928), 158("There is a fine delegation from Korea"). 이 대표는 다름 아닌 김상준

와 부총리로 각각 임명받았다.

이후 냅의 파송을 받은 카우만과 길보른 이 주도한 만국성결교회 극동 선교부와 한국성결교회 기원과 발생 이야기는 필자의 책들에서 만나기로 한다.236) 냅의 오랜 동료와 후임 총회장 조지 컬프가 지원한 카우만과 길보른의 후속 극동 선교사들은 그들을 파송한 만국성결교회의 의도대로 한국, 극동과 세계에 순복음을 전파하고 성결교회를 세우는 일에 충실하였다.

찰스 카우만이 [부흥자] 지에 실은 논고들은 [우리의 옛 사람](1921)으로, 레티 카우만은 [부흥자]에 실은 논고들과 큐티들을237) [사막의 생수] [골짜기의 샘물] [청소년의 목적]이란 묵상 집으로 내 1000만 권 이상 팔리는 베스트셀러가 되었다. 길보른도 만국성결교회에서 1907년 안식년을 받았을 때 '부흥자'와 '선교부흥자 천상의 전보'에 낸 논고들을 모아 오순절선교신학서인 [지상대명령], [일본 선교이야기], [성결지침 즉 사중복음]을238) 내어 한국성결교회의 태동에서는 만국성결교회가 모체이었다.

정빈 최홍은 박기반 등을 이 극동 성결 본부에 데려간 '고명우'였다. 대영성서공회 한국 대표였던 고명우는 이 때 이 도쿄본부에 머물며 카우만과 장차 발행할 한국성결교회 [부표성경](신구약)(1910) 번역권계약 문제를 논의한 것으로 되어 있다. 고명우는 황해도 한국 최초 솔래장로교회 목사의 아들로 최초 의사이다. 홍용표, [110년사], 240-241을 보라.

236) 홍용표, [한국성결교회사 110년 이야기](2011), 162이하, 특히 11장을 보라.

237) 찰스 카우만의 예를 들면 "the Baptism with the Holy Ghost and Fire" in GRBA (July 27, 1902):7, 레티 카우만의 예를 들면 "Holy Silence" in GRBA (June 6, 1901) 등등의 논고들이다.

238) 예를 들면 E. A. Kilbourne, "Wise and Foolish" in GRBA (February 7, 1901):7; "Translated" in GRBA (June 13, 1901):7; "God is Love" in GRBA (August 29, 190`1):3; "Holiness" in GRBA (March 6, 1902):4 등등의 논고들이고, 길보른 의 책명은 The Great Commission (Revivalist Office, 1907/Tokyo: Cowman and Kilbourne, 1907), The Story of A Mission in Japan (Revivalist Office, 1907/ Tokyo: Cowman and Kilbourne, 1908). 에드윈 길보른이 서울에서 낸 [성결지침] (홍용표 현대어로 번역, 예찬사)은 카우만이 냅에게 약속했던대로 마틴 냅의 [하나님의 오순절 번갯불]을 일본어로 요약해 번역했던 것을 한국어로 발전시켜 번역한 것 같다. [활천] 1923-1925년 에 실린 에드윈 길보른 의 '사중복음' 글들과 1925년 한국 '성결교회 헌법과 조례'를 참조하라.

3. 냅의 사상

이제는 냅의 사상을 그 작품들을 중심으로 그 증언과 평가를 들어볼 차례이다. 이 장에서는 냅의 작품들과 그가 편성한 문고들, 성결신학에서 오순절신학으로의 패러다임 변동, 만국성결교회『헌법』, 『하나님의 오순절 번갯불』의 사중복음적 성결신학을 살펴볼 것이며, 또한 냅이 한국성결교회의 성결신학에 어떤 영향을 주었는지 살펴 볼 것이다.

냅은 프랜시스 애스베리, 벤자민 애봇, 찰스 피니,[239] 존 인스킵,[240] 피비 파머,[241] 제임스 코피, 토마스 해리슨, 윌리엄 테일러와 로벳 웨버에게 사상적 영향을 받았음을 직접 증언하였다.[242] 또한 말씀묵상과 기도와 집회 중 순간순간 성령으로 인도을 받고 성별시킨 가운데 사역을 성공하였고, 책을 저술하고, 기관들을 조직하였다고 회고한다.

가. 냅의 부흥자(Revivalist)에 나타난 사상과 패러다임 변동

이제 여기에서 '부흥자'(Revivalist)라고 함은 부흥자 정간지, 부흥자 출판사, 부흥자 법인, [만국] 오순절 부흥 및 기도연맹, 만국성결연합('초교파 교단')을 통틀어 의미한다. '부흥자'의 창립 원년 1883년에서 1901년까지 시대별로 사상 변천을 살펴보자. 우선 스티븐스(R. J. Stephens)의 「부흥자」 정간지에 대한 평가를 들어보자.

---

239) Knapp ed., *Revival Fire* (Revivalist, 1887?). 피니는 부흥방법와 성령세례 대 명목 신자들을 대조한다.
240) John S. Inskip, "Entire Sanctification"을 보라. 그는 성령불세례를 강조한다.
241) P. Palmer, "Full Salvation", "Entire Devotion to God"(Schuml, 1998). 그녀는 현재 순간성령체험을 강조한다.
242) Knapp, *Pentecostal Letters* (Revivalsit, 1902), 118. 냅은 감리교에서는 애스베리, 파머, 인스킵, 코피, 갓비, 토마스 해리슨만 성결전도자로 제시한다. .

마틴 냅의「하나님의 부흥자」와 「오순절 헤럴드」는 가장 많은 부수를 발행하고, 회람시킨 것이 분명하다. 1893년에 「오순절 헤럴드」지는 월간 15,000부 회람, 1899년에 냅의「하나님의 부흥자」는 20,000-25,000부나 회람되었다. 이 두 가지 출판물 편집자들은 생동적 기독교인 삶에 필수적인 것으로 생각된 성결-오순절 메시지를 열성적으로 전파하였다 …열정이 식지 않는 마틴 냅에 의해 편성된 「하나님의 부흥자」란 기발한 잡지명은 "하나님의" 관심으로 출간된 '하나님의 전적 소유' 하에 주장되었다. 마틴 냅은 이 잡지에서 '오순절'이란 용어를 사용했는데 이 오순절 이란 말은 방언운동의 과장적 어휘를 잘 반영한 용어였다.243)

스티븐스가 냅의 1/30 정도의 구독자를 가졌던 모리슨의 「오순절 헤럴드」지를 지나치게 과장하고 있지만, 냅의 원 자료를 보았던 그는 냅의 오순절신학으로 패러다임 변동을 일으킨 것을 제대로 간파하였다. 냅은 모리슨이 감리교에서 출교되었을 때「헤럴드」를 자신의「부흥자」에 끼워 보급하기까지 하였다.244) 1883년, 냅이 미시건 앨비언에서 시작한「부흥자」(Revivalist)는 처음에는 월간 8쪽이었다가, 1899년에는 주간 16쪽으로 확장되었고, 1901년부터 '하나님의부흥자 및 성경변호'「God's Revivalist and Bible Advocate」로 명칭이 변경되었다.

1) 1883년 이후「부흥자」지의 모토

아래의 로고에 나타나는「부흥자」의 모토는 "현재, 충만, 무상, 만인을 위한 구원"(Its Motto: Salvation, Present and Full, Free and for All)이다. 「부흥자」의 원천인 순복음 메시지는 오순절적 성령세례이다. 1887년 부흥자의 원 로고는 4대 구원 그림 안의 부분만 있었으나, 1896년경부터 "신유 잎새와 꽃 만발, 성령 충만 문구, 지구월계관, 선교 화살표"가 더 첨가되었다. 1896년 로고 해설: (1) 구원(중생, Salvation) 현재 충만한

---

243) Randall J. Stephens, "The Holiness-Pentecostal Press and the Origins of Southern Pentecostalism" (The University of Florida, 2011), 1-10을 보라.
244) 1890년대 냅의 Revivalist가 모리슨의 Pentecostal Herald도 끼워 보급한다는 냅의 광고를 보라.

(Present and Full) 값없고 만인을 위한(Free and for the all) 십자가와 광채, (2) 성령 충만(Filled with the Spirit), (3) 면류관: 재림, (4) 잎새(올리브): 신유, 꽃의 만발(충만), (5) 둥근 월계 지구: 세계선교(나가는 화살표). 이 변화는 냅의 오순절로의 패러다임 변동을 나타낸다.

「부흥자」지, 「부흥자출판사」 로고, 오순절성결 문고 심벌, 부흥자 순복음 심벌

2) 냅이 상징화한 부흥자 출판사 로고 설명

냅은 1880년 말과 1900년대 초 '십자가와 면류관' 시리즈 책을 냈다. 이 로고는 그와 연관이 있다. 천국이 임하는 주의 재림 시에 금 면류관과 주의 십자가 밑 사중 십자가는 중생(구원), 성결 (성령세례/성령 충만/온전성화), 신유, 재림을 의미한다. 그러나 중앙을 뚫고 올라가는 면류관은 환란과 핍박에도 말씀과 주님의 십자가와 부활만을 중심에 세우는 순복음으로, 온 누리로 뻗어나가는 선교임을 상징적으로 그려내고 있다.

1887년 「부흥자」 지의 '목표들'(Objectives)은 다음과 같다.

우주적 부흥사역들에 특별성을 둔다. **'성령세례'는 부흥에 필수 자질임을 강조한다.** 가짜 부흥사역에 대적한다. 하나님의 사역에 출판이익금을 할애한다. 불신자들을 위해 1쪽은 할애한다. 광범위한 지역으로 확장한다. '순수 부흥진리'의 정금만 축소해 보급한다. 특히 바쁜 노동자들에게 단번에 훑어보도록 장려한다. 하나님께 봉헌되고 이익은 하나님께 영광을 돌리는데 사용한다. 왕의 사업은 신속하니, 성공, 구독위해 기도하고, 빈자들과 불신자들에게 무료 제공하

도록 한다.245)

3) 1880년대 말 「부흥자」와 부흥자출판사의 표방 원칙들
"보편적 부흥, 성령세례, 불신자, 하나님의 역사와 영광, 순수성결복음, 노동자 중점"이고, **찬성하는 원칙적 진리는** "보편적이고 순전한 부흥과 오순절 성령세례"이다.246) 1895년 「부흥자」의 목표들은 중생, 성결, 재림, 신유 전파를 통한 세계선교였다. 이 목표에서 이미 사중복음이 온전히 수립된 것을 알 수 있다.

4) 냅의 오순절출판문고 '비둘기 상징' 로고
1896년 오순절 성결 문고 출판 로고인 비둘기는 성령의 현재적인 충만한 임재를 강조하는 것이다. 이 로고도 냅의 성결에서 오순절로의 패러다임 변동을 나타낸다.

5) 1900년 「부흥자」의 신학과 사상
1900년 「하나님의 부흥자」에는, 마틴 냅의 사상이 1900년 감리교와의 논쟁 결과로 '만국사도성결연합'(IAHU)으로 바뀐 준교단명과 사상처럼, 그의 패러다임이 바뀐 오순절사상과 선교정신이 요약되어 있다.

"오순절적" 충성적 **선교적, 순구원** 지로 거짓 광고 없음, 천국 관심사에 헌신됨. "본질적 사안에서 연합, 비본질적 사안에서 자유, 만사에 사랑." 소유자: 만인 위의 하나님, 편집 출판자: 마틴 웰스 냅, 부편집자들: 냅 부인과 셋 리스, 특별 기고자들: 바이런 리스, 편집부위원: 윌리엄 갓비, 애런 힐스,

---

245) *The Revivalist* (1887 advertising and Object). "A monthly paper devoted to the maintenance of a Revival Spirit and the advancement of Revival Work. Edited and published by REV. MARTIN WELLS KNAPP."
246) 「부흥자의 선호 사실들 원칙들」 FACTS IN ITS FAVOR 참조 3. It holds persistently that the baptism of the Holy Spirit is an indispensable qualification to successful revival work. 4. It is the child of the Holy Spirit and an Intense desire to glorify God. 8. pure revival truth.

이 대쉴, 위리엄 허스트, 제이 뎀스터, 재무: 윌리엄 허스트.[247]

따라서 냅의 「부흥자」는 말씀과 은혜로 회개, 구원, 중생, 성령세례 성결, 신유, 재림 메시지를 온 누리에 전하며 헌신하는 것이 그 목적과 사명이다. 그리고 냅의 부흥자와 만국성결연합 헌법의 사중복음에 동의하여 맹약한 지도자들을 보게 된다.

1900년 「하나님의 부흥자」의 목표들은 다음과 같다.

(1) 신약성서 표준 교리와 체험, 불신자들을 위한 **중생**, 신자들을 위한 **성결세례**를 전파한다. (2) 깊은 영성을 촉진시킨다. (3) 순구원복음을 온 누리에서 출판한다. (4) 형식, 세속, 교권적 노예 즉 복음 자유에서 허다한 사람들을 붙잡는 속박을 퇴치한다. (5) **사도적 정결**과 실행물을 개인과 교회를 위해 출판한다. (6) 법적 교권적 속박에서 양심의 자유를 보장한다. (7) 복음 무기로 하나님의 백성을 무장시킨다. (8) 교회 안팎에서 '죄의 지경이 없음"을 선포한다. (9) 순구원문고로 의문스러운 광고 없이 배고픈 자들을 위해 복음의 양식, 고달픈 자들을 위해 복음의 포도주, 동결된 자들을 위해 복음의 불을 보급한다. (11) 사막에 정기적인 성결의 양식과 특별한 복음을 먹인다. (12) 주류를 확장하고 지부들이 영광 받게 운영한다.[248]

6) 1901년 부흥자 목적(목표들)

1901년 「하나님의 부흥자」와 부흥자출판사 책을 소개하는 모토는 1900년 후반 및 1902년 만국사도성결교회 헌법과 같이[249] "오순절, 순구원 복음, 복음, 복음주의"란 말이 강조되고 있다. "오순절적, 충성적, 복음주의적, 순구원[복음]적, **사도적** 정결, 성경적 성결 전파, 하나님이 최고."[250] 여기에서는 냅이 감리교와의 전쟁을 끝내고 결별하였기 때문에, 부흥

---

247) 이들은 만국사도성결연합 임원이기도 하다. 회장: 리스, 부회장: 냅, 총무: 바이런 리스, 재무: 냅 부인, 사무: 허스트(1900 IAHU). 부흥자 사무실은 오하이오 신시내티 7가와 월넛가에 소재했다.
248) *Revivalist* (July 26, 1900): 13, *Revivalist* (May 16, 1901): 14.
249) *Revivalist* (May 16, 1901): 1.
250) *God's Revivalist and Bible Advocate* (May 16, 1901): 14. "Pentecostal, Loyal,

자와 헌법에 중생과 성결에다 다시 '신유와 재림'이 복원되고,251) 냅의 오
순절 "사도적" 성결신학으로의 패러다임 변동과 독립적인 자유평등과 회중
정치 정체가 나타난다.

　　1902년 「하나님의 부흥자」의 출판사 광고 마지막 4줄을 번역하면 이
렇다. "순 불 복음 빛"(Full of Fire and Gospel Light)은 중생, 성결, 신
유, 예수의 재림에 강조점을 둔다. [독자들이여] 성령사역을 강조하고 「하
나님의 부흥자」 God's Revivalist를 회람시키는데 도우라."252) 바로 여기서
'순복음'(위 심벌 참조) 이란 말의 출처가 나왔다고 보아야 한다. '순 불 복
음' 곧 '사중복음' 내용을 광고한 데서 순복음(순성령불세례의 약자)이 나온
것으로 추정된다. 베스트셀러인 『복음가』 와 『헌법』 에 이런 광고 내용이
실리다 보니 카우만, 길보른도　만국사도성결연합 헌법 뿐 아니라 이런 광
고를 보고 '순복음'이라는 용어를 자주 사용한 것이다. 이 '순복음'(Full
Gospel)은 후일 나사렛교단 로고가 되고 심슨도 하나님의 성회도 수용한다.

나. 냅의 성결교회, 오순절기도연맹 헌법에 나타난 순복음253)

　　냅의 1890년 총 성결연맹 및 1892년 중앙성결연맹, 1892년 오순절부
흥연맹과 1893년 오순절기도연맹254), 이 세 연맹이 합쳐져 발전된 1897년
성결연합 및 기도연맹은 성결복음, 사중복음과 세계선교255)를 목적하였다.

　　Evangelical or Publish the Gospel of Full Salvation, Apostolic Purity, Gospel
　　Food, Gospel Wind, Gospel Fire, Spreading Bible Holiness, God over All."
251) 1902 Manual: *The Constitution and By-laws of IAHU* (Revivalist Office,
　　1902): 1-10.
252) "Full of Fire and Gospel Light on Regeneration, Sanctification, Divine Healing,
　　and Second Coming of Jesus." Knapp, *Bible Songs of Salvation and
　　Victory*(1902), 앞 안표지.
253) Knapp, *International Holiness Union and Prayer League* (Revivalist, 1897),
　　1-4. 홍용표 2013년 12월 11일 콜로키움 '만국성결교회 조직 원년 회장' 항 참조.
254) 이 3 연맹들의 신조는 재림만 빼놓고는 1897년 헌법내용과 같다. William
　　Thomas의 논문을 보라.

1900년 및 1902년 '사도'성결교회의 헌법에 나타난[256] 중생, 성령세례, 성결, 신유와 성령의 은사, 재림, 세계선교, 개인, 교회, 사회 등은 성결교회의 문화를 요약하는 것이다.[257] 성결교회는 국내 불신자들 및 빈자들과 세계 신자들에게 '오순절' 성령중심 '순복음'을 전파하고, 이 교회가 중점을 두는 부흥과 말씀, 예배, 기도, 성별, 현지 사역자 후원과 팀 사역 전략으로, '오순절' 성결 교리를 전하는 것이 이 교회의 사명과 목적이다. 이 만국성결연합(교회) 헌법에는 오순절과 순복음으로의 패러다임변동이 가장 분명히 나타난다. 나까다는 1897년 이 헌법을 소지하였고, 카우만은 1901년 냅에게 안수받고 파송받을 때 이 만국사도성결연합 헌법을 가지고 극동에 왔고, 극동본부의 이장하는 이 만국성결연합 헌법을 1905년부터 *한글로 번역해 재일본* 한인들에 전도용으로 사용하기 시작했고, 이 소 헌법을 한국에도 전달하여 배포하게 하였다.

냅은 "성서적 성결, 온전한 사랑"을 복음적 감리교로부터 물려받았지만, 그의 '성경의 해석, 중생, 성령세례, 재림, 신유, 그리고 세계복음화'는 미국 20여개 교단들과 초교파적으로 활동하며 상황화되고 신학화된 것으로 새로 결성된 교단의 초교파적 성결오순절 신학을 대표한다고 볼 수 있다. 냅의 성결교회는 기존 감리교와는 그 사상이 확연히 달랐다. 특히 냅의 복음주의적 성경관과 성서 학원의 설립과 재림, 신유의 사상, 그리고 유색 여성에게도 평등한 안수를 시행한 점과 초교파적이고 신앙을 중심으로 한 독립적인 오순절 교회의 정체성을 갖는다는 면에서, 또한 현지인을 활용한 교역이라는 측면에서 감리교와는 매우 다른 점이다.

---

255) 1897 The Constitution of International Holiness Union (Revivalist Office, 1897): 2.

256) 냅은 1900년 헌법 전반부에서는 감리교와의 교리 전쟁 때문에 순복음 '중생과 성결'만 넣었다가 같은 1901년 후반부터는 헌법에 다시 '신유와 재림'을 전문의 순복음 세계전파 항에 삽입하였다. 1902년 만국성결교회 헌법을 참조하라.

257) Constitution and Bylaws of the International Apostolic Holiness Union (1902), 헌법과 조례 전문과 목적 4조 중생, 성령불세례, 재림, 신유 및 성령의 은사들, 세계 복음화가 들어가 있다.

다. 냅의 관주성경에 나타난 순복음

마틴 냅의 '4중복음' 이상의 '순복음'은 이장하가 번역하고, 카우만이 1910년 출판한 『부표관주 신약전서』 *Marked New Testament Reference s*[258])에 잘 반영되어 있다. 필자가 1992년에 폴 리스에게 들은 증언에 따르면, 카우만이 마틴 냅의 사후 그의 친필 『관주성경』을 일본에서 출판하려고 가지고 갔다는 이야기를 자신의 아버지 셋 리스로부터 들었다고 한다.[259]) 이 이장하 번역의 『관주 신약성서』는 물론 냅의 것이고, 마틴 냅이 여러 성결학자들과 공저한 『오순절 포도들』과 『예수만』[260]) 에 나타난 1년간 성결 오순절 매일묵상집 내용과도 일치한다. 다음 내용은 이장하가 번역한 관주 신약성서의 순복음이다.

구원/중생: 요 3:1-8, 14-17, 1:12-13; 12:47; 마 1:21; 9:16-17; 11:28; 눅 1:68-69, 76-79; 2:10-11; 19:9-10; 행 4:12; 13:26; 16:3-31, 롬 1:16; 5:1-9; 10:12-13; 고전 6:9-11; 고후 6:2, 14-18; 갈 1:4; 2:16; 3:13; 6:15; 엡 2:4-8, 13-21; 골 1:19-20; 살전 5:9; 딤전 1:16; 2:4-6; 딤후 1:21; 벧전 1:9, 23; 2:2, 24-25; 요일 3:5, 4:9-10; 계 3:20; 5:9; 7:14; 22:17.

성결/성령세례: 마 3:11-12; 5:8; 눅 1:74-75; 3:16-17; 10:27; 11:30; 요 1:29; 15:2; 17:17-21; 행1:8; [2:1-4]; 2:38; 8:19; 10:38; [10:45-47]; 15:8-9; 19:1-2, 6; 20:32; 롬 6:6-7, 22; 7:23-25; 22:1-2; 고후 7:1, 20; 11:3; 12:10; 13:9; 갈 4:30-31; 엡 1:4; 4:24; 5:18-21, 25-27; 골 1:21-29; 살전 3:10-13; 4:2-4; 4:7-8; 5:23-24; 딤후 2:21; 딛 2:12,14; 히 4:9-11; 6:1-2; 7:25;

---

258) [부표관주 신약전서 Marked New Testament References] (상해상무인서관 인쇄 서울 죽첨동[아현동]에서 1910년 출간.
259) 본 내용은 1992년 8월에 폴 리스의 증언을 기초로 한 내용이다.
260) Knapp, et all, *Pentecostal Wine* (Revivalist, 1898) and *Jesus Only* (Revivalist, 1898).

9:13-14; 10:9-11, 14-15; 212:1; 13:17; 13:22-23; 약 4:8; 벧전 1:15-16, 22; 2:9; 3:15; 벧후 1:4; 요일 1:7-8; 3:1-3,8; 계 20:6; 21:27.

신유: [출 15:26; 왕하 4:32-34; 5:17; 사 38:16-21; 53:4-5; 58:8; 말 4:2]; 마 4:23-24; 8:1-17; 9:35; 10:1; 14:13-14, 3-36; 막 1:34; 16:15-20; 눅 4:38-41; 5:12-17; 6:6-10; 7:1-10; 9:6, 11; 17:12-19; 행 3:6-7, 16; 5:16; 10:38; 14:8-10; [19:10]; 28:8; 롬 8:11; 고전 12:9, 28-31; 빌 2:25-30; 약 5:13-16; 요삼2; 계 22:2.

재림: 마 24:7,36-44; 25:1-13; 막 13:32-37; 눅 22:35-40; 17:30-32; 18:8; 요 40:1-3; 행 1:9-11; 3:20-21; 고전 1:7-8; 15:23; 빌 3:20; 살전 1:9-10; 4:13-18; 5:1-4; 살후 2:1-3; 3:5; 딤전 6:11-14; 딤후 4:8; 딛 2:30; 히 9:28; 약 5:7-8; 벧전 1:6-8, 13; 5:4; 벧후 3:1-16; 요일 2:28; 계 1:7; 3:11; 16:15; 19:7-8; 20:7; 22:12,20

선교: 마 4:19; 10:8; 24-25장; 28:19-20; 막 16:15-18; 눅 24:49; 요 20:31; 행 1:8; 계 2:4-5,10.

「하나님의 부흥자」에 나타난 내용을 보면, 만국성결교회 극동선교부 통역과 번역을 담당하던 이장하는 냅의 구약성서 순복음과 관주성서도 번역했는데, 지금까지는 그의『복음가』(1907)와 더불어 찾을 길이 없다.[261] 마틴 냅의 오순절적 순복음은 그가 말한 것처럼 '사중복음 이상의 다중복음'이다. 냅과 앨버트 심슨 사이의 오순절성결 신학과 정책에서 일치하는 것은 "성령세례 안의 통일"(본질), "성령은사들에서의 다양성"(비 본질) "만

---

261) 이장하는 『부표 신약성서』 외에도 『구약 관주성경』도 번역한 것으로 「부흥자」에서 말한다. *God's Revivalist Electric Messages, Missionary Revivalist 1909-1911*에서 이 내용을 찾아보라. 홍용표, 『한국성결교회사 110년 이야기』, 240-44쪽에 나타난 고명우 기사를 보라. 이를 위해서는 대영성서공회 한국대표 고명우의 한국성결교회를 위한 1902-1905년 성서번역 계약(계약자 찰스 카우만) 내용도 찾아보라.

인을 위한 사랑실천"(자유와 평등과 선교)이다.262) 양자 간의 순복음적인
공통분모인 용어는 성경적인 중생, 성결, 신유, 재림 및 믿음, 기도, 제단,
성별, 세계선교이다. 이 둘 간의 차이는 오순절 성령론적 다중순복음(냅)이
냐 그리스도의 구속중심적 사중복음(심슨)이냐,263) 냅의 순 성령불세례 영
성이냐, 심슨의 더 높은 삶이냐(Higher Life) 이다. 냅의 오순절 순복음의
다중성은 냅의 『부표 신약성서』에서 나타난다. 위에서는 냅의 사중복음과
선교 구절만 제시하였으나, 그 책에는 더 많은 순복음 주제들과 그 구절들
이 포함되어 있다.

라. 냅의 복음가들에 나타난 순복음264)

전도자 냅의 음악을 통해 표현된 『눈물과 승리가』 1, 2, 3집과 통합
본,265) 『구원 멜로디』, 『성경구원승리가』 266)는 구원, 성령세례 성결, 신
유, 재림, 국내외 선교(헌신과 후원) 등을 포함하는 순복음으로 구성되어
있다.267) 이장하가 번역한 한국성결교회의 『복음가』(1907)는 냅의 『성경

---

262) Niencherchen, op. cit., 64-66. 만국성결교회 헌장 1897-1919년 표제어나 전문
내용들을 보라.
263) Ibid., 3-25. A. B. Simpson, "The Fourfold Gospel" (Simpson,1890). "The
Fourfold Gospel" in The Birth of Vision, ed. D. F. Hartzfeld and C.
Nienchrchen (Alberta: Byuenna Books, 1986), 3-6.
264) Knapp, *Lightning Bolts from Pentecostal Skies* [LBPS] (Cincinnati, O: M. W.
Knapp, Office of the Revivalist, Full Salvation Quarterly, and Pentecostal
Library, 1898) and *Flashes from Lightning Bolts from Pentecostal Skies,*
Pentecostal Holiness Library Monthly September 1898 Vol. I, No. 9. (Cincinnati,
O: M. W. Knapp, Office of the Revivalist, 1898)를 보라. 냅, [오순절성결신학],
홍용표 역편(2013) 부록 6 "냅의 복음가에 나타난 사중복음"도 참조하라.
265) Martin Knapp with L. L. Pickett and John Bryant, *Tears and Triumphs* Vol. I.
II (Pentecostal Publishing House, 1894, 1897). Martin Knapp with L. L. Pickett,
Tears and Triumphs, Combined (Pentecostal Publishing House, 1901). L. L.
Pickett, *Tears and Triumphs, Combined* (Pentecostal Publishing House, 1901).
266) Martin Knapp and R. McNeill, *Bible Song of Salvation and Victory* (Revivalist
Office, 1902).

구원승리가』의 번역물이다. 이 책은 표지에 적힌 5중복음 목표대로 5중
순복음 찬양으로 구성된다,

마. 냅의 문고들에 나타난 오순절성결 순복음 사상[268]

  힐스가 쓴 냅에 대한 전기에는 냅이 출간한 책 목록이 120가지로 나왔
으나[269] 그가 타출판사에서 낸 일부 베스트셀러들이 누락되어 있다. 냅의
중생과 성결은 1887년에 출간한『내 안에 그리스도의 관 씌움』과 1899년
『출애굽에서 가나안으로 입성』과 1895년 『이중치유』에 잘 나타난다.
1890년대 그가 쓴 20여권 오순절 성결 시리즈와 문고들은 부흥을 통한 순
복음인 오순절 성령세례 성결을 대표한다. 그의 신유는 그의 책『인상들』,
『오순절하늘의 번갯불』,『오순절 배터리에서 온 전기 충격들 I-IV』에
생생하게 나타난다. 그의 재림사상은 그가 갓비와 리스를 통해 정리한 책
『주의 재림』과『성결의 승리』에 가장 잘 나타난다. 그의 국내외 선교는
비 에스 테일러와의 공저『술과 담배』, 찰스 스토커의『세계일주선교』,
윌리엄 갓비의『에덴동산 말세 선교』에 잘 나타난다.
  **냅의 작품들과 오순절 성결 편성 문고들의 형성 과정과 오순절성결사
상을 보자.** 냅의 부흥 성결 오순절 순복음 저서 출간은 1880대와 1890년대
와 1901년까지로 나눠 20년 간 저술을 전반기 10년(1882-1892)간 40여권
저술과 편성, 후반기 10년(1892-1902)간 20여권 저술과 120여권 편성으로
나눠 이해해야 한다. 전반 20년은 주로 자신의 '부흥자' 출판사 뿐 아니라

---

267) 겉표지에 이렇게 사중복음이 사용됨 "full of fire and Gospel light on
    Regeneration, Sanctification, Divine Healing, and Second Coming of Jesus." 홍용
    표 역편, '부록 6' 참조.
268) 제 1부 냅의 생애와 사역에서 Knapp의 1895-1900 기간 저술들과 편성 책들을 보
    라.
269) Hills, 334-337. 그의 최대 베스트셀러인 복음가 등 타출판사에서 출간한 것이 누
    락되어 있다.

감리교 연관 성결그룹 출판사들인 엘림출판사, 오순절출판사, 길과 맥도널드 출판사, 크랜스톤과 커티스출판사에서 책들을 냈다. 냅은 1892년 이후 10년간은 주로 자신의 출판사 내지 동역 출판사들인 리바이벌리스트와 오순절출판사, 만국성결교회 노스캐롤라이나 지부 '사도메신저' 출판사에서 책들을 냈다. 냅 사후에는 만국성결교회 출판사, 필그림성결교회 출판사, 웨슬리언교회 출판사, 성결오순절계 출판사들과 틴데일출판사 등에서 냅의 책들을 냈다. 냅의 책들에서 주요 주제는 성령의 인도받음과 세례, 부흥, 성경공부, 순구원, 신유, 재림이었으며, 주일학교, 청소년, 청년 순복음교재, 장년 순복음 교재 등이 주종을 이루었고 그 주된 핵심내용은 오순절성결신학이다.

냅의 1880년대 말 성결문서들은 「부흥자」〈신적 인도 시리즈〉, 〈금광시리즈〉, 〈사중교리 시리즈〉이고, 1890년대 전반 문고는 순구원문고이고, 1890년대 후반 문고는 〈성결문고〉, 〈순복음문고〉, 〈오순절성결문고〉이다. 이는 냅의 사상 변천사와 그의 성결오순절운동 동역자들이 누구인지를 알려줄 뿐 아니라 오순절 성결신학 뼈대를 구축한 냅의 성결오순절 동역자들이 누구인지도 밝혀준다. 또한 냅은 1890년대 중엽 이후 "십자가와 면류관문고", "부흥문고", "성결문고", "오순절문고", "성결오순절문고", "순복음문고", "신약주석", "목양문고", "청소년문고", "주일학교문고" 등의 오순절신학 저술 편성가이며 160여권의 오순절 성결신학 편성자이기도 하다.

성경적 성결복음, 사중복음과 교체 용어인 순복음을 종합적으로 모은 순복음문고는 3차로 구성 된다. 제1차 순복음문고는 냅, 킨, 캐러다인, 갓비, 테일러, 넬슨 등의 중생, 성령은사, 성결, 신유, 재림으로 구성되어 있고, 제2차 순복음문고는 마틴 냅의 순구원[복음]문고, 제3차는 성결오순절 (Holiness Pentecostal Series) 시리즈로 구성된다. 냅이 편성한 오순절 문고는 1차적으로는 냅의 오순절 시리즈와, 제 2차적으로는 새뮤얼 킨의 오순절 문고로 이루어져 있다. 그러나 위 성결문고에도 오순절 문고 책들이 14권이나 첨가로 포함되어 있다. 오순절 문고의 중심을 형성하는 저자들인 냅 외에 윌리엄 갓비, 애론 힐스, 조지 왓슨, 새뮤얼 킨과 베벌리 캐러다인 등은 만국성결교회 주역들이다. 냅의 성결연맹 동료 갓비, 힐, 킨과 캐러다인

만 해도 각각 10여권 안팎의 오순절 문고 책들을 저술했다.

냅의 전도 책자는 수백만부, 주요 중형 책은 1892년에 이미 42,000부, 1901년에는 수십만 부가 팔렸다. 냅의 『복음가』는 수십만 권이 팔렸으며, 「부흥자」 지는 냅의 생전 70,000부-25,000부사이의 세계적 구독자가 있었다. 1900년 찰스 카우만이 만국성결교회에서 안수 받고 한국과 일본을 위해 극동에 파송되던 해 「부흥자」 지에 나타난 '오순절-성결 출판물들'(Pentecostal Holiness Publications of M. W. Knapp)은[270] 정간물 부흥자 등 5종, 중형 책자 50권, 매서용 성결책자 40권, 정선 책자 8권, 초청 카드들 11종, 소중한 전도책자들 20권, 복음가 5종, 퀘이커파 성결교회 시리즈 8권, 차트와 벽 모토, 성경 3종, 어린이용 10권, 청소년 용 책 12권 등 160여 가지의 책자들이 있었다.[271] 힐스가 쓴 냅의 전기에는 냅이 편성한 책들과 그 발행 부수들이 일부 정리되어 있다.[272] 냅의 주저들은 그의 소천시에 25,000여권 안팎이 팔렸고, 그의 복음가는 수십만 권이 나갔다.

다음의 냅의 말은 그의 성결문서 활동이 세계 오순절 성결운동에 얼마나 기여했는가를 잘 요약하는 말이다. 마틴 냅으로 인하여 "성결문서는 세계 도처에 회람되고 있고, 많은 다른 언어들로 번역되고 있다." 냅은 당시 북미와 세계에서 가장 큰 오순절성결 문서 회람자였다. 냅의 『오순절하늘의 번갯불』은 가장 조직적인 성결 오순절 사상 변호서이기에 자세히 논해 보기로 하자.

---

270) 부흥자와 책을 소개하는 모토는 "오순절적, 충성적, 복음주의적 또는 순구원[복음]적, 사도적 정결, 성경적 성결 전파(Pentecostal, Loyal, Evangelical or Publish the Gospel of Full Salvation, Apostolic Purity, Gospel Food, Gospel Wind, Gospel Fire, Spreading Bible Holiness"란 말이 강조된다. (*God's Revivalist and Bible Advocate May* 16, 1901: 14).

271) *The Revivalist* July 19, 1900: 13, December 20, 1900: 10, 13, 14 *God's Revivalist*, January 16, 1902: 7 "Books for the Young."

272) Hills, *The Life of Knapp*, 334-337. 이 자서전에는 가장 많이 나간 『하나님의 오순절 번갯불』과 『복음가』 판매부수는 누락되어 있다.

바. 냅의 [하나님의 오순절 번갯불]: 성결교 호교론적 조직신학서 저술

냅이 보기에 19세기 말 북미에는 '감리교 등 교권주의자들과 전국성결 연합회의 일부 월권적인 지도자들, 사회복음주장자, 진화론자들 같은' 사단과 그 추종자들이 승리를 얻으며 선한 척하고 가장하였다. 이것 때문에 냅은 순복음을 변증할 책을 써야 한다는 확신이 생겼다. 즉 "다른 단계들에서 번개 불빛이 하늘에서 번쩍이어 하나님의 때라 아주 큰 부담을 느낀 나는 바로 내가 이 글을 써야 한다는 감동을 받았다."273) 그 결과 냅은 이런 순복음 변증 차원에서 그 자신도 하나님의 도움으로 펜을 들어 『하나님의 오순절 번갯불』(Lightning Bolts from Pentecostal Skies, 1898)을 쓰게 되었다. 냅은 이 책에서 가장 효과적인 방식으로 시청각적 오순절 성결을 표현하려 유능한 미술가와 판화가들의 예술을 활용해 생생한 그림들을 자주 넣었다. 이 책은 1년이 못되어 3판이나 인쇄되는 베스트셀러가 되었고, 오순절 성결신학의 핵을 구성하였다.274) 냅은 이 책에서 오순절 중생, 성결, 신유, 재림, 부흥선교, 교회, 은사, 가정, 헌물 주제로 순복음을 호교론적으로 변증하였다.275)

1) 중생

중생(회심)은 불신자가 죄를 회개하고, 우상을 버리고, 하나님께 돌아와서, 주를 믿고 성령으로 거듭나 하나님의 자녀가 되고,276) 그 조명과 약속들을 받으며, 생명책에 녹명되고, 성경도 읽고 주일 성수를 하며, 선교정신을 가지나, 성령의 열매를 약간만 맺는다.277) 그러나 중생자는 아직 성결

---

273) Knapp, PM, 65.

274) 마틴 냅, 『오순절 성결신학』, 홍용표 역편 (서울: 오순절출판사, 2013). 이는 냅의 오순절청천벽력의 정선본이고, 일부 논문이 첨가되었다. 그는 모든 성결 주제들을 오순절로 해석한다.

275) 마틴 냅, 『오순절성결신학』 홍용표 역편(서울: 오순절출판사, 2013)과 Knapp, Lightning Bolts from Pentecostal Skies [LBPS] (Revivalist Office, 1898), Flashes from LBPS(1898)을 보라.

276) Knapp, LBPS, 122.

함을 받지 못해 육성이 나타나 원죄를 정결케 하는 성령세례를 필요로 한다.278)

2) 성결/성령세례

마틴 냅에게 성결인 성령의 내주함, 거주함, 정결케 함과 성령 충만은 하나님 백성의 삶에서 획기적인 체험이어야 한다. 냅에게 이 성령 받음에 대해 하나님이 부여한 많은 명칭들 가운데 '[오순절] 세례'는 가장 적합한 용어이다. 냅은 예수가 "성령과 불로 그대들에게 세례'(성결)를 주리라"(마 3:11)라고 말씀하시기에, 신자는 이 성령불세례 곧 성결을 받아야 한다고 강조한다.279)

냅에게 성결은 신자들이 성령으로 받는 마음의 정결, 능력현시, 자유, 기쁨, 내주, 혀를 풀어줌, 구령, 기적 행함, 구령과 선교 열정을 받는 순간적280) 성령세례이다.281) 또 신자에게는 성결이 중생에 후속되고, 주 보혈과 부활의 진리를 믿는 자의 믿음과 순종, 소원, 자기포기, 간구,282) 금식, 성별과 성령의 능력으로 받는 순간적 성령불세례체험이다. 냅이 성결을 소유한 결과로 강조하는 것은 개인과 교회의 정결, 평화와 안식, 이김, 기쁨, 담대, 인내, 확신과 신자들에게 사랑을 부여하고283) 순전한 복음을 전파해야 하는 사명이다.

3) 신유

냅의 성경적 치유는284) (1) 성령 하나님의 초자연적 능력개입으로, (2) 주의 보혈과 부활을 믿는 신자의 믿음, 기도, 굴복, 금식과, 신유, (3) 성령

---

277) Knapp, LBPS, 50-65.
278) Ibid. 58.
279) Knapp, LBPS, 13.
280) Ibid., 26-27.
281) Ibid., 16-22.
282) Ibid., 28-29.
283) Ibid., 37-39.
284) Ibid., 124.

으로부터 신유와 기적 행함 은사를 받은 자들의 예수이름과, 말씀선포, 안수, 기도, 기름을 바름으로 합력하여, 인간의 질병과 마귀 들림에서 신체적으로, 정신적으로, 영적으로 순간에 고침을 받아, 의약 없이도[285] 영혼이 강건하고 범사가 잘 되고 이기는 것이다. 신유는 신자에게 국한된 질병의 고침이지만 하나님께 영광을 돌리고 핍박가운데서도 기적적 치유로 부흥과 구령에 도움이 된다.[286]

4) 재림

냅은 재림 징조들을 성경적으로 길게 설명하고, 1에서 7단계의 재림 직전 수반 사건들을 전개한 다음, 8. 예수의 천국에서 내려옴, 9. 첫째 부활 [이동기], 10. 휴거(살전 4:16-17), 11. 환란기, 13. 사단 감옥기(계 20:1-3), 14. 예수 1000년 통치기(사60), 15. 사단 방면기 (계 20:7), 16. 사단최종침투, 17. 둘째부활, 18. 최종 심판기, 19. 유기기, 바깥어둠, 영원한 불, 20. 천상시기들(계 21:1), 21. 천상화 된 땅(계21:1), 22. 둘째 부활, 23. 심판기 그리고 영원 세계 단계들을 설명한다.[287] 냅의 초점은 8-14시기에 중점이 놓이지만 전체 종말적 긴박성을 더 강조한다.

성결인들이 전천년 재림을 전파하는 것은 몇 가지 장점을 갖는데, 신자와 불신자들이 천국을 예비하도록 회개케 하고, 성결하게 살도록 하며, 복음을 전파하고, 연합시키는 동기를 유발하는 것이다. 성결 받은 자는 세속인들이 먹고 마시고 결혼 사업으로 성결의 기름으로 등불을 준비하지 않고, 흰옷을 입지 않는 나태함에서 깨어나 3중 천둥 번개소리로 "주가 속히 오신다."는 경종을 이웃과 먼데 있는 사람들에게도 전파하는 전도와 선교로 반응해야 한다. 주의 재림을 준비하는 것은 사랑하는 신랑의 귀환에 대한 신부(성결한 교회)의 자발적 심정 반응이므로, 성결 받은 자들에게 주의 재림은 즐거운 혼인과 거룩한 나라로 영원히 연합하여 기업을 받음을

---

285) Ibid., 128-129.
286) Ibid., 126-133.
287) Ibid., 135-161.

의미한다. 세상, 마귀굴종, 죄악을 회개함과 성결의 열매는 언약의 말씀을 준행하는 신부인 거룩한 교회의 예수에 대한 전천년 재림을 증거 하는 데서 온다.

따라서 (1) 보혈로 구원(중생)받은 신자는 비 구원자들, 비 예비자들, 나태한 자들에게 선행을 보이면서 주께 "오라"고 초대해야 한다. (2) 성결 받은 자들은 참 신자들에게 멸망 받을 자들과 재림을 예비하지 못하고 소홀히 하는 자들에게 이 재림과 영원한 진리로 "오라" 초대해야 한다. 오순절 성결인들은 전천년 재림의 임박성을 선포하며 최종적인 새하늘과 새땅의 영광에 참여하는 조건이 성결 받음임을 전해야 한다.[288]

냅은 사중복음을 부흥선교로 엮어 이렇게 재림과 연관시킨다. 중생에서는 주의 뜻에 중심의 아멘으로 응답하는 체험을 일으킨다. 온전히 성결케 하는 성령세례는 온 몸의 기쁜 응답을 일으킨다. 온전케(치유) 된 성결한 성전을 통해 아름다운 승리가 울려 퍼진다. 우리는 성결로 준비하며 '아멘 주여 속히 오소서!'로 응답하는 거룩한 인품이 절대적으로 필요하다.

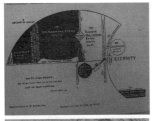

냅의 전천년재림 도해(1897)

냅의 순 성결오순절교회 대 가짜 교회들
『죽음의 강에서』

---

288) 냅, 『오순절 성결신학』, 홍용표 역편, 210-211.

냅은 『오순절하늘의 번갯불』의 속권으로 『파선인가, 구출인가』와 삽화를 발전시킨 『죽음의 강과 그 분지들』을[289] 집필하였다. 그는 이 책에서 강 물결들을 배경으로 하는 7장 그림을 통해 중생, 성결, 신유, 재림뿐 아니라, 세상, 마귀, 지옥의 종국 대 성도들에게 맺어지는 성령의 열매와 천국행을 대비시켜 구원에 대한 확신을 갖게 하려 하였다.[290] 이 그림들은 전도용 구원 삽화이지만 구약성서 십계명과 연관시키면서, 요한계시록 10대 죄악들 중심으로, 전천년 재림을 대비할 성도들의 성결생활과 오실 신랑 예수의 신부가 될 거룩한 교회의 산 소망 의식을 고취시켰다.

사. 냅의 하나님의 성서학원의 사상

냅은 1870년부터 성경대학 선교훈련원 모델을 꿈꾸었고, 1894년대 구체화 하여 실현하고, 1900년 180명의 결실을 보았다. **1900년 하나님의 성서학원 및 선교훈련원** 카탈로그인 『성경으로 돌아가자 즉 오순절훈련』과 「부흥자」 지에 나타난 1900년 통합 하나님의 성서학원을 교육사상 차원에서 그 기원과 발전 과정을 보기로 하자.

백투더바이블오순절훈련 카탈로그

병합GBS 이전 건물

GBS 카우만 부부

---

289) Knapp, *The River of Death and Its Branches* (M. W. Knapp, Publisher of Gospel Literature, The Office of Revivalist, 1898).
290) Ibid., 66-67.

교수(리스 스토커 냅)　　　　　캠퍼스 학생들

1) 교육철학

마틴 냅이 구상하는 〈하나님의 성서학원〉 창립 철학은 하나님이 온 누리, 온 필드를 다스리기에(God over all) 4가지 성령중심적 구령과 교역교육이었다. 구령, 교역, 선교를 위해 하나님의 백성을 무장시키는 일에 있어서 원칙은 (1) 성령으로 태어남, (2) 성령세례 받음, (3) 성령의 은사를 받음,[291] (4) 성경의 저자인 성령이 감독이요 해석자요, 교사이다.[292] 표어는 성경적 성결을 온 세계에 두른다. 모토는 '중생, 성결, 신유, 재림, 세계선교'이다.

2) 교명 특징과 특성화

(1) 하나님의 소유(God over all)와 예수가 전부(Jesus for all), (2) 성경학교, (3) 구령과 선교수련, (4) 교역실천학교, (5) 순복음 인정, (6) 성령중심 초교파, (7) 가정친교 분위기이다.[293]

---

291) Hills, Pentecostal Light: Praying for the Spirit, Filled with the Spirit, Grieve Not the Spirit (Revivalist Office, 1898). 힐스는 오순절 빛을 성령을 위해 기도, 성령으로 충만, 성령으로 기뻐함 3대 요소를 책 부제로 제시해 이 학교 모토와 유사하다.

292) Knapp, "God's Bible School and Missionary Training Home" The Revivalist, 12 (June 21, 1900): 1-8l; 21(August 23, 1900): 16, Bessie Queen, "God's Bible School Opening" 12(November 22, 1900): 5. Queen, "Bible School Notes" 14(April 17, 1902): 14, 14(July 10, 1902): 14-15, Souvenir Edition of God's Revivalist (January 4, 1905): 1-32 카우만가와 길보른가 등 이 학교 출신 세계선교사 명단이 다 나와 있다.

3) 학교 기원과 개교

1895년 켄터키성결학교와 선교사훈련원에서 기원하고 미리 학생들을 받아 통신 교육과 캠프 집회, 부흥자 채플에서 운영했지만, 만국성결 교단 공식 기관 공인 신학교로서의 기원은 신시내티 영가 어번산 성결대회인 1900년 9월 25일 개교한 때이며, 건물은 이 날 봉헌되었다. 이 날 이미 이 학교를 다니던 학생들, 냅의 동료들, 지인들, 교수들이 참석하였다.294) 첫 강의는 9월 27일부터 72명 학생으로 시작되어 이 해 말까지 190명이 입학하였다.295)

4) 행정

이사장 겸 총장(chairman of the board and superintendent)은 마틴 냅이었고, 그의 동료들이 행정을 담당하였다. 비어트라이스 피니, 베더 앤더슨, 로벗 니일은 정식 전임교수와 직원이었고, 행정비서는 베시 퀸, 엠지 스탠리였으며, 도서관은 메리 스토리가 담당하였다.

5) 건물과 시설 헌금

건물은 부흥자 출판사와 강의동으로 썼던 만국성결교회 본부 건물, 남자 기숙사, 여자기숙사 2개의 건물, 식당296)과 700석 1,500명 수용 강당이 있었다. 위 그림에 나타난 하나님의 성결성막으로 1901년 4월에 완공하였다. 이 건물은 캠프집회에서 25개 교단에서 1,500명, 100명의 전도자와 목사가 참석하여 20,000불 헌금과 2,500불을 작정하여 시작되었다. 1900년 6월 28일 하나님의 성결성막 준공하였는데, 1,500석 수용 가능한 크기였다.297)

---

293) Back to the Bible or Pentecostal Training Vol III (Revivalist, 1902), 30-32. 이 신학교 입구 모토는 Jesus for All이었다.
294) Revivalist (September, 1900), 16.
295) 1900 Records of the Registrar, God's Bible School, Cincinnati, Ohio. 현재 GBSC 입구에 게재하였다.
296) Souvenir Edition of God's Revivalist (January 4, 1905): 11.
297) Souvenir Edition of God's Revivalist (January 4, 1905): 1-6 참조.

6) 강사와 교수진

14명 전도자들과 목사 교수진(첫 개교집회에 참석자들)외에 교장인 마틴 냅, 알이 맥니일,298) 피니 양, 앤더슨 양이 전임교수였다. 리스, 갓비, 힐스, 왓슨, 모로, 룻, 케러다인, 킨, 데이비스, 엘리슨, 스토커, 피켓, 맥닐, 퍼거슨, 냅부인, 메리 스토리, 오스왈드 챔버스 등이 강사진이었다.

7) 교과과정

수업한 강의 과목은 다음과 같다. 성경각권, 문법, 성경과 성구사전 실제사용법, 성경신학, 성결신학, 선교학, 교회재정학, 기도학, 주일학교교수법, 전도학,299) 성경전달법(설교학), 영성, 부흥수양회, 매서전도,300) 구제선교, 영어문법, 문장론, 영어문학읽기, 수사학, 수학, 교회복음음악, 발성학301) 이러한 강좌들을 학기별로 수업하였다.

제1학기: 성경연구, 성경역사와 지리(신약), 발음과문장론, 사업수학과부기, 문법, 수사학
제2학기: 성경연구, 성경역사와 지리(선교), 발음과문장론, 편지작성법, 문법, 수사학, 논문작성
제3학기: 성경연구, 성경역사와 지리(구약), 발음과문장론, 편지작성법, 문법, 수사학, 논문작성
제4학기: 성경연구, 성경연구와 지리(구약2), 선교학, 교회사, 문법, 수사학, 회의법
기타활동: 채플참석, 월요일 합창단, 새벽도회, 구령회, 성별회, 노방전도, 구호사역, 수양회 참석, 302)

---

298) 알 이 맥니일은 마틴 냅이 부흥자를 시작한 지역인 감리교 앨비언대학 음악교수였다.
299) Back to the Bible or Pentecostal Training Vol III (Revivalist, 1902), 28-31.
300) Ibid., 42-43.
301) Revivalist (September, 1900), 15.
302) Back to the Bible or Pentecostal Training Vol III (Revivalist, 1902), 38-39.

8) 주 교과서

성경, 신학사(스미스), 교리(비니의 신학개론), 종교개혁사(도비그니), 영성(냅『인상들』), 성결(냅의 『성결 승리』, 리스의 『성결과 능력』과 『하늘에서 온 불』), 죄론(캐러다인 『옛사람』) 등이다.

9) 학제와 뷸라하이츠학교와 세계 통신과 분교과정 병존

2년 4학기제, 1년 교역실습, 켄터키 뷸라하이츠학교에서 일반 과목들을 이수해야 하고,303) 통신 수업과 **영국** 등 분교에서도 수업을 하는 것이 가능하였다.304) 맥시랜드에 따르면, 영국 레더 해리스의 분교에서 오스왈드 챔버스가 채점하는 학생만 수백 명에서 수천 명이 되었다.305)

10) 목표와 교수방법

강의동 현관에서 첫 강의가 진행되었으며, 성령체험, 하나님의 말씀 성경 주제별 연구, 본문연구, 성경암송, 성경 각권의 영해, 신앙재정, 전도와 선교강론, 교수와 학생들이 선택한 교재 허용, 구원 및 성결체험과 간증, 채플 참석, 기도회, 전도 실습 의무, 교회봉사 의무, 캠프집회참석, 구제 선교봉사, 가가호호 방문전도, 매서, 노방전도는 의무였다.306)

11) 입학자격, 규율, 등록금, 기숙사, 출신 학생들

---

303) According to the Memoirs of Mary Coon, matron of GBS Rescue Home (RH: Hope Cottage) and RH's child Helen Young Thiele, Korean missionary matron to Korea Holiness Church (KHC) from 1919 to 1933. Helen and her husband were the chief leaders of God's Revivalist District in Korea (Chungcheong Province of KHC) and the senior pastor of the Central Holiness Church (The No.1 KEHC Church and Headquarters IAHC established in 1907). 하나님의 성서 학원은 북미, 영국, 극동, 아프리카, 남미에 지부를 둔다.
304) Back to the Bible or Pentecostal Training Vol III (Revivalist, 1902), 32.
305) David McCasiland, Oswald Chambers (Grand Rapids, MI: Discovery Publishing House, 1993), 174-175. Chambers read and evaluated from 500 to 4000 papers from correspondence Bible schools of GBS Cincinnati, OH, USA.
306) Back to the Bible or Pentecostal Training Vol III (Revivalist, 1902), 27-29.

입학자격은 나이, 인종, 학력 제한 없고 하나님을 말씀을 숙지하고 성결을 체험하고 구령과 교역 비전을 가진 자들이다.[307] 지원생은 지원서와 추천서가 필요하다. 등록금은 무료이다. 경건과 영성 규율이 엄한 반수도원식 기숙사(남자기숙사 12실, 여자 기숙사 50여 개실, 주당 2.50불, 세탁 15센트)가 제공된다.[308] 학생들은 규율 준수 시험기간을 거쳐 통과해야 한다.[309] 1900년에는 34개주에서 온 학생 190명(72명 출발 후 더 입학)이 등록하였고, 1901년에는 150명이 등록하였다. 이 중 세계 각지에서 통신으로 공부하는 학생은 몇 년 후 4,000명이 넘었다.[310] 이 중에 1900년 냅의 하나님의 성서학원에 입학하거나 편입한 학생 190명 중에 찰스 카우만 부부, 유색인 윌리엄 시무어,[311] 탐린슨 등은 세계 오순절 운동과 동양 선교 운동의 사도들이 된 점에서 획기적 사건이었다. 냅이 소천한 후 1902년 학기에는 이 에이 길보른 부부, 이 엘 길보른, 이 먼로 부부, 얼 데이비스 부부, 로벗 맥리스터 등 150여명의 학생이 입학하여 등록되어 있었다.[312] 카우만 부부처럼 1900년에 이 학교를 졸업하고 세계 선교사들로 나간 사람만도 10명, 엘 컴튼 같은 교역자가 12명이나 되었다.[313]

---

307) Back to the Bible or Pentecostal Training Vol III (Revivalist, 1902), 32-33.
308) Ibid., 36-37.
309) Ibid., 34-34.
310) McCasiland (1993), 175.
311) Willaim Seymour Jr는 하나님의 성서학원에 1900년 입학하여 1901년까지 2년간 다녔고, 냅과 연관된 하나님의성결교회에서 안수를 받고, 냅 소천 후 눈병이 두려워 냅의 성결연합 및 기도연맹과 연관된 캔자스 사도교회 찰스 파업의 사도교회로 가서 성경학교를 3개월 다니고, 냅의 동역자 흑인 이 피 존스를 제안에 따라, 로스앤젤레스로 가서 1906년부터 3년 연속 사도전도관(Apostolic Mission)에서 부흥집회를 인도하며 [사도신앙](Apostolic Faith)지를 발행하였다. 그의 집회스타일, 사도신앙 잡지 구조, 출판 형태 뿐 아니라 그의 신학사상은 '오순절' 패러다임으로 냅을 모델로 하였다.
312) Back to the Bible or Pentecostal Training Vol III (Revivalist, 1902), 48-51.
313) Ibid., 47-48.

아. 구제전도관과 희망의 집

냅은 1892년부터 술집을 개조하여 성결구제전도관을 열어 매일 700-1,200명에게 급식과 의복을 무상공급하는 사역을 계속하였다. 또한 저녁마다 성결구제전도관에서 구령회를 열어 사람들이 회개, 성령, 신유를 체험하고 간증하게 하였다. 냅은 소천 직전에 호프카티지(윤락녀 구호 및 고아원)를 만들고 시카고, 켄터키, 노스캐롤라이나에 지부들을 두었다. 이는 냅의 구호사역으로서 사회참여를 통한 복음화의 모델이다. 냅은 나사렛교회의 브리시, 시카고의 셋 리스와 카우만, 노스캐롤라이나의 컴턴, 로스엔젤레스의 윌리엄 시무어 뿐만 아니라 영국, 한국, 일본 등 세계에 퍼져있는 성결오순절계통의 사회구제 전도관운동의 효시가 되었다.

자. 냅의 수양대회 영성 사상

냅은 1894년 켄터키 평바위 블라하이츠에서 수련원과 전국 수양대회를 열었고, 1895년부터 열린 오하이오 주 해밀턴 카운티 카티지 페어 그라운즈에서의 전국 "구원캠프수양대회"는 만국성결연합(준 교단 IHU)과 중앙성결연맹(CHL) 합동 주최 수양대회로 열었다. 이 대회는 북미 24개 주 출신 대표자들과 거의 모든 20여 교파 소속 2,000-3,000여명 신자들이 참석하여, 오순절 성결전도운동과 극동, 인도, 아프리카, 남미 등 해외선교운동에 연합하였다.314) 냅은 1893년부터 시작된 오순절부흥과 기도연맹 맹약에서 강조한 "깊은 성령체험"과 "오순절 영성"을 켄터키와 오하이오 양쪽 도농 수양대회로 실천하였다. 냅의 이 오순절 영성 체험은 북미 윌리엄 시무어의 LA 성결 오순절 운동 뿐 아니라 모든 영적 교회들의 탄생에 영향을 주었

---

314) Knapp, *Electric Shocks from Pentecostal Batteries* [ESPB] II, Pentecostal Holiness Library, Vol. II No. 9 (Revivalist, 1900), 84. Mrs. Martin W. Knapp, *Electric Shocks from Pentecostal Batteries* (Revivalist, 1902), 6-7.

다. 냅은 온 누리에 캠프수양대회와 기도원 영성운동의 선구자가 되었다.

차. 자유주의 감리교와 구별되는 냅의 혁신적인 사상

냅은 자신이 소속한 감리교 미시건 연회 법정에 고소당해 질의 답변서를 보내고 공격과 변호하는 서신들이 왕래하는 가운데 감리교총회 본부에 탈퇴서를 제출하였고,315) 총회는 이에 다수결로 의결하여 냅의 출교 내지는 별교를 기관지인 *The Methodist Advocate*에 공지하였다. 냅은 자유주의로 타락한 감리교에서 초대 오순절 교회로 돌아가 하나님이 중심주의를 선포하고, 학교의 주인으로 모시며, 20세기전후 온 계층, 남녀, 온 인종을 아우르는 평등, 자유, 공의의 급진적 기치로, 성경과 교역교과만 가르쳤다. 즉, 예수중심 전도와 선교를 훈련시키는 혁신적 교역자 사관학교와 국내외 오순절 성결 전도관(선교관)과 교회를 세우는 것만을 목표로 하였다.

냅이 1900년 말에 편집한 『영혼 안식』의 서문에서 자신의 분립적인 성결연합을 변호하고 진격시키고, 웨슬리의 영성과 신학 요소 중 '성경과 영성체험'만 수용하고, 이성과 전통은 거부한다고 그의 순복음사상을 천명하였다. 냅은 1900년 시카고 정부기관 상업교통부에 교단재단으로 등록한 만국성결연합과 그 연합을 위해 공식 인가받은 '하나님의 성서학원' 경영에서, 오순절 복음 기치로, 성경사관생 양성으로 성경적 성결을 변호하고 오순절교회를 온 누리에 진격시키려 하였다. 냅은 성경의 권위, 성령의 임재, 인간의 죄, 신자들의 회개, 온전한 교회, 전천년 재림 종말, 평등한 입교와 교역자안수로 오순절 진격 사상을 강조하였다. 냅의 하나님의 성서학원 카탈로그에 나타난 모토인 『성경으로 돌아가자: 오순절 양성』 자체가 그의 오순절 운동을 표상한다. 그는 "웨슬리를 온전히 성결케 한 성령세례 때문에" 이 사상에서 방어적이고 공격적인 오순절 연맹과 사관학교를 수립해 세계에 오순절 교회들을 세우려는 혁신적 사상을 표명하였다.

---

315) Hills, op. cit., 158-182.

지난 몇 달간 나는 다음 사실로 마음을 바꾸게 되었습니다. 1. 현대 감리교가 주로 회심 받지 않은 자들과 성결치 못한 직원들로 구성된 반면, 초기 감리교와 초대 기독교는 그 감리교와는 정 반대였습니다. 나는 수년간 상당수의 우리 교회들이 **오순절의 부흥교회들**이 되기에는 헛된 것을 보아왔습니다. 2. 대다수 감리교인들과 주요 직원들의 술 거래와 세상 유행방식과 교제에 빠진 범죄적 순응으로 인하여 너무 **성령을 슬프게 하여 성령의 옛적의 구원하고 성결케 하는 임재는 철회되었고**, 성령의 협동은 진실한 자들과 공감되지만, 저들의 사역은 존 웨슬리가 가르친 대로 **성경적 성결**을 전파하지 않는 자들에 의해 부정되고, 현대 감리교는 그 성결을 전하는 대신에, 무서울 정도로 교묘히 빠져나가고 그 **성결을 반대하고 심지어는 대다수의 소위 부흥사역들을 교회에 참석하는 모임들로 격하됩니다**. 3. 하나님은 그 백성이 "믿지 아니하는 자들과 멍에를 함께[한결같이] 메는 것"[고후 6:14]을 금하십니다. 초기 감리교는 그 신자들의 경건에 열성이었습니다. 그 모임들은 중생된 자들로 구성되고 수단들은 그 모임들이 정결케 하는데 사용되었습니다. 이 **모든 것은 변질되었고**, 이에 나는 오늘날 감리교 정회원됨은 **불신자들과 투합함**을 뜻한다는 사실임을 각성 받습니다. 4. 내가 감리교에서 철회(탈퇴)하는 문제는 내 영혼과 사역에서 믿음과 승리를 위해 기도할 때 [탈퇴를] 거부하면 때로 방해를 받아왔습니다. 나는 길고 간절한 **기도와 하나님의 말씀, 하나님의 성령, 하나님의 섭리로 시험**을 거친 후 조치를 취해야 할 때가 왔음을 명백히 하게 되고 하나님은 내가 그리할 때 놀랍게 축복하셨습니다. 5. 대다수 감리교 〔내의 성결파〕 자손들의 반복된 경고들과 그 감독들이 최근 〔성결〕 요청이 있은 후에도 감리교는 회개하기를 거부하였습니다. 6. 이런 것에 더해, 하나님은 나의 머리, 손, 마음, 삶에 감리교 밖의 섭리적 구원 사역을 아주 충만케 하사 나는 시간이 없고 감리교에 상처주기 원치 않으므로, 더 이상 한 몸으로 감리교 정회원권을 유지하지 않고 감리교 회원으로 행동하지 않고 감리교에 나의 지원을 주지 않아야 하는 것이 분명합니다.…316)

위 내용은 냅이 감리교총회 총감독장로목사 매비티에게 보낸 탈퇴서이고 감리교 기관지 Advocate에 실린 내용으로, 그는 감리교에서 다수결로 출교(별교)되었다는 내용이다.317) 냅은 감리교 자유주의신학과는 혁신적으

---

316) Hills, op. cit., 158-182.

로 다른 오순절 연합과 복음주의적 성령사관학교를 통한 온 누리 선교를 표명하였다.

카. 성결신학에서 오순절신학으로의 변동과 영향

냅이 편성한 160여 가지 책 중 '오순절'이 붙은 책만 약 20권이나 된다.[318] 그가 1882년 "오순절 다이너마이트"[319]이란 말을 책명으로 사용한 후 미국 부흥운동에서는 '오순절'(pentecostal)이란 말을 따라 하기 시작하였다. 르온 힌슨이 말하듯이 냅의 "오순절 신학"(Theology of Pentecost)은 성결오순절교회의 원조이다. 냅이 가장 먼저 성령행전인 사도행전에서 '오순절신학'을 최초로 전개한 것이다.[320] 냅은 "오순절 부흥"을 사도행전 1-19장에서 예루살렘 모델, 사마리아 모델, 안디옥 모델, 루스드라 모델, 이고니 모델, 에베소 모델에 나타난 성령세례를 제시한다. 냅은 특히 성령세례와 방언이 동반된 사도행전 2, 8, 10, 19장에서 성령 충만 및 신유와 연관된 부흥선교를 강조한다.[321]

그래서 하버드대에서 『성령의 불 전파』로 박사논문을 쓴 렌딜 스티븐스(Randall Stephens)는 냅을 "급진적 성결운동 지도자"로 분류하고,.[322] 사중복음과 "오순절운동 등장에 중요한 기여를 하였다."고[323]평가한다. 또한 스티븐스는 냅을 "성결신학"으로부터 "오순절신학"으로 패러다임 변동을 일으킨 주역으로 본다.

---

317) Knapp, *Pentecostal Letters* (Revivalist, 1902), 122-125.
318) Hills, *The Life of Knapp*, 334-337.
319) Knapp, *Pentecostal Dynamite* (Louisville, KY: Pentecostal Publishing House).
320) 냅, 『오순절 성결신학』 홍용표 역편(2013), 223-231.
321) Knapp, *Lightning Bolts from Pentecostal Skies* (Revivalist Office, 1898), 74-78. 냅, 『오순절 성결신학』, 홍용표 역편(2013), 223-228.
322) Rendall Stephens, *The Fire Spreads* (Harvard University Press, 2008), 112, 113, 114, 117, 119, 151, 167, 171, 192, 197, 224.
323) Ibid., 224,

오하이오 신시내티 마틴 냅의 「하나님의 부흥자」(God's Revivalist)지는 아마도 **성결신학에서 오순절신학으로의 변동에서 가장 결정적 도구역할을 하였다.**…미 중동 약간 북쪽내지 남북을 잇는 주에 놓여 있지만 사회적 경계들 뿐 아니라 지리 경계선들을 장악함으로써 광역을 넘어서는 전체 성결운동을 나타낸다. 1890년대와 20세기 초 곧 남부 수십 개 오순절 교파들이 된 성결파들은…[부흥자 지] 출판사와 편지를 주고받고, 충고를 받고, 의견들을 제시하고, 자기 지역들에서 이 부흥현상을 보고하였다.…냅은 종말적/묵시적 이머저리(영상 상징어)을 사용하면서 "부흥[오순절] 다이너마이트", "부흥폭풍", "오순절천상에서 온 번갯불", "부흥 불" 등 같은 내용으로 출간물을 발행하였다. 남부 성결인들은 냅과 그와 유사한 논고에 의해 전기충격을 받은 것처럼 절찬리 반응하였다…1893년에서 1900년 사이에 30여개 신 성결오순절 교파가 남부에서 탄생하였다....또 감리교회에서도 약 100,000명이 이 성결 오순절 교파로 탈출하는 현상이 나타났다....급진적 성결운동에 헌신한 사람들은 세속 오락 즉 극장가기, 스포츠 행사 참여하기, 사교 춤 같은 것에 대한 참여를 거부하였다. 성결오순절운동에 충실한 자들은 술, 담배, 커피, 코카콜라 및 성결인의 도덕적 질을 저하시키는 어떤 것도 허비하는 것을 자주 금지하였다. 이 두 오순절 잡지들이… 남부 전 지역에 유포되었을 때 남부의 열성 오순절 추종자들은 오순절사상의 영역 안에 쉽게 적응(상황)화된 **반동 문화 환경**을 조성하였다.…성결교회들과 나중 오순절교회/교단들은 남부에서 가장 신앙적인 단체들로 통합되었다. 따라서 마틴 냅의 「하나님의 부흥자」에서 어맨더 스미스 같은 흑인 전도자와 자주 편지를 주고받고 지원하였다. 1901년 「부흥자」 지는 성경시대처럼 흑인과 백인들이 함께 예배드릴 것을 요청하였다. [마틴 냅 동료로] 켄터키 본거지를 둔 전도자 윌리엄 갓비는 이에 전적으로 동의하고 냅의 입장을 증빙할 성경 본문들을 제공하였다.324)

냅은 성결문화, 오순절 운동, 대중 복음 보급 면에서 전체 성결오순절 운동에 영향을 주었다.325) 냅은 오순절운동의 대부 흑인 윌리엄 시무어의

---

324) 그의 하버드대 박사논문 *The Fire Spreads*, 224. 최근의 논고로는 Randall J. Stephens, "The Holiness-Pentecostal Press and the Origins of Southern Pentecostalism" (The University of Florida, 2011), 1-16를 보라.

325) 냅이 『오순절 다이너마이트』를 출판할 때 심슨은 이 책 출판사 소재인 켄터키 루이빌에서 목회를 하였다. Knapp et al, *Tears and Triumphs*, Vol. I; "A. B.

스승으로 "냅의 급진적 성결 이론들과 전천년 [재림] 신학은 방황하는 시무어에게 강한 영향을 주었다."[326] 시무어는 "냅의 하나님의 성경학교에서 더 깊은 성결신학을 터득하였다."[327] 신시내티 냅 학교에서 성결을 체험한 시무어는[328] 미 서부 로스앤젤레스에 가서 냅 식의 부흥수양대회를 열며 아주사 거리에 '사도 전도관'을 세워 3년 연속 집회를 열었고, 이제 세계 6.5억 명의 오순절신자들의 대부가 되었다. 또 미 남부 성결오순절운동들(교파들)은 마틴 냅의 「부흥자」와 성결오순절적, 묵시적, 황홀한 예배 실황적(ecstactic worship practice) "보고에 사로잡혔다."[329] 냅의 성결 오순절 문고들은 북미 뿐 아니라 세계에서 가장 널리 읽힌 것들이고, 특히 「부흥자」지는 가장 성공적인 부흥선교 성결지였다.[330] 그러므로 냅은 웨슬리언 성결신학에서 오순절 성결신학으로의 패러다임 변동 주역이었다.

타. 한국성결교회신학에 반영된 냅의 오순절성결사상

이장하가 1905년부터 번역한 전도지나 전도책자들과 쪽 복음, 그리고 『복음가』(1907년　간행), 『부표신약성서』(1910년간), 『구약관주성서』와 〈만국성결교회 성결시리즈〉 10가지 성결 책들(1905년부터 간행), 『하나님의 장막』(성막)은 모두 냅이 편성한 오순절 성결신학의 소책자들이나 문

Simpson Books" *Revivalist* (1895): 5; C. W. Niekirchen, *A. B. Simpson and the Pentecostal Movement* (Hendricksen, 1992), 197. 오하이오 수양대회 오순절운동은 심슨 동료들에게 영향을 주고 심슨 그룹은 이를 만장일치로 지지하였다는 것이다. Simpson, "Editorial," *Christian and Missionary Alliance Weekly* (April 6, 1907): 157. 니커첸의 글 중인.

326) Stephens, *The Fire Spreads*, 192, 참조 112-114, 119, 167.
327) Craig Borlase, *William Seymore: A Biography* (Lake Mary, FL: Charisma House, 2006), 55, 129ff.
328) Larry Martin, *The Life and Ministry of William Seymour and A History of the Azusa Street Revival* (Jolpin, MO: Christian Life Books, 1999), 76, 227ff.
329) Stephens, *The Fire Spreads*, 113. 134, 참조 70, 83-84, 134.
330) Ibid., 319.

고판이다. 냅이 우리에게 신학적으로 영향을 준 만국성결교회 「헌법과 조례」 331) 외에도 한국말로 번역된 성결책자 이름을 보면 다음과 같다.

"보혈의 능력", "죄성 즉 육적 마음", "정결의 필요성", "정결한 마음", "승리하는 기도", "주님의 재림 준비", "성령세례", "값 주고 산 소유", "증인들", "청년 기독교인들에게 강론"332), 한국성결교회 전도지 "탕자의 회개"333)

이 외에도 더 많은 전도지들과 성결책자들이 냅의 전도지와 문고들에서 번역되었다. 존 토마스가 초기 경성성서학원에서 강의한 순복음은 냅의 것과 대동소이하다. 에드윈 길보른이 한글로 1923-25년경 번역한 『성결교회 사중복음』도 마틴 냅의 『하나님의 오순절 번갯불』의 요약본으로 사료된다.334) 냅의 생애 마지막에, 카우만은 냅에게 1901년 이 냅의 책을 극동에 번역해 출판하고, 성결교단과 성경학교를 세우겠다고 약속하였었다335). 카우만, 길보른, 토마스는 이 약속을 실행하였고, 만국성결교회 헌법(순복음 전파 사명과 사중복음 준수 맹약)은 1905년부터 번역되어 우리 성결교회의 신앙, 삶, 문화, 신학을 형성하는 토대가 되었다.

---

331) 이 만국사도성결교회 헌법은 1905년에 한국어로 번역되었으며, 1905년 카우만이 한국 총리로 임명되고 1907년 창립될 때부터 이 헌법과 조례로 운영되었다. 이는 규암성결교회사 보고내역에 나타난 구령자, 구원자, 성결 받은 자 숫자와 구령회, 성별회, 수양회, 직원 임명 정차에 나타난다.

332) 홍용표, 『110년 이야기』, 247.

333) 이 냅의 전도지들이 한국어로 번역한 것이 최근 몇 가지가 발견되었다. 이것은 냅의 부흥 핸드빌 시리즈 중 하나로 1890년대 말 불신자용 전도지로 사료된다. 필자의 블로그 http://blog.daum.net/hongpyp/232 참조.

334) 홍용표 편, 『성결과 하나님의 뜻』(예찬사)은 길보른의 『성결지침』을 한글로 풀어 쓴 것이다.

335) Revivalist (November 8, 1900):9; February 21, 1901):9; January 31, 1901):9. Knapp, ESPB(1900-1901)에 나타난 카우만, 나까다의 간증과 보고도 보라. 나까다는 냅의 일 하나님의 성서학원과 성결연합을 시작하였다.

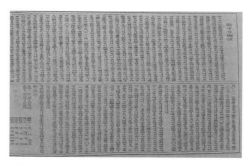
냅의 만국성결교회 전도 문서를 번역한 탕자의 회개

이처럼 냅의 만국성결연합 헌법 뿐 아니라 그의 「부흥자」 기고문들, 성경과 그 해설들, 복음가, 전도지, 전도책자, 성결문서들과 편성 문고들에 나타난 오순절성결신학은 한국성결교회에 직, 간접으로 영향을 미친 것을 알수 있다.

요컨대, 마틴 냅의 부흥자와 오순절 성결출판물들은 "성경위주의 오순절적 복음주의적이면서도, 성령의 양식, 빛, 불"이었다.[336] 냅은 부흥자와 부흥자출판사를 통하여 말씀을 전파한 전도자, 북미 전국성결연합회의 중추적인 지도자, 성결구제전도관, 성결오순절부흥연맹 및 기도연맹의 창설자, 수양원, 만국성결연합(교회), 성결신학교와 성경수양학교(BTS) 및 선교사훈련원(MTH)의 창립자요 고아원과 양로원 창립자이다. 이런 면에서 냅의 부흥자는 사실상 오순절성결 사상의 원조로 그 규모가 점점 발전되고 확장되었으며, 북미, 세계, 구체적으로는 한국성결교회 및 오순절 교회 교단과 신학대학교들의 원조가 되었다. 마틴 냅의 부흥자, 만국성결교회, 성서학원은 하나님의 소유이고, 성결오순절이 핵심사상이다. 이에 더하여 그는 계층, 성, 인종을 초월하여 목사로 안수하는 자유 평등 공의 사상을 갖고 있었으며, 국내 전도관과 선교지에서는 독립책임제를 강조하는 자원과 자비량 사상이 두드러졌다. 한국성결교회는 냅의 이 진격적인 사상을 전수받은 것이다.

336) The Revivalist (July 19, 1900): 13; Revivalist (December 20, 1900): 14.

4. 결론

　이러한 마틴 냅의 신앙과 삶을 살펴보면 세속화되고 제도화된 교권주의와 성경비평과 진보주의에 대한 냅의 반응은 다음과 같이 요약할 수 있다. (1)「부흥자」정간지 창간, 부흥자출판사 설립, 성서 학원 설립, (2) 오순절 순복음 정립, (3) 개인 부흥과 집단 구제운동, (4) 성결 교단들과 선교회들의 창립이었다. 냅의 목표는 성경적 성결을 개인적으로 전파하고 또한 집단적인 팀으로 봉사하여 주의 선교위임 대명령을 순종하여 주의 재림(천국)을 앞당기는 것이었다. 냅은 성령불을 충만히 받은 후 성령의 인도하심 하에서 자신이 은혜 받은 대로 다른 사람들 역시 순복음을 받게 도우려는 사명을 가졌다. 그는 중생, 성결, 신유를 받아 종말적 재림의식을 갖고, 그 제자 시무어 등이 구령 부흥과 오순절성결운동을 국제적으로 전개하게 하고, 카우만, 길보른, 나까다 등이 순복음을 그 본부에서 체험하고 극동에 전파하는 선교대열에 참여하도록 도왔다.

　냅은 목회하며 성령의 은사를 체험한 부흥사이다. 냅은 미 전국 차원 부흥사요, 대중음악을 사용한 신유 전도자이다. 냅의 전도자 모델은 부흥사와 선교사들이다. 따라서 냅은 부흥, 목양리더십, 교회배가의 실용적인 방법론을 제시한다. 이는 1880년대와 1890년대 냅이 편성하여 출간한 「부흥자」지와 부흥과 오순절 성결에 관한 책들이 이를 입증해 준다. 그의 부흥 성결 책들에 나타난 급진적 복음화 방식은 당시 냅과 그 동류 전도자들의 전형을 제시한다. 냅의 가장 돋보이는 저작과 교역은 믿음, 금식기도, 성별, 헌신을 강조하는 부흥, 성령세례, 신유 체험이고, 주 사상은 중생, 성결, 재, 림 신유, 선교이다. 그의 교회 정치 체제는 독립책임적 회중제이고, 선교전략은 성령의 역사로 일어난 자발적인 현지 교역자들을 활용하여 신속히 지역을 팀으로 복음화하는 것이다. 냅은 30여권 오순절 신앙과 신학 저술가일 뿐 아니라 15종 성결 문고와 130여권의 오순절성결문서 편성자이기도 하다. 냅이 세운 만국성결교회(IAHC) 기관들에 나타난 단순한 순복음의 장점은 4중복음 이상의 다중적 오순절성결 신학과 교역이다. 냅의 부흥자, 오순절부흥연맹, 기도연맹, 만국성결교회의 단순한 복음화 협약은 팀 예배와 사역으로 순복음 전파를 통한 개인과 집단의 부흥 성결과 선교사명을 실행하는 체계며 전략지침이었다.

냅의 급진적 오순절 사상과 유산은 다음과 같이 요약될 수 있다. 냅의 생애와 사역에 나타난 사상과 전략은 1)다중 순복음으로 중생 성결 신유 재림 선교, 2)사중적인 영성 점검 방식은 SRPR(성경, 정당, 섭리, 적당), 3) 사중 복음화방식은 말씀묵상, 믿음부흥, 금식기도, 성별을 통한 생동적 팀 지도력이다. 냅의 사상은 다중적 오순절 성결 신학과 생동적 교역 정치 체제이다. 냅이 물려 준 유산은 그 10기 생애와 사역에 나타난 10가지를 들 수 있다. (1) 냅은 섬기는 단체와 교회 조직지도자이다. (2) 복음적인 신학 교육자이다. (3) 성령의 다양한 은사와 역사를 포용하는 다이내믹한 전도자요, 천국과 부흥현장의 생생한 스토리텔러이다. (4) 믿음과 기도하는 산예배로 성령을 체험하고 인도받게 하는 영성 조련가이다. (5) 천국 중심으로 개인, 교회, 사회, 세계를 변화시키는 치유자이다. (6) 헌신적 국내 및 해외 선교에 인력과 재원을 끌어 모으는 동원자이다. (7) 대중에 소통할 수 있는 문화와 기술을 활용한 자이다. (8) 교회의 다양성과 통일성을 사랑으로 연결하는 승리하는 연합주의자이다. (9) 하나님께 충성하며 성경적 성결 문화를 간직한 순복음주의자이다. (10) 단순한 믿음과 양심의 자유 원칙으로 개인, 사회, 교회, 세계를 부흥시키고 개혁한 자이다. 냅은 이런 큰 장점을 갖고 있으며, 과거에 우리에게 성결전파 도전을 주었을 뿐 아니라 미래에도 큰 가능성을 열어주고 있다.

냅의 「부흥자」는 1883년 기초가 세워져 성결총본부로 발전되어 1900년 공식 만국성결교단이 되고, 1895년부터 조성되어 1900년 2만 불 프로젝트로 공식 시작된 하나님의 성서학원과 선교훈련원(GBSC 강의동, 채플, 기숙사들, 천막들, 소망의집)은[337] 지난 110년간 한국성결교회 등 수많은 지역에 교역자들과 선교사들을 양성해서 파송하는 복음주의 성결운동

---

337) Knapp, "Pray" Revivalist 11 (January 19, 1899): 3; 11(January 19, 1900): 15; "Prayer Answered" Revivalist 12 (July 26, 1900): 9; 12 (June 14): 15.

의 본산지 역할을 하였다. 특히 '하나님의 성서학원'는 다른 오순절 성결교계 성경학교, 성경대학들과 초교파 단체들과 교단들의 성경학교(성경대)의 모델이 되었다.338) 이 성결교단과 신학교 교수, 교역자 및 학생들이 한국성결교회 뿐 아니라 나사렛교단과 신학교, 오순절파 교단들의 공동 창설자들인 점에서 켄터키 수양원, 신시내티 신학교와 만국성결교단은 성결 오순절 신학교들과 교단들의 모델이었다. 하버드대에서 [성령의불전파]를 쓴 렌덜 스티븐스는 냅을 "급진적 성결운동 지도자"로 분류하고,339) 냅 그룹이 사중복음(중생, 성결, 신유, 재림)에 아주 집중하여 "오순절운동 등장에 중요한 기여를 하였다."고340)평가한다. 그래서 스티븐스는 냅을 "성결신학"으로부터 "오순절신학"으로 패러다임을 변동시킨 주역으로 본다.341) 따라서 21세기에서 조망해 볼 때 냅은 개인적 기독론적 구원 중심에서부터 성령론적 공동체 구원과 치유 중심으로 패러다임을 변동시킨 변화의 주역이다. 냅은 한국 성결교회의 초석을 놓았을 뿐 아니라 21세기 개신교에서 세계적으로 가장 큰 그룹인 성령론적 성결 오순절교회들과 그 신학과 교역의 실제 수립자였던 것이다.

한국성결교회는 하나님의 섭리와 선교적 모자 관계로 냅의 용기있는 진격적 오순절 성결교회 유업을 물려받았다. 이제 수년 단위로 패러다임이 변화하는 지구촌에서 오순절 순복음의 역동성을 재발견해, 가정에서 오순절 "성결" 체험과 삶을 유지하며, 지역사회에서 '사랑과 봉사로' 헌신적으로 복음을 전하고 총체적으로 참여하며, 성결교역과 신학을 공고히 하면서도, 가든지 보내든지 선교를 더 실천할 때이다. 지금은 3대 교단으로 위상을 자

---

338) Gary B. McGee, *Miracles, Missions & American Pentecostalism* (American Society of Missiology) (Maryknoll, NY: Orbis, 2010), McGee는 냅의 성경대와 순복음이 미국과 세계 성경신학교나 성경대는 영향을 끼친 것으로 본다.

339) Randall Stephens, *The Fire Spreads* (Harvard University Press, 2008), 112, 113, 114, 117, 119, 151, 167, 171, 192, 197, 224.

340) Ibid., 224,

341) 그의 하버드대 박사논문 *The Fire Spreads*, 224. 최근의 논고로는 Randall J. Stephens, "The Holiness-Pentecostal Press and the Origins of Southern Pentecostalism" (The University of Florida, 2011), 1-16를 보라.

리잡은 한국 성결교회와 그 기관들이 냅의 정신과 유산을 재발견한 것을 토대로, 글로벌 오순절 성결신학과 교역 체계도 계발하고, 세계 기독교가 이 계발된 체계로 생동적으로 동역하여 하나님 나라를 확장하므로 주의 재림을 준비하게 도울 성결 지도력 센터와 세계 복음화 도구를 세워나갈 때이다.

마틴 웰스 냅의 문헌

1. The Revivalist (1883-1901)지 글 외 저서들 중 소형책자(1880년대)

1883? *William Taylor*. Albion, MI: Revivalist Publishing Co.

1885? *Fire From Heaven* (Albion, MI: Revivalist Publishing Co.

1885? *How I Came to Be An Evangelist*. Albion, MI: Revivalist Publishing Co.

1885? *The Model Class Leader*. Albion, MI: Revivalist Publishing Co.

1887? *The Five Dollars Given Away*(Albion, MI: Revivalist Publishing Co.

1888? *An Echo from the Border Land*(Albion, MI: Revivalist Publishing Co.

1898? *This Life and The Life to Come*. Albion, MI: Revivalist Publishing Co.

1899? *River of Death*. Albion, MI: Revivalist Publishing Co.

1899? *The Two Railroads*. Albion, MI: Revivalist Publishing Co.

1889? *Letter Envelops with Signet and Texts*. Albion, MI: Revivalist Publishing Co.

1889? *Revival Hand Bills*. Albion, MI: Revivalist Publishing Co. and Cincinnati, O: Revivalist Publishing Co., 1896.

1889? *An Anecdote for Infidelity: Infidelity Answered* or From Ingersol Park to Beulah Land. Albion, MI: Revivalist Publishing Co., Cincinnati, O: Revivalist Publishing Co., 1880s.

1880s *Life of Charles G. Finney*. Albion, MI: Revivalist Publishing Co.

1880s *Biography of Bishop Hamline*. Albion, MI: Revivalist Publishing Co.

1880s *Popular Christianity*. Albion, MI: Revivalist Publishing Co.

1880s *The Boy Preacher-Thomas Harrison*. Albion, MI: Revivalist Publishing Co.

1880s *Life of Frances Havergal*. Albion, MI: Revivalist Publishing Co.

1880s *Poems of Frances Havergal*. Albion, MI: Revivalist Publishing Co.

1890s *Marriage Alarm Bells*. Cincinnati, OH: Revivalist Office.

1890s *Gospel Arrows*. Cincinnati, OH: Revivalist Office.

1890s *Dancing Danger Signals*. Cincinnati, OH: Revivalist Office.

2. 중대형 책자(1882~9101년)

1882 *Pentecostal Dynamite* Biography, *The Life of Benjamin Abbot* Louisville, KY: Pentecostal Publishing House.

1880s *Revival Fire from Charles G. Finney*. Albion, MI: Revivalist Publishing Co., 1880s.

1887 *Revival Tornadoes or Life and Labors of Rev. Joseph H. Weber, Evangelist, the Converted Roman Catholic*. Albion, MI: Revivalist Publishing Co.

1885, 1887 *Christ Crowned Within*. Albion, MI: Revivalist Publishing Co.

1888 *Out of Egypt into Canaan*. Revivalist Publishing Co.

1889 *Out of Egypt into Canaan*. McDonald, Gill and Co.

1887, 1889, 1890 *Revival Tornadoes or Life and Labors of Rev. Joseph H. Weber, Evangelist, the Converted Roman Catholic*. Albion, MI: Revivalist Publishing Co.

1890 *Revival Kindlings*. Revivalist Publishing Co.

1892 *Impressions: How to Tell Whether They Are from Above or Below*. Revivalist Publishing House.

1894, 1897, 1901, 1902 *Tears and Triumphs 1, 2, Combined, 3* with L. L. Pickett and John Bryant. Columbia, SC: L. L. Pickett, 1893? and Pentecostal Publishing House.

1895 *The Double Cure*. Cincinnati, OH: Revivalist Office.

1897 *Pentecostal Wine from Bible Grapes*, with 11 authors. Cincinnati, OH: Office of The Revivalist, Pentecostal Holiness Library. Knapp, "Victory."

1897 *Tears and Triumphs 2* with L. L. Pickett & John Bryant. Pentecostal Publishing House/

1897 *From Race-Track to Pulpit*. with L. M. Lasely. Cincinnati, OH: Revivalist Office.

1897 *The Revivalist at Samaria or the First Work and the Second*. Cincinnati, OH: Revivalist Office.

1897 *The Blood Cure for the Tobacco Appetite*. Cincinnati, OH: Revivalist Office.

1897 *St. Paul on Holiness.* with A. M. Hills. Cincinnati, OH: Revivalist Office.

1898 *Jesus Only,* with 11 authors. Cincinnati, OH: Office of The Revivalist, Pentecostal Holiness Library. Knapp, "Jesus, Our Judge and King."

1885, 1898 *The River of Death and Its Branches.* Albion, MI: Revivalist Publishing CO.. Cincinnati, O: Revivalist Office.

1898 *Lightning Bolts from Pentecostal* Skies Or devices of The Devil Unmasked. Cincinnati, OH: Revivalist Office, Full Salvation Quarterly, Pentecostal Holiness Library.

1898 *Flashes from Lightning Bolts from Pentecostal* Skies, in Pentecostal Holiness Library. 1898 Sept Vol. I No.9. Cincinnati, OH: Office of The Revivalist, Pentecostal Holiness Library.

1899 *Electric Shocks from Pentecostal Batteries I.* Cincinnati, OH: Office of Revivalist.

1900 *Holiness Triumphant Or Pearls from Patmos, being the Secret of Revelation Revealed.* Revivalist Office.

1900 *Back to the Bible from Pentecostal Training.* Cincinnati, OH: Revivalist Office.

1901 *Electric Shocks from Pentecostal Batteries II.* Cincinnati, OH: Office of Revivalist.

1902 *Electric Shocks from Pentecostal Batteries III.* Cincinnati, OH: Office of Revivalist.

1890, 1901 *Pipe and Quid: An Essay on Tobacco* in Pentecostal Holiness library Vol. 4 No.2. Revivalist Office.

1901 *Tears and Triumphs, Combined,* with L. L. Pickett. Pentecostal Publishing House.

1901 *SPARKS from Revival Kindlings.* Cincinnati, OH: God's Bible School and Revivalist.

1901 *Revival Fire: C. G. Finney.* Cincinnati, OH: God's Bible School and Revivalist.

1901 *Soul Rest: 6 Sermons of John Wesley.* Cincinnati, OH: Office of Revivalist.

1901 *Tears and Triumphs, Combine,* with L. L. Pickett. Cincinnati, OH:

Revivalist Office.

1887, 1898, 1901 *Salvation Melodies or Melody of Salvation* with John
 Sweeney. Albion, MI: Revivalist Publishing House 1890s, Cincinnati,
 OH: Revivalist Office, 1898.

1902 *Bible Song of Salvation and Victory* with Robert McNeill. Cincinnati,
 OH: God's Revivalist Office.

1902 *Pentecostal Letters.* Cincinnati, OH: God's Revivalist Office.

1902 *Electric Shocks from Pentecostal Batteries IV.* Cincinnati, OH: Office of
 Revivalist.

1903 *Tears and Triumphs, Combine,* with L. L. Pickett. Pentecostal Publishing
 House.

Knapp, M. W. ed. *The Marked Bible.* Cincinnati, OH: Revivalist Office, n.d.

Knapp, M. W. ed. *The Reference Bible.* Cincinnati, OH: Revivalist Office, n.d.

3. 마틴 웰스 냅에 대해 일부 다룬 책과 논문들

Knapp,, John F. The Doctrine of Holiness in the Light of Early Theological and
 Philosophical Conceptions (Unpublished Master thesis, University of
 Cincinnati, 1924).

Thomas, David. David Thomas: The Life Story of David Thomas (IHM, 1931)

Day, Lloyd Raymond. A History of God's Bible School in Cincinnati
 1900–1949 (Unpublished M. E. thesis, University of Cincinnati, 1949).

Wilcox, Leslie. Be Ye Holy (Revivalist Press, 1965).

Jones,, Charles Edwin. Perfectionist Persuasion: The Holiness Movement
 1867–1936 (Lanham, MD: Scarecrow Press, Inc. Hardcover, 1974);
 The Wesleyan Holiness Movement: A Comprehensive Guide (ATLA
 Bibliography Series, Hardcover); A Guide to the Study of the
 Pentecostal Movement (Scarecrow Press, 1983).

Dieter, Melvin E. *"Revival and Holiness"* (Temple University, Unpublished Ph.
 D. dissertation,1976); *The Holiness Revival the 19th Century* (MD:
 Scarecrow Press, 1980); The Holiness Revival of the Nineteenth
 Century: 2nd Ed. (Scarecrow Press, 1996). The 19th Century Holiness
 Movement: Volume 4 (Kansas, MO: Beacon Hill Press, 1998).

Merwin, John Jennings. "The Oriental Missionary Society Holiness Church in Japan, 1901-1983" [Unpublished D. Miss. thesis. Fuller Theological Seminary, 1983.

Wood,, Robert. In These Mortal Hands: the Story of the Oriental Missionary Society the First 50 Years (Greenwood, IN: OMS International, 1983.

Eckart, Mark. A Presentation of Perfection (Printing by Old Paths Tract Society, Inc. Shoals, Ind. Layout and Typesetting by Cincinnati, Ohio: Revivalist Press, 1988, Doctoral Dissertation)

Hong, Paul Yongpyo. "Spreading the Holiness Fire" (Fuller Theological Seminary D. Miss. dissertation, 1996).

Hamilton, Barry W. William Baxter Godbey: Itinerant Apostle of the Holiness Movement (Lewiston, NY: Edwin Mellen Press, 2000), Drew University dissertation)

Connor, John and Margie. ed., Portraits of Grace: Stories of Salvation from Wesleyan World Missions (WPH, 1999).

Wilson, Norman G. ed., Journey into Holiness (WPH, 2000).

Kilbourne,, Edwin A., Bridges Across the Century (Greenwood, IN: OMS International, 2000).

Stephens, Randall. The Fire Spreading (Harvard University Press, 2008)

Black, Robert and Keith Drury, The Story of the Wesleyan Church (Wesleyan Publishing House, 2012)

마틴 냅, 『오순절 성결신학』, 홍용표 역편 (오순절출판사, 2013).

4. 만국성결교회와 그 후손 웨슬리언교회의 역사 문헌

Caldwell, Wayne E. ed. Revivalists and Reformers (Wesley Press, 1992)

Dayton, Donald W. The American Holiness Movement (ATS, 1971)

_____. Theological Roots of Pentecostalism (Francis Asbury press, 1987)

Deal, William. The March of Holiness Through the Centuries (Beacon Hill Press, 1978)

_____. What Really Happened at Pentecost.

_____. Problems of the Spirit-filled Life.

Flexon, R. G. Scriptural Holiness (Pilgrim Church Publishing House, 1948).

Kilbourne, Edwin W. *Bridges Across the Century* (Greenwood, IN: OMS
        International, 2000).

Rothwell, Arlene E. "A History of the Pilgrim Holiness Church" Winona Lake
        School of Theology, Unpublished M. A. Thesis, 951.

Thomas, Paul W. *The Days* of *Our Pilgrimage: A History of Pilgrim Holiness
        Church* (WP, 1968)

홍용표와 김성호, 『한국성결교회사』 (기성 역사편찬위원회 총회출판사, 1992).

홍용표, 『한국성결교회사 100년 이야기』 (아카데미 킹북, 2011).

마틴 웰스 냅의 약력

1853년 미 미시건 주 앨비온 탄생.

1872년 19세 미시건 앨비언 신대입학

1881년 감리교 미시건 연회 목사 안수

1882년 『오순절 다이나마이트』 저술

1883년 더플린교회에서 '부흥자'지 시작

1885년 『내 안에 면류관 쓰신 그리스도』 완성 1887년 출간 베스트셀러

1888년 「하나님의 부흥자」로 개명 확장

1888,89년 『출애굽에서 가나안 입성』 각각 10여만 권 판매 베스트셀러

1890년 『부흥의 토네이도스[폭풍]』 증보 출간 베스트셀러

1890년 이후 총 성결연맹 중동부연맹 매니저

1892년 신시내티로 부흥자 본부를 이전 술집을 개조해 도심구제
　　　　성결전도관(Mission) 창설 매일 1,200명 구호사역, 『이중 치유』 출간.
　　　　매서용 성결통신교재 순복음 계간, 성결문고, 오순절문고, 부흥문고,
　　　　순구원문고, 목회자 양식 시리즈 문고 등 간행함.

1893년 만국 오순절부흥기도연맹(IPRL, IRPL) 창설.

1894년 『복음가』 『눈물과 승리가』 피켓, 브라이언트와 발행 수십만 부가
　　　　나가는 베스트셀러 됨. 「부흥자」, 성결연합, 구제전도관 본부를 Y.M.C.A
　　　　2층으로 통합 이전.
　　　　켄터기 뷸라하이츠 성결학교, 영성수양원, 양로원, 고아원 병설함.

1895년 신시내티 하나님의 성결학교 창설. 성결 오순절 문고 구원문고 계간문고
　　　　매서문고 확장.

1896년 세계일주선교기금부 신설, 중국 선교사 크라우스 등 선교사로 파송함.

1897년 3월 만국오순절성결연합 및 기도연맹 확장 회장이 됨, 복음가 2권 발행,
　　　　9월 동 연맹 준 교단으로 승격, 나까다 냅의 수양회와 신학교 참석함.

1898년 오순절 성결 문고 88,000부 판매, 부흥자 25,000부 발행, 오순절 사중복음
　　　　해설서 『오순절 청천벽력』 저술, 신시내티 인근 구원파크 천막 캠프집회
　　　　시작함,

1899년 『오순절 진격』 발행, 감리교연회와 법정대결, 시카고은혜감리교회
　　　　메트로폴리탄 성결교회와 오스틴 성결교회로 분립하고, 만국성결교회 총회장

리스가 담임. 냅은 리스와 온 누리 순회선교사 찰스 스토커, 바이런 리스, 윌리엄 갓비를 세계에 파송함. 생명의 구원선과 전도단을 오하이오 강에 배정함.

1900년 신시내티 어번 산(은혜의 동산) 매입, 2년 수학(1년 실습) 하나님의 성서학원 및 선교훈련원, 만국성결연합, 「부흥자」 통합 확충, 하나님의 장막과 강의동 완공, GBS 180여명 학생 출석하였고, 졸업생들을 만국성결연합의 목사로 안수, 세계선교국(WMD) 카우만 부부를 극동에, 다른 선교사들을 인도에 파송함

1901년 냅 감리교 탈퇴, 극동에 길보른 부부를 안수해 일본에 파송, 극동 성결교 부흥자 본부 시작, 12.7.열병으로 소천, 화장 장례. 일생 40여권 책, 120여권 오순절성결책자 편성 출간 보급, 부흥자 지 간행, 100여 전도관 설립, 구호 전도관과 고아원(호프카티지)등을 설립, 세계 4대륙에 선교사들을 파송.

□ 국문초록 □

마틴 웰스 냅의 생애와 사상

홍용표
글로벌사중복음연구소 연구원

마틴 웰스 냅(M. W. Knapp 1853-1901)은 미 미시건 주 남부 클라레든에서 태어나 앨비언대에 입학하였다. 그는 동급생 루시 글렌의 도움으로 중생을 체험하고 결혼하여 수업 중 감리교 자유주의 신학자들의 자세에 실망하여 목회 현장으로 나갔다. 그는 라이언스와 포터빌 목회지에서 전도를 하며 여러 순회 목회들의 교회들을 지었고, 27세에 자기 교회에 선교사 윌리엄 테일러를 초청한 집회에서 성령세례를 체험하였다.

그는 1881년 앨비언 대학교와 신학교 과정을 완수하고 28세 때 감리교 미시건 연회에서 목사 안수를 받았다. 1882년 그는 애봇 전도자의 전기인 [오순절다이나마이트]를 저술하였다. 그는 1883년 더플린 교회 사무실에서 성령세례와 전도운동을 확산시키려 [부흥자] 지를 만들어 초교파적으로 배부하며, 전도와 목회사역을 하고 교회를 건축하였다. 1885년 그는 미시건 연회에 전국차원 전도에 전념하는 부흥사 직을 요구하여 그 연회에서 부부가 전도자가 되는 허락을 받았다. 그는 이때 [내안에 관 씌우신 그리스도]를 출간하며 전도자로 이름나고 미 중서 남부를 순회하는 전도자가 되었다. 그는 1888년에는 [애굽에서 가나안으로]라는 성령세례 교본을 출간해 베스트셀러 저자와 전국 차원 전도자가 되었다. 그와 아내는 자비량으로 전도하며 자기가 쓰고 편성한 성결전도책자와 문서들을 영성, 금광, 사중연결, 십자가와 면류관 시리즈 등으로 보급하였다.

그는 부부 팀 전도자 사역을 하며 제임스 웨버의 전기 [부흥의 폭풍]을 쓰는 도중 자신과 아내가 과로와 병으로 환란을 맞고 결국 동역자 아내는 요사하였다. 그는 새 아내 미니 펄과 재혼하고 신시내티로 이전하여 1892년 그의 부흥자 출판사에서 성령의 인도를 받는 [인상들]로 진정한 성령세례와 가짜 신유간의 차이를 성서, 섭리, 적당의 테스트를 거쳐 진취적 오순절운동으로 나갈 것을 제안하였다. 그는 전도자로 전천년 재림을 수용하고 남부 전도자 엘 피켓을 만나 복음가 [눈물가 승리가]를 출간해 순식간에 10여만 권이 나갔고, 이로 인해 그는 북미와 세계로 성결 순복음을 확산하게 되었다.

그는 1892년 전국성결연합 지부장, 총성결연맹 회장 윌리엄 맥도널드와 중아 성결연망 책임을 맡고, 오순절부흥 및 기도연맹을 창설해 북미와 영어권 세계 네트워크를 구축하였다.

1894년 냅은 켄터키 산간과 강가 불라하이츠에 성서학원와 전국수양센터를 만들어 교장과 회장이 되었다. 1895년 그는 신시내티에서는 구제관 사역과 부흥자 채플에서 구령회와 성별회를 실행하고 하나님의 성경학교를 시작하였다. 그는 전국 전도자 사역을 하며 [이중치유] 등으로 중생과 성결 교리를 정립하고, 정기 간행물 〈부흥자〉에서 순복음 호교서들을 편성하여 20명 전도자들의 100여 권 성결문서를 보급하며 저술케 하여 성결교회 교리 초석을 다지기 시작하였다.

그는 24명의 초교파 전도자들이 자서전과 성결복음을 저술하는 15종에 달하는 성결 오순절 문고들을 편성하였다. 1897년 초에는 부흥 오순절 성결연맹들을 '만국성결연합 및 기도연맹'으로 통합하는 회장이 되었으나 감리교와 전국성결연합에서 심한 박해와 불법자로 정죄 받고 재판을 받아 자신은 후퇴하고 퀘이커 셋 리스목사를 회장으로 세워 이끌도록 하였다. 1898년부터는 사중복음 교리와 순복음 호교서인 [오순절청천벽력], [오순절메신저들], [성경적 오순절포도주], [오순절진취성], [구원받음], [예수만], [성결의 승리] 등을 저술과 공저하고 성경적인 성결, 교역, 교육, 전도 및 선교 청사진을 제시하였다. 1895년부터 신시내티 페어그라운드에서 전국차원캠프수양대회를 개최해 수천 명에게 도시인에게도 영성훈련을 제공하였다. 1899년 그는 오순절 성결운동을 세계적으로 확산하려 〈부흥자〉를 주간 16쪽 타블로이드판으로 확장하였다. 그는 구제관과 전도단을 만들어 신시내티 도시와 인근 도시들을 복음화 하였다. 그는 성경적인 전도와 봉사로 빈자들과 소외계층을 위해 혁신적으로 변화시키는 사회변화의 주역이었다. 그는 여성, 흑인, 노인, 청소년들에게도 오순절 성령의 은사와 능력으로 성경적인 자유와 평등을 누릴 기회를 제공하기 위해 성결 전도, 교회, 학교, 구호관, 세계선교를 아우를 총본부를 구상하고 있었다.

1900년에는 냅은 어번산 부지와 집들을 매입해 하나님의 성서학원와 선교훈련원(GBS)을 통합하여 남녀공학 인종 연령 초월 190명의 학생을 가진 성경대학으로 승진시켰고, 만국성결연합(교회)를 북미 전역 100여교회를 가진 교단으로 상공부에 등록하였다. 냅의 본부에서 한국 선교 비전을 받은 카우만은 1897년부터 냅의 성결연합 평생회원이 되어 무디신학교와 병존하여 수업을 받다가 1900년 GBS에 편입하여 졸업과 동시에 만국성결교회에서 목사안수를 받고 극동 선교사 임명받았다. 그와 그의 동역자들은 킬보른과 나까다는 1901년 2월부터 극동 성결연합본부, 하나님의 성서학원, 교회들을 세우며, 냅의 믿음, 기도, 현지인 활용교역, 자비량 선교 비전과 헌신적 후원과 파송과 봉사를 실행하는 도구가 되었다. 냅은 1901년 12월 7일 진취적인 성결 기관들을 우리에게 유산으로 남기고 소천하였다. 냅이 극동으로 파송한 카우만은 1905년 만국성결교회 세계국 한국 총리가 되며 한국 전도자들을 극동 본부에서 양성해 한국성결교회를 세우게 되었다. 마틴 냅은 만국성결교회와 한국성결교회의 성결복음, 교역, 신학, 세계 선교의 선구적 롤 모델이었다.

주제어
  마틴 웰스 냅, 순복음, 성령세례, 성결 중생 신유 재림, 성서학원, 수양 영성, 부흥, 부흥자, 성결교회, 오순절교회, 만국성결교회, 앨비언대학, 복음가, 성결문서, 세계일주선교사, 선교사, 전도관, 구제 전도대, 세계복음화

□ Abstract □

A Study of the Life and Thoughts of Martin Wells Knapp-
The Founder of the International Holiness Union(& Church)
with Regard to the Motherhood Background
for the Theology of the Korea Holiness Church

Yongpyo Hong
Global Institute of the Four-fold Gospel Theology, Researcher

On March 27, 1853, Martin Wells Knapp (1853-1901) was born in a
log cabin in Calhoun county of southern Michigan. His parents were Jared,
class leader, and Octavia Wells, consistent Christian. He had one elder
half-brother L, lawyer and two half-sisters in the western frontiers. Martin
enrolled at 17 at Albion College, Michigan with fifty dollars received from
selling his calf yet he was not a devoted Christian. His father was
frequently ill, so Martin did the farm work in the summer, studying Greek
and Latin at night, and attending classes at Albion during the winter. At
Albion College he met his first wife, Lucy J. Glenn. When he began
corresponding with her, she felt checked by the Holy Spirit and began
praying for him. Martin was born again at 19 through Lucy's prayers and
Bible-teaching letters. Soon he received his call to preach. When Knapp
was 23, he and Lucy were married. His first pastorate was a circuit
assigned to him in 1877 by the Methodist Michigan Conference. He was
only five feet four inches in height and 120 pounds in weight. His body
was weak, He had always been extremely shy, and his first impression
upon strangers was unfavorable. The Lord overruled human's outward
reactions on that first Pottersville pastorate, and Knapp revealed the
congregation that he was a man of God with the power of the Holy Spirit.
After finishing his post college and seminary course and being ordained in
1881, he started his second pastorate at Duplin November 1882. He felt his
carnal sinning and yearned for his deeper spirituality from heaven. Under
the leading revival of William Taylor, he received the baptism of the Holy

Spirit in a revival at his church. He applied for missionary to India but Taylor denied him due to his weak body. Knapp choose Spirit-fired missionary-sending ministries. He built couple churches during his Duplin pastorate.

In 1882, Knapp published his first book Pentecostal Dynamite, In 1883, at Duplin church office, he started The Revivalist, a periodical devoted to the promotion of holiness and then published evangelistic tracts at Lions and Montegro pastorates. In 1885, he published his first bestseller Christ Crowned Within, being forced to auction off his furniture to finance this venture. In 1887 the Michigan Conference permitted him to step out of the pastorate so he could follow the calling of an evangelist and national holiness leader. In 1888, he published Out of Egypt Into Canaan. During 1889-90, Martin W. Knapp went through a two-year valley of ill health, financial crises, and family illnesses and published Revival Tonadoes. September 5, 1890, when Lucy died after an extended illness, leaving him with two small children. In this period Knapp developed Sprit-filling and healing ministries and published his Impression in 1892. He was married again, this time to Minnie C. Ferle, and transferred his base of operations to Cincinnati. Being Spirit-filling and zeal for God and holiness, Knapp set up his Revivalist publishing house for holiness pentecostal literature in the YMCA building. He overcame severe personal disadvantages and the stubborn opposition of Methodist and other leaders to do his pentecostal work for God. He developed his dynamic institutions perpetuating his message. In 1892 Knapp published his Impressions and founded the Rescue Holiness Mission and Central Holiness League in Cincinnati and also in 1893 Pentecostal Revival and Prayer League. He founded Holiness school, care center for seniors and children, and the annual national camp meeting at the Beular Heights in southern Kentucky. In 1894 he published his gospel song book with L. Pickett. In 1895 he published his Double Cure. He established holiness meetings and Bible school as well as publishing and distributing 100 holiness-pentecostal series. In September 1897, he published his second gospel song and merged all his holiness-pentecostal institutions into the International Holiness Union and Prayer League and its organ Revivalist was organized in his home. He established the Constitution and

By-laws including the four-fold gospel in his Lightning Bolts and congregational polity. Under the opposition of the political Methodist leaders, Knapp retreated himself and appointed Seth C. Rees president and himself vice president. It was the compounding vision of semi-denomination to promote holiness-pentecostal revivals and global missions. It was to grow into the International Holiness Church and her daughter Korea Holiness Church.

After Establishing the annual national Salvation Park Camp Meeting since 1895, Knapp led global holiness groups and full-gospel literatures, circulating half million. In 1900 he purchased a two-acre tract, containing two large buildings, and there Revivalist, IHU and God's Bible School compound, spreading the four-fold gospel, training 190 students with 10 sent missionaries. in 1901 he built a new tabernacle on the campus for his annual national camp meeting. He sounded loudly and clearly the call for holiness missionary work. He enlisted missionaries and through his papers and camp meeting raised funds to send them to the globe. He ordained and sent Charles and Lettie Cowman and the Kilbournes missionaries to the Orient (Korea) as well as others to Africa and America. By early 1901, he fell victim to typhoid fever due to his mul-nutrition and overwork and his tired body had no resources with which to defend itself. He circulated 25,000 copies of Revivalist and wrote 30 holiness books and distributed 10 kinds and 130 holiness books to the globe. His global holiness pentecostal ministries continued even on his sickbed. He died December 7, 1901, at the age of 48, leaving behind him various thriving home and aboard holiness institutions, each in its own way perpetuating his influence and his message or a full gospel (Regeneration Spirit-baptism, healing, and His return.

From the insider's perspective, Knapp was not only a Bible-believing and praying hero, a maker of a full gospel or the four-fold gospel motto, a holiness advocate, a devoted pastor, a healing evangelist, an inspirational gospel song writer, a significant pentecostal publisher, a journalist, a founder rescue mission, an educator but also the founder of six churches, the Revivalist and Revivalist Publishing House, the Pentecostal Revival and Prayer League, the Central Holiness League, holiness school, social care center (Hope Cottage), the International Holiness Union (Church) and its

Missionary Training Home and Worldwide Missionary Board (including Korea Holiness Church), and God's Bible School and College in Cincinnati, Ohio and Tokyo God's Bible School for the Koreans. From the outsider's perspective, he was a pentecostal reformer, shifter and ecumenist, a for-runner of Bible schools and colleges, a dynamic spirituality mentor through the annual national camp meeting, a pop gospel song writer, and an organizer of global holiness-pentecostal publishers and institutions. He was a role model for the sound ministry, missions, and theology of the Korea Holiness Church.

Key Words
   Martin Wells Knapp, Full-Gospel, Baptism of Holy Spirit, Holiness, God's Bible School, Camp Meeting, Revivalist, International Holiness Union, Gospel Song World Mission. Pentecostal Revival.

셋 쿡 리스의 생애와 사상

A Study on the Life and Thoughts of Seth Cook Rees

박 문 수 박사

글로벌사중복음연구소 연구원

1. 서론

본 연구는 1897년 만국성결연맹의 설립 초기에 공헌했던 지도자인 셋 리스(Seth Cook Rees, 1854-1933)의 생애와 사상을 정리하므로 19세기 급진적 성결운동(Radical Holiness Movement)의 형성 배경에 있어서 그의 지도력이 어떻게 형성되고 발휘되었는지를 살피고, 그것이 한국성결교회에 어떻게 반영되고 영향을 주었는지를 발견하고자 한다.

19세기 말 미국 성결운동에 있어서 급진적 성결부흥운동(Radical Revivalism)을 이끈 두 사람의 헌신적인 전도자들이 있다면 마틴 냅 (Martin Wells Knapp)과 셋 리스(Seth C. Rees)이다. 후일 두 사람은 필그림성결교회의 출발에도 깊은 관계를 맺는다. 냅은 감리교인 이었고 리스는 퀘이커 교도였는데 이런 신앙배경의 차이에도 불구하고 두 사람의 공통점 은 강렬한 성결복음의 전도자로서 세계선교의 열정을 품었다는 것이다. 그들은 1896년 신시내티 지역에서 전임(full-time) 성결전도자로 헌신했다. 그리고 그들은 함께 1897년 9월 만국성결연합과 기도연맹(International

Holiness Union and Prayer League)을 창립하였다. 이 만국성결연합의 목적은 그들의 선교비전이 반영되어 우선적으로 전 세계에 성결의 복음을 전하면서 강력하게 영혼구원에 나서고자 성결인들을 모으려는 데 있었다. 그것은 처음에는 초교파적인 선교조직(para-church)이었으나 나중에 하나의 교파(denomination)로서 필그림성결교회(the Pilgrim Holiness Church)로 열매를 맺었다. 이들은 사람들이 구원받을 뿐 아니라 성화되어야 한다는 불타는 메시지와 그것을 전해야 한다는 사중복음 선교에 큰 부담을 가지고 있었다.

우선 이 논문은 셋 리스의 생애와 신앙적 배경 및 그의 저술들에 나타난 성결신학 사상과 그 사상의 특징들을 개관하므로 첫 걸음을 떼고자 한다.

2. 생애

가. 가정 배경

셋 리스는 1854년 8월 6일에 인디아나 주 인디아나폴리스에서 20마일 떨어진 북부 지역 웨스트필드(Westfield)에서 태어났다.[1] 그는 전 남편과 사별하여 재혼하게 된 어머니 루젠나 리스(Luzena Rees)의 첫 번째 자녀이고, 아버지 제카리야 리스(Zechariah Rees)의 열 번째 자녀이었다.[2] 19세

---

1) Abbreviated from Paul S. Rees' *The Warrior Saint. The Life of Seth Cook Rees: A Pen Portrait Series* (Indianapolis, Indiana: The Pilgrim Publishing House, 1964), 5.

2) Paul S. Rees, *Seth Cook Rees: The Warrior Saint* (Shoals, Indiana: Old Paths Tract Society Inc., 1934), 1; Rees란 이름의 고대 웨일즈 식 철자는 Rhys인데, 11세기에 Rhys Ap Tewdor는 북 웨일즈의 군주였다. Rhys 문장(coat of arms)은 카르디건 주(Cardingan shire)의 란웨녹(Llanwenog) 교회의 서쪽 문에 그리고 죽은 자의 무덤 위에 조각되어 있었다. 1599년 Rhys 남부 가문의 후손들이 영국에 이주했는데

기 초에 노스캐롤라이나에서 대규모의 퀘이커 교도들의 이주가 있었다. 당시에 인디아나 주의 웨스트필드와 살렘(Salem)은 어쩌면 세상에서 가장 큰 퀘이커 교도의 이주 지역이었다.[3] 퀘이커 교도들은 노예소유(slavery)를 아주 싫어하였다. 그들은 노예를 거래한다거나 그러한 일을 허용하지도 않았다. 그래서 그들은 야드킨(Yadkin) 강변을 떠나 유명한 오하이오, 인디아나 그리고 아이오와 등지의 서부에서 자유로운 땅을 찾아 나섰던 것이다. 이것이 제카리야 리스와 그의 형제가 서부지역으로 이주하게 된 주요동기였다.[4]

그곳에서 철자를 Rees로 바꾸었다. 1700년 싸우스워크, 런던에서 장로교 목사인 데빗 압 리스 목사의 아들들인 챨스 리스와 여러 형제들은 뉴캐슬, 델라웨어에 도착했다. 형제들 중의 하나는 그의 아들 데빗이 노쓰캐롤라이나의 메클렌버그(Mecklenberg) 시에 이주했던 곳에서 펜실바니아에 정착했다. 메리 폴크(Mary Polk)와 혼인하였고 그녀의 아버지 로봇 폴크는 대통령 제임스 폴크(James K. Polk)가 조상이었고, 열 자녀가 태어났다. 이 리스 집단에서 셋 리스의 아버지인 제카리야가 나왔다. Paul S. Rees, *Seth Cook Rees: The Warrior Saint*, 2-3.

3) Paul S. Rees, *Seth Cook Rees: The Warrior Saint*, 2.
4) Paul S. Rees, *Seth Cook Rees: The Warrior Saint*, 3; 퀘이커(Quakers)라는 이름은 "하나님의 사랑과 말씀 앞에서 전율하는 존재"라는 의미에서 유래되었다. 퀘이커들은 동료 인간들을 향하여 "벗"(friend)이라 부른다. 그들에게서 신앙 안에서 가지는 교제는 벗으로서의 교제일 뿐이다. 나이, 지위, 신분, 권력, 소유 - 이 모든 것으로부터 자유로운 존재로서 서로에게 벗이 되어 살아가는 것을 그들은 중요한 그리스도인의 삶의 원리라고 믿는다. 이는 요한복음에서 이르고 있는 바와 같이 "너희가 나의 명하는 대로 행하면 곧 나의 친구라 이제부터는 너희를 종이라 하지 아니하리니 종은 주인이 하는 것을 알지 못함이라. 너희를 친구라 하였노니 내가 내 아버지께 들은 것을 다 너희에게 알게 하였음이라."라는 말씀에 근거한 것이다. 모든 주종관계, 상하관계, 억압관계, 그리고 지배관계로부터의 자유와 해체가 함축되어 있다. 이런 벗들의 관계를 유지하기 위하여 그들은 모든 권력과 폭력, 소유와 탐욕과 사치로부터의 해방을 선언한다. 평화롭고 평등한 삶을 이루어 낼 수 있는 단순함을 받아들이기 위함이다. 퀘이커는 1642년 영국인 조지 폭스가 창시하였다. 1650년대 이후 미국에 포교가 적극적으로 행해졌다. 특히 1681년의 W.펜에 의한 펜실베이니아 식민지 건설은 영국과 독일의 라인란트 지방에서 박해를 받고 있던 퀘이커 교도에게 신교(新敎)의 자유천지를 약속한 점에서 중요한 의의를 가진다. 그들은 '내면으로부터의 빛'을 믿고, 그 신앙의 내용과 형식에 있어서나 또 인디언과의 우호(友好), 흑인노예무역과 노예제도의 반대, 전쟁 반대, 양심적 징병거부, 십일조 반대 등 일반 사람의 태도와 달라 특수한 사람들로 간주되었다. 19세기 전반에 정통파와 히크사이트로 분열하였다가 화해하였다. 퀘이커 운동에는 쉐이커(Mother Ann), 모라비안(진젠돌프), 오네이다운동 등의 분파가 있다.

그들은 인디아나 주(the commonwealth of Indian)를 발견한 개척자들(frontiersmen)이었다. 리스의 부모는 서부 개척자들의 서부 행진인 포장마차(van)의 길로 노스캐롤라이나로부터 이주해 왔다. 리스의 가정은 "시골뜨기(Hoosier, 인디아나 주에 대한 별명) 주"의 아직 더럽혀지지 않은 숲에 새로운 정착지를 얻고자 북쪽으로 향한 대형마차(wagon)를 타고 온 첫 번째 가정이었다.[5] 리스의 부친은 그 지역에서 첫 번째 집을 지었다. 그 집은 화려하지 않지만 그런대로 넓었다. 그 집은 두 개의 큰 방으로 구성된, 일출을 볼 수 있는 긴 현관이 있고, 흰 떡갈나무들, 포플러 나무들, 단풍나무들 그리고 야생 체리들에 달린 잎들로 에워싸여 있는 통나무로 만든 집이었다. 이 집은 단순하지만 제카리야 리스와 고상한 남부출신 아내에게 생활과 수고의 중심이 되었다.[6] 두 부부는 하나님, 가정, 교회 그리고 공동체를 섬기는 일에 힘썼다. 아버지 제카리야 리스는 계몽된 사회적 양심을 가진 사람으로서 흑인(black folk)의 자유와 권익의 향상을 촉진하는 일에 나섰고, 거주지역의 '편견 없는 교육'의 후원자로도 봉사하게 되었다. 또한 그는 "의를 사랑하고 불의를 미워하였던" 사람이었다. 어머니 루젠나 리스는 첫 번째 남편이 사별하여 과부가 되었을 때 바느질 기술을 배워서 가족들의 옷을 직접 기워 입히던 사람이었다. 또한 그녀의 친절로 인해 종종 리스의 집은 방문하는 퀘이커 사역자들에게 일종의 본부처럼 여겨졌다고 알려진다.[7] 퀘이커 교도의 분기별 모임(Quarterly Meeting)이 있을 때 루젠나 리스는 토요일 하루에만 27개의 파이를 구울 정도로 분주하였다. 그녀는 소리를 내는 기도(audible praying)보다는 침묵기도에 익숙하였지만 강렬한 영적 헌신의 자세로 정숙한 생활을 힘썼다.[8]

리스는 소년시절부터 대단히 부지런했는데 겨울과 여름을 가리지 않고

---

5) Paul S. Rees, *Seth Cook Rees: The Warrior Saint*, 3; *The Life of Seth Cook Rees: A Pen Portrait Series*. 5.
6) Paul S. Rees, *Seth Cook Rees: The Warrior Saint*, 3.
7) *The Life of Seth Cook Rees: A Pen Portrait Series*. 6; Paul S. Rees, *Seth Cook Rees: The Warrior Saint*, 4.
8) Paul S. Rees, *Seth Cook Rees: The Warrior Saint*, 4.

매일 아침 4시에 일어났다. 그런데 거주환경이 열악하여 겨울에 종종 그가 깨어나면 침대 위에서 눈이 내려올 정도였다고 알려진다. 그의 특별한 의무와 허드렛일(chores)은 불을 때려고 나무장작을 패는 일이나 말들의 먹이를 주는 일, 그리고 염소 양 돼지를 돌보는 일이었다. 해가 지면 그의 부친은 아주 오래된 [전통적인] 대대로 전해오던 성경을 읽곤 하였다. 그는 성경을 읽은 후 몇 분 동안 엄숙한 퀘이커 식 침묵(silence)을 가졌는데, 이때는 전혀 들리지 않는 기도를 하였다고 한다.[9] 그리고 퀘이커 형제단(The Society of Friends)은 웨스트필드에 학교(Friends Academy)를 세웠는데 이 시설은 셋 리스에게 공식적인 학교교육으로서 제공되었다고 알려진다.

나. 영적 체험: 회심과 온전한 성화

그가 19세 때인 1873년 3월에 대단한 경건(piety)과 영향력을 가진 부흥사역자인 캘빈 프리챠드(Calvin Pritchard)가 웨스트필드에서 집회를 개최하였다. 이때까지 깊이 생각을 해본 적이 없었던 퀘이커 소년은 깊은 죄책감에 빠졌다. 바로 그때의 경험은 그를 하나님께로 향하게 이끌어 주었다. 그는 자신의 경험을 자전적인 글인 『오순절 메신저』(Pentecostal Messenger)에서 다음처럼 고백하고 있다.

[설교자가] 앞으로 초청하는 '참회의 자리'는 그때 우리의 모임들에서 익숙한 것이 아니고, 설교의 마지막에 '하늘로부터 내리는 성령으로' 모든 사람들을 하나님의 백성의 기도로 일으켜 세우는 것이었다. 나를 개인적으로 알고 있던 대부분의 회중들이 솔직히 놀랄 수밖에 없도록 저절로 일어섰다. 나는 그때에 회심하게 된다는 생각도 하지 않았었다. 사실 나는 구원 받는다는 것이 나에게 가능하다는 것은 생각지도 않았던 일이다…내가 받은 신앙의 단계(the step)에 관해 나에게 설명해 줄 사람도 없었다. 다음 날 밤에도 같은 초청에 따라 나는 일어섰다. 그러나 나는 이제 아주 진지하게 느끼기 시작했다. 첫째 날 밤에 특

---

9) *The Life of Seth Cook Rees: A Pen Portrait Series.* 6.

별한(different) 부르심이 있었을 때 진심으로 그리스도인이 되기를 바라는 모든 사람들은 일어나도록 요청했는데, 다수의 다른 사람들과 함께 나도 즉시로 응답했다. 나에게 공개적으로나 개인적으로나 더 말할 것이 아무 것도 없었다. 그러나 존귀하신 성령께서는 나에게 지시하기를 둘째 날 아침에 주간 집회에 참석하라고 하셨다. 내가 집회장소의 뜰에 들어갔을 때 한 이웃이 말하기를 '너도 와서 나와 함께 앉지 않겠니?' 하였고, 나의 대답을 기다리지도 않고 그는 소년 시절부터 차지하던 익숙했던 자리보다 훨씬 앞에 있는 자리로 나를 안내하였다. 나는 성령께서 회중들에게 강림하셨을 때에 더 이상 앉아있을 수 없었고, 그 집회에서 간증과 고백을 하는 한 사람이 되어 있었다. 예배가 잘 진행되고 있을 때 이상한 능력이 나에게 임하였고 나는 일어나서 내가 엄청난(awful) 죄인이었음을 고백했다. 나는 30초를 서 있지 못했지만 성도가 되어 앉았다! 마치 모든 천국이 내 영혼에 내려온 것처럼 느껴졌다. 그때까지 나는 기도하려고 노력하지 않았던 사람이었다. 나는 눈물도 흘리지 않았었다. 그러나 이제 내 눈은 샘이 되었고, 나는 비처럼 눈물을 흘렸다. 모든 복잡한 것이 [선명하게] 바뀌었다. 모든 잔디의 풀잎, 모든 물의 떨어짐, 모든 숲과 들의 새가 즐겁게 춤추는 것으로 보였다.10)

그 때부터 리스 형제는 성령 세례의 진리에 관심을 가진 청중들에게 열정(unction)과 능력을 가지고 도전을 주었다.

그가 회심 직후 흙더미 꼭대기에서 첫 번째 설교할 기회가 얻었다. 리스는 웨스트필드 퀘이커 교도의 정기모임(the Westfield Quaker Quarterly Meeting)에서 새로 팠던 우물 가까이의 흙더미 위에 올라 첫 번째 설교를 하였던 것이다. 당시의 그 모임에는 8천명이상이 참석했으나 그의 첫 번째 설교를 들으려고 우물가에 모였던 인원은 아마도 훨씬 적은 수였을 것으로 추정된다.11) 그 사건에 대한 이야기는 아들인 폴 리스가 아버지의 사후 1년 뒤에 저술한 전기에서 리스 자신의 말로 기록되어 있다.

---

10) Seth C. Rees, *Pentecostal Messenger* (Cincinnati, OH: God's Revivalists Office, 1898), 5-6.
11) Robert Black & Keith Drury, *The Story: The Wesleyan Church*, 97.

결국 나는 지나쳐간 사람들이 나의 길을 방해하는 것을 분명히 느꼈지만, 나는 흙더미에 올라가 설교하기 시작했다. 나는 무엇을 말했는지 말할 수도 없다. 나는 텍스트를 가지고 있었는지 기억할 수 없다. 그것은 나의 첫 번째 설교의 기회였다. 내가 흙더미를 내려갔을 때에 또 다른 설교자가 스프링 사륜마차에 올라서 예배를 계속하였다. 나의 소명이 무엇인가를 고려하기도 전에 내가 회원이었던 그 모임은 나의 은사를 알고 있었고, 나를 그리스도의 복음에 대한 사역자로 공포하였다.12)

그가 설교를 마쳤을 때 퀘이커 모임은 그를 사역자(a minister)라고 기록을 남겼다. 그때부터 가능한대로 학교들과 교회들에서 설교할 기회를 얻게 되었다.13) 이것은 매우 특이한 경우로서 회심을 경험하자마자 즉각 설교사역을 시작했던 것이다. 그는 아주 성공적이었고, 인디애나와 오하이오 주의 여러 곳에서 집회를 개최하곤 했다.

그러나 셋 리스가 보여준 열심(zeal), 열정(passion), 그리고 능력의 원천은 무엇보다도 그가 경험했던 온전한 성화의 체험에서 찾아야 한다. 인디아나 주 웨스트필드에서 퀘이커 신자 부모에게 양육 받은 리스는 19세인 1873년에 회심(중생)을 경험하고 곧바로 목회를 시작하여 훌륭한 전도사역의 결과를 얻었다. 그럼에도 불구하고 리스는 자기 내면의 영적 필요를 직면하여 고민하게 되었다. 어느 날 성령께서 그에게 온전성화(entire sanctification)가 필요함을 각성케 하셨다. 그래서 리스는 다음과 같이 온전성화를 경험했던 사실을 간증하고 있다.

데빗 업데그라프(David B. Updegraff)나 도건 클락(Dougan Clark) 박사와 같은 그런 사람들의 목회를 탐구하면서 나는 내 경험이 부족한 것을 진지하게 의식하고 있다. 또 다시 나는 집회에 가거나 숲이나(the woods) 혹은 야외(open country)로 달려가서 밤낮으로 몇 시간을 하나님께 울면서 간구했다. [나는 내 안에 악이 활동하는 것을 알았다. 나는 내 가슴에 죄의 본질(sin-principle)이

---

12) Robert Black & Keith Drury, *The Story: The Wesleyan Church*, 97.
13) *The Life of Seth Cook Rees: A Pen Portrait Series.* 6.

남아 있어서 새로운 생명을 조롱하고 핍박하며 위협하였던 사실을 알고서 조금
도 놀라지 않았다…나는 내 경험으로 결함(a shortage)이 있음을 진지하게 의식
하고 있었다.] 나는 각성한 죄인으로서 지속하던 그 어떤 것도 크게 능가하는
원죄(inbred sin)를 자각하는 큰 고통가운데 있었다. 한 번은 '옛 사람'의 구원
을 위해 진지하게 간구하면서 몇 시간을 고뇌하던 끝에 나는 가라앉는(sink),
다시 가라앉는 느낌이 가득하기 시작했는데 마치 내가 죽어가는 것처럼 느껴졌
다. 그때 나는 주님께 '예'하며 말하기 시작했다. '예! 예! 예! 아멘! 아멘! 아
멘!' 과거, 현재, 미래 그리고 알고 있는 모든 것과 모르고 있는 모든 것, 나의
명성, 나의 모든 것은 하나님의 제단에로 건너갔다. 나는 '엄밀히 죽었다.' 그러
나 나는 '분명히 죽었다.' 그것은 결국 내 영혼에서 평온한(tranquil) 느낌이, 거
룩한 침묵이, 죽은 것 같은 정적이, 달콤하고 평온한 '제2의 휴식' 찾아오기
(creep into) 시작했고, 나는 내가 온전하게 성화된 것을 깨달았다. 성령께서 의
식적으로 들어오셔서 모든 나의 의심들을 몰아내고 나에게 자신을 채우셨다.14)
[나는 [휴식에] 들어갔고 하나님은 자신의 팔로 나를 안아 주셨다.…그 시간부
터 나는 확신하였다…성령이 내게 오셨고…바로 그날 성부 성자 성령과 만찬을
나누었다.]15)

그의 온전성화의 체험은 제단에 자신의 전 존재를 내어놓는 제2의 축
복의 체험이며 오순절적 성령체험이었다. 이것은 피비 팔머 여사의 제단신
학에서 강조되던 개념들의 영향이라고 여겨진다. 그의 '오순절 체험' 이후
하나님께서는 이 퀘이커 사역자를 크게 사용하시고자 복음전도 사역지들을
열어주셨다. 그래서 리스는 오하이오, 미시건, 로드아일랜드에서의 목회사역
을 통해 하나님의 부르심을 성공적으로 감당하게 되었다.16)
목회사역에는 반드시 삶을 나누는 동역자가 필요하다. 그래서 하나님은
리스에게 가정을 이루도록 목회사역을 위한 동역자를 만나게 하셨다. 한번

---

14) Seth C. Rees, *Pentecostal Messenger*, 6-7.
15) Paul S. Rees, *The Warrior-Saint*, 16-18: 특히 리스의 스승으로서 결정적인 영향
   을 주었던 데비드 업데그라프에 대한 연구서는 다음과 같다. Clark, Dougan, Smith,
   Joseph Henry. *David B. Updegraff and His Life* (Cincinnati, Ohio: Cincinnati
   Published For Joseph H. Smith, 1895)가 있다.
16) Seth C. Rees, *Pentecostal Messenger*, 7.

은 그가 인디아나 주의 체리 그로브에서 설교하게 되었는데, 그곳에서 그는 훌다 존슨(Hulda Johnson)을 만났고 그녀는 리스의 아내가 되었다. 결혼한 직후 리스 가정에는 당시의 다른 가정들처럼 경제적인 어려움이 찾아왔다. 어느 날에는 돈이 모두 바닥나고, 어느 때에는 자녀들을 위해 아침 한 끼밖에 남지 않았던 적이 있었다. 그러나 하나님은 도움을 손길을 놓지 않으셨다. 어느 날 그는 평상시처럼 기도를 하게 되었는데, 하나님이 자신들의 모든 필요를 공급하리라는 약속을 믿음으로 받게 되었다. 그런데 놀랍게도 그날 밤이 다 가기 전에 한 꾸러미의 식량이 리스의 집에 도착하여 사역자들만이 느끼는 놀라운 체험을 하기도 했다.[17]

다. 목회와 전도 사역

리스가 세계복음화에 대한 열정을 가졌던 동기를 설명하는 자료는 없다. 다만 어떤 저명한 성결교인은 그가 당대에 세계선교에 대한 가장 강력한 주장자 가운데 한 사람이었다고 생각한다.[18] 실제로 그는 1880년대에 2년간 체로키의 모독(Modoc) 부족과 캔사스의 페오리아(Peoria) 인디안들의 선교사로서 사역하여 좋은 결과를 얻었던 사실이 있었다.[19]

그의 목회사역의 첫 걸음은 1884년 3월에 오하이오 주 스미스필드에서 형제 교회(Friends Church)의 담임목사로 사역한 일이었다. 이는 그가 퀘이커 교도였다는 배경에서 이해된다. 그는 여기에서 4년간 목회하였다. 그런데 이 시기에 그는 [안수] 세례를 받았다. 이것으로 인해 혼란과 논란을 일으켰는데, 왜냐하면 형제 교단이라면 참여하지 않는 안수이었기 때문이다.[20] 본래 리스는 하나님의 뜻이 있다고 느낄 때에는 신속히 행동하고, 결코 주저하지 않는 성품의 사람이었다. 정통 퀘이커 교도들과의 관계에 있

---

17) *The Life of Seth Cook Rees: A Pen Portrait Series.* 7.
18) Paul S. Seth, *The Warrior-Saint,* 168.
19) Paul S. Seth, *The Warrior-Saint,* 19-21.
20) *The Life of Seth Cook Rees: A Pen Portrait Series.* 7-8.

어서 어려움이 발생한 것은 바로 이 '안수'(ordinance) 문제이었다. 리스가 성경에 따라 침수(immersion)의 세례를 주장할 때에 많은 동료 퀘이커 교도들은 그것을 반대했던 것이다.[21]

그의 다음 목회지는 1888년에 맡았던 미시간 주의 아드리안 근처 레이진 밸리의 형제 교회(Friends Church)였다. 이 기간에 리스 목사는 심슨(A. B. Simpson) 목사와 아주 친밀한 사이가 되었다. 그는 기독교선교연맹(Christian and Missionary Alliance)의 설립자로서 특별히 '사중복음'(four-fold gospel) 메시지를 주장하여 성결운동과 선교사역에 큰 영향을 미쳤던 인물이었다. 리스는 심슨을 아주 존경하였다. 따라서 리스는 그곳에서 목회하면서 기독교선교연맹의 미시간 지원기구(Michigan Auxiliary)의 회장으로 봉사하기도 했다.[22] 리스는 나중에 뉴잉글랜드에서 심슨과 만났고, 기독교선교연맹이 설립된 메인 주의 올드 오차드(Old Orchard)의 모임에서 그의 초청을 받아 설교하기도 했다. 그곳에서 리스는 전 세계에서 온 선교 지도자들과 만남을 가질 수 있었던 것이다.[23] 특히 심슨은 성화를 경험한 장로교인이었기 때문에 온전한 성화에 대해서 케직의 입장(죄성의 제거가 아닌 억압을 주장)을 더 지지함에도 불구하고 두 사람의 정신과 열정에는 뚜렷한 유사점이 있었다. 그들은 모두가 '더 높은 그리스도인의 삶'(The Higher Christian Life)에 대한 영향력 있는 설교자들이고, 세계복음화에 뜻을 가지고 전천년설에 근거한 그리스도의 재림과 신유를 강조했

---

21) Paul S. Seth, *The Warrior-Saint*, 22-24; 퀘이커와 성결운동의 연관성을 연구한 논문들을 소개한다면 다음과 같다. B.D.학위논문으로는 Arthur Owen Roberts, *The Concept of Perfection in the History of the Quaker Movement* (Kansas City, Mossouri, 1951) & Wilbur E. Workman, *The Doctrine of Sanctification and its Its Influence of the Evangelical United Brethren Church* (Dayton, Ohio: United Theological Seminary, 1955)이 있다. 근년의 연구로는 Thomas D. Hamm. *The Transformation of American Quaker's Orthodox Friends, 1800-1907* (Bloomington and Indianapolis: Indiana University Press, 1988)이 있다.
22) Paul S. Seth, *The Warrior-Saint*, 24.
23) A. E. Thompson, *Life of A. B. Simpson* (New York: The Christian Alliance Publishing Company, 1920), 108; Paul Westphal Thomas & Paul William Thomas, *The Days of Our Pilgrimage: The History of the Pilgrim Holiness Church* (Marion, Indiana: The Wesley Press, 1976), 12.

던 것이다.24)

　1894년 40세의 리스는 다시 로드아일랜드 주의 프라비던스에 있는 독립 임마누엘 교회(Independent Immanuel Church)에서 회중목회를 하게 되었다. 독립 임마누엘 교회에서 2년에 걸친 그의 강력한 목회는 적어도 1천 명이나 회심하였던 쾌거를 이루었다. 더불어 그는 교회 외에도 두 선교단체들을 운영했다. 그리고 교인들을 구세군 조직처럼 6가지 서로 다른 군대조직(Corps)으로 편성했다. 즉 도시빈민 조직(The Slum Corps), 선원 조직(The Sailor Corps), 교도소 조직(The Prison Corps), 도시선교 조직(The City Mission Corps), 병원 조직(The Hospital Corps), 그리고 야외 조직(The Open Air Corps) 등이었다. 그 조직에는 매주 큰 무리의 사람들이 모여들었고 회심 사건이 일어나기도 했다.25) 이 조직은 단지 친교중심의 셀 조직이 아니라 영혼구원을 위한 사역중심의 조직이었다. 그래서 리스의 교회는 '해변의 등대가 아니라 바다에 빠져가던(foundering) 타락한 자에게 생명구조 사명으로 다가 간 구조선(a ship of salvation)'이라는 평가를 받기도 하였다.26) 한 보고서는 이렇게 표현한다.

　　얼마나 영광스런 해인가! 기술자들, 은행원들, 상인들, 그리고 교인들뿐 아니라 수 백 명의 주정꾼들, 노름꾼들, 매춘부들, 일반 죄인들이 영광스럽게 구원을 받았다...수많은 주정꾼들이 술, 방탕과 담배로부터 구원을 받았을 뿐 아니라 그들의 술에 찌든 병든 몸들이 치유를 받았고, 그들의 얼굴이 술독으로부터 자유롭게 되고, 파괴되어 황폐한 삶들이 전적으로 새로워졌다.27)

---

24) Paul Westphal Thomas & Paul William Thomas, *The Days of Our Pilgrimage*, 12.
25) Seth C. Rees, "Book Evangelism," *Pentecostal Messengers*, preface. Seth C. Rees, *The Ideal Pentecostal Church* (Cincinnati: Revivalist Office, 1897), 65; Paul Westphal Thomas & Paul William Thomas, *The Days of Our Pilgrimage: The History of the Pilgrim Holiness* Church (Marion, Indiana: The Wesley Press, 1976), 11.
26) Robert Black & Keith Drury, *The Story: The Wesleyan Church*, 98.
27) Paul S. Rees, *The Warrior-Saint*, 37.

놀라운 부흥은 그가 설교한 여러 장소에서 일어났다.[28] 이런 부흥의 역사가 한창이던 1896년 가을에 리스는 놀랍게도 성공적인 프라비던스의 독립 임마누엘교회 강단을 포기하고 전임(full time) 전도자로 헌신하게 되었다. 그는 부흥의 열기가 뜨겁던 상황에서 이런 돌발적 행동을 감행한 동기를 이렇게 간증하였다.

하나님이 나에게 말씀하시기를 "너는 이 메시지를 사람들에게 [당장은] 전하지 못한다!"고 하셨다. 하나님은 우리 가족에게 안락한 집을 떠나서 두 개의 작은 통으로 된 비좁은 숙소로 옮길 것을 요구하셨고, 그래서 2년 동안 나는 내 아내와 함께 이 영광스러운 구원(의 복음)을 선포하면서 동서남북으로 여행하는 기회를 얻게 되었다.[29]

그때 리스는 성령께서 앞서 가시고 가는 곳마다 승리하게 하셨다고 고백하였다.[30] 또한, 1896년 신시내티에서 특별한 모임을 가지면서 그는 오순절교회의 자질과 특성들을 설교하게 되었고, 성령의 인도하심에 대한 확신과 무언가 긴급함을 느껴 그는 문서사역에 뛰어들었다. 그의 첫 번째 열매인 『이상적인 오순절 교회』(*The Ideal Pentecostal Church*)(1897년)에서는 다음과 같이 설명을 하고 있다.

복된 성령께서 지시하시기를 내가 당장 사람들에게 오순절의 메시지를 전하지 못하더라도, 내가 오순절 메시지를 기록해야 하고, 또한 그것을 보내야 한다고 하셨다. 모든 사람들이 잠을 자고 있을 때 밤마다 성령님은 나를 깨우셨고 오

---

28) *The Life of Seth Cook Rees: A Pen Portrait Series*. 8.
29) Seth C. Rees, *Fire From Heaven* (Cincinnati: God's Revivalist Office, 1899), preface; Paul Westphal Thomas & Paul William Thomas, *The Days of Our Pilgrimage: The History of the Pilgrim Holiness* Church (Marion, Indiana: The Wesley Press, 1976), 11; 리스는 자전적인 글인 *Pentecostal Messenger*에서 "나의 사랑하는 아내 훌다는 전적으로 가정적이며 가정을 사랑하는 여성으로서 하나님의 부르심이라고 여기는 일이라고 생각되면 무엇이든지 믿고 움직이는 일에 전적으로 협력하였다"고 말한다. 8.
30) Seth C. Rees, *Pentecostal Messenger*, 8.

순절 메시지에 관해 나에게 말씀하셨다. 내 마음에는 그것이 하나님의 뜻임을 깨닫게 되면서 그 책을 저술할 수 있었고, 설명할 것도 없이 곧장 사람들(the public)에게 공급되었다.[31]

그때, 셋 리스에게는 뜻하지 않은 어두운 그림자가 나타났다! 바로 그와 함께 하던 아내가 건강유지에 실패하여 그녀의 활발했던 사역이 감소하기 시작했다. 그때 리스는 아내의 치유를 위한 기도를 하였지만 결국 그녀는 결핵으로 인해 1898년 6월 3일 생애를 마감하고 말았다.[32] 그때는 셋 리스에게 목회사역에 있어서 가장 중요한 시기였다. 즉, 케이프 코드(매사추세츠 주의 반도)에서 금문교에 이르는 광범위한 지역에서 목회하면서 하나님의 영광을 높이던 때였던 것이다.[33] 리스 목사는 부인 훌다가 죽은 후 1년 5개월이 지난 1899년 11월 자신의 비서였던 프리다 스트롬버그(Frida Marie Stromberg)와 재혼하였다.[34]

한편, 그는 1896년 11월에 신시내티 지역에서 동역자가 된 마틴 냅 (Martin Wells Knapp)을 만나게 되었다. 냅이 신앙잡지 「하나님의 부흥자」(God's Revivalist)에 퀘이커 교도들의 신앙을 소개하면서 자연스럽게 셋 리스와의 만남이 성사되었고, 이후로 냅의 사역에 동참하게 되었다. 그리고 1897년에 리스 목사는 '만국성결연합 및 기도연맹'(International Holiness Union & Prayer League)으로 알려진 초교파적인 조직을 세우는 일에 마틴 냅과 연합하였다. 그 시대에 성결 전도자들이나 목사들이 파라처치(para-church, 선교회) 조직을 설립하고, 교리를 촉진하는 새로운 잡지를 발행하는 일은 아주 흔한 일이었다. 이때 셋 리스는 5년 동안 만국성결연합의 회장으로서 봉사했다. 이 운동이 나중에 필그림성결교회(Pilgrim Holiness Church)로 발전하였다.[35] 이때 지도자로서의 셋 리스의 모습에

31) Seth C. Rees, "Book Evangelism," preface; Paul Westphal Thomas & Paul William Thomas, *The Days of Our Pilgrimage*, 11.
32) *The Life of Seth Cook Rees: A Pen Portrait Series*. 8.
33) *The Life of Seth Cook Rees: A Pen Portrait Series*. 8-9.
34) *The Life of Seth Cook Rees: A Pen Portrait Series*. 9.
35) *The Life of Seth Cook Rees: A Pen Portrait Series*. 9.

대한 묘사가 『성결복음의 전사』에 소개되고 있다.

> 그는 어떻게 보였을까?…몸이 거대하고, 앞이마가 훤칠하고, 섬광처럼 빛나는 갈색 눈을 가진 그의 강하게 보이는 생김새는 왼쪽 편에서 뒤로 갈라진 검은 머리로 틀을 이루고, 반다이크 수염을 가진 그는 특별한 노력이 없이도 당당한 메시지를 가진 지도자 모습으로 서 있었다.…성령의 불로 전기와 같은 자극을 받아 인간성과 경건성이 녹아지면서 그의 전체적인 인상이 새로워졌다.[36]

비록 그 두 사람의 배경이 서로 다르고 그들의 인격이 다를지라도 냅과 리스의 연합은 영적인 목적과 열정에서 일치하였다. 그러나 그런 동역의 기간은 1896년부터 냅이 사망한 1901년까지로서 5년간이라는 짧은 기간에 불과했다.[37] 어떻든 동역자인 마틴 냅은 오하이오 주의 신시내티에 '하나님의 성서학원'(God's Bible School)을 설립했고, 「부흥자」(The Revivalist)라는 유력한 신앙잡지를 만들었는데 나중에 이 정기간행물은 「하나님의 부흥자」(God's Revivalist)로 개칭 되었다.

두 사람은 일치하여 성령을 '일을 행하시는 하나님'(the executive of the Godhead)으로 높여야 한다고 주장했다. 즉 성령의 역사가 지금(now) 실제로 중요하다고 강조했다. 그들은 전 세계를 포함하는 선교의 의무를 강조했고, 기도야말로 거룩한 전쟁(holy warfare)에 있어서 주요한 무기라고 생각했다. 그리고 서로 교파조직에서 멀어져야 한다는 초교파적인'정신에 대한 개인적인 확신을 가졌고, 드디어 1897년에는 그들은 각기 교파에서 독립하여 만국성결연합을 조직하여 협력사역을 하게 되었던 것이다.[38]

두 사람은 함께 1897년 9월에 만국성결연합 및 기도연맹을 조직하였고[39] 리스는 후일 그 조직을 묘사하기를 "큰 이름에 함께 하는 작은 모임"(a small affair with a big name)이라고 요약하였다.[40] 그 연합의 성격

---

36) Paul S. Seth, *The Warrior-Saint*, 45.
37) Paul Westphal Thomas & Paul William Thomas, *The Days of Our Pilgrimage*, 13.
38) Paul S. Seth, *The Warrior-Saint*, 22-24.
39) Martin W. Knapp, *Pentecostal Messenger*, 7.

은 비분파적인 초교파 교제모임이었는데, 이른바 "모든 신자들 가운데 깊은 영성을 촉진하려고 계획된 형제적(fraternal) 연합"이었다.41)

저자는 알려지지 않았지만, 또 다른 보고서에는 초기 조직에는 12명의 사람만이 냅과 리스와 뜻을 같이 했다고 한다. 대부분의 사람들은 그 모임이 신속하게 성장하기만을 기다리고 있었다. 그러나 오래지 않아 리스의 설교와 냅의 저술, 출판물, 발언을 통해 수많은 사람들이 모여들게 되었다.42) 곧 이어서 만국성결연합은 간략한 헌법을 마련하고 임원들을 선택하였다. 더 나아가 국가, 주, 그리고 지역 연맹들을 위한 임직자들이 구성되었다. 첫 번째 임원으로 선택된 사람들은 총회장에 셋 리스, 부 총회장에 마틴 냅, 총무에 허스트, 협동총무 바이런 리스, 그리고 회계담당자 루쓰가 선출되었다.

새로운 연합을 위한 헌법은 역시 1897년 1, 2월에 출발한 만국성결연합의 직접적인 선배격인 '오순절 성결연합 및 기도연맹'(Pentecostal Holiness Union & Prayer League)을 위해 제출된 것과 아주 흡사한 것이었다. 특히 세계 전도(worldwide evangelism)에 대한 강조점은 그 이름에서 드러나는 것처럼 만국성결연합에서 더욱 강력하다. 셋 리스를 지도자로 받아들인 이후 만국성결연합은 급속하게 성장하기 시작했다. 만국성결연합(the Holiness Union)이 비록 교파는 아니었을지라도 나름의 헌법을 가지고 있었다. 첫째 헌법과 시행세칙(constitution and by-laws)은 팸플릿 형식으로서 4쪽 정도였는데 첫 페이지는 오로지 제목뿐이었다. 이것은 수 십 년간 필그림교회 신자들의 입장에 영향을 주었는데, 직접전도와 무엇보다도 교파조직이 아닌 선교사역에 대부분 초점을 두는 것이었다.43)

또한, 유일한 회원자격은 "순전한 마음"(a pure heart) 혹은 "성령세례

---

40) Minutes of the General Assembly of the Pilgrim Holiness Church, September 8-14, 1926, 36; Paul Westphal Thomas & Paul William Thomas, *The Days of Our Pilgrimage*, 13.
41) Robert Black & Keith Drury, *The Story: The Wesleyan Church*, 100.
42) Robert Black & Keith Drury, *The Story: The Wesleyan Church*, 101.
43) Robert Black & Keith Drury, *The Story: The Wesleyan Church*, 101.

의 경험에 대한 불타는 열망"(an ardent desire for the experience)이었다.
시행세칙의 제목 페이지에 등장하는 모토는 17세기 개신교 지도자로서 종
교적으로 논쟁을 좋아하던 시기에 살았던 루퍼트 멜디니어스(Repert
Meldenius)의 인용문이었다. 그것은 "본질에 있어서는 일치를, 비 본질에
있어서는 자유를, 모든 것에 있어서는 자비를"이라고 쓰여 있다.44)

이때에 발표된 '만국성결연합 및 기도연맹의 헌법'에 들어 있는 몇 가
지 탁월한 특징들은 주목할 만한 가치가 있다. 그 내용을 살펴보자.

1. 연합은 **세계성결전도**(worldwide holiness evangelism)를 촉진하려는 실제적
인 노력이었다. 설립자들에게 동기를 부여했던 복음적이고 선교적인 정신이 조
직에 반영되었고 규정들에 기록되었다. 죄인들의 구원과 신자들의 성화를 위한
세계성결전도는 우선적인 목적이었다. 그 목적이 헌법에 다음처럼 표현되었다.

제2 조항(Article) 연합의 목적
첫째, 우리 아버지 하나님께 영광을 돌리고, 우리 구세주 예수 그리스도를 높이
고, 그리고 우리를 성화케 하시는 성령께 영예를 돌리는 것이다.
둘째, 죄인을 위한 성서적 중생의 중요성과 모든 신자들을 위한 성령과 불세례
를 강조하려는 것이다.
셋째, 슬럼가에서, 정글에서, 그리고 온 세상에 성결의 복음을 공표함으로써 우
리의 하늘로 부활하신 주의 지상 명령(great commission)을 수행하는 것이다.

그것은 기존 교파로부터 개혁운동이라거나 혹은 탈퇴(secession)는 아니었다. 그
것은 어떤 부정적인 문제에 대한 존재를 말하지 않는다. 그것은 성결교인들을
불러 모아 좀 더 연합되고 활기찬 영혼의 승리를 위한 노력을 하도록 의도했던
것이다.

2. 연합은 **초교파적 교제**이었다. 그것은 교파가 되려고 혹은 교단의 시작을 생
각한 것이 아니라 모든 신자들 가운데 깊은 영성을 촉진하도록 계획된 형제 연
합을 제안했던 것이다.

---

44) Robert Black & Keith Drury, *The Story: The Wesleyan Church*, 101.

1900년대 후반, 만국성결연합은 프라비던스에서 시카고로 옮겼다. 시카고에 체류하는 동안 셋 리스는 대규모 선교사대회(a great missionary convention)를 발기하는데 협력했다. 또한 이 기간에 보스톤의 유명한 파크 플레이스 교회(Park Place Church)에서 선교사 대회를 개최하기도 하였다.[45]

1901년 후반 셋 리스는 로드아일랜드의 프라비던스에서 방황하는 소녀들과 여자들을 위한 가정, 곧 "안식의 집"(Rest Cottage)을 오픈하라는 이른바 "마케도니아 사람의 부름"(Macedonian Call)을 듣게 되었다. 몇 년 지나지 않아 이 최초의 '안식의 집'은 콜럼버스, 오하이오, LA, 캘리포니아, 그리고 캔사스 시티와 같은 다른 주도적인 도시로 확산되었고, 그의 직접적인 관리 아래 모두 10곳의 '안식의 집'이 설립되기도 하였다.[46]

1908년에 "황금의 서부시대"(Golden West)는 마치 셋 리스를 불러내는 것 같았다. 대규모의 복음적인 모임들이 인디애나로부터 콜로라도와 캔사스에 이르러 개최되고 있었다. 그해 여름의 강렬한 캠프집회 사역 이후 리스의 가정은 남부 캘리포니아로 열차를 타고 이주했다. 리스는 파사데나로 거주지를 정하였고, 그곳은 그의 남은 생애에 있어서 기거할 집이 되었다.[47]

그런데, 1912년 다시 목회사역에 복귀하라는 소명이 있었다. 결국 그는 파사데나의 나사렛대학교회의 목사로 청빙 받았다. 후일 이 교회는 '파사데나 필그림 장막성전'(the Pilgrim Tabernacle of Pasadena)이 되었다. 그리고 멕시코에서도 '신학교와 훈련센터'(Institute and Training School)가 설립되어 주목할 만한 선교사역으로 발전하였다. 이때 여러 탁월한 선교사들 가운데 특히 챨스 카우만 부부, E. A. 길보른, 그리고 메리 스톤 박사와 같은 이들이 바로 이 교회의 회원들이었다.[48] 카우만과 길보른을 한국성결교회에 깊이 영향을 준 인물로 주목한다면 바로 이 부분에 대한 깊은 역사

45) *The Life of Seth Cook Rees: A Pen Portrait Series.* 9.
46) *The Life of Seth Cook Rees: A Pen Portrait Series.* 9-10.
47) *The Life of Seth Cook Rees: A Pen Portrait Series.* 10.
48) *The Life of Seth Cook Rees: A Pen Portrait Series.* 10-11.

적 연구가 필요할 것이다.

한편, 최근에 한국 나사렛성결교단에 의해 번역된 『나사렛교회 100년사』(2013년 발행)에는 셋 리스가 나사렛교단에 머물면서 논쟁의 중심이 된 사실과 그의 경력을 다음과 같이 소개하였다.

> 1912년 파사데나의 나사렛대학교회의 목사직을 수락하며 나사렛 사람이 된 퀘이커교 전도자인 셋 리스(Seth C. Rees, 1854-1933)가 그 논쟁의 중심이 되었다. 그의 강력한 복음주의 스타일 때문에 '땅을 흔드는 자'(Earth-quaker)라는 별명으로 불렸다. 그는 퀘이커 전통에서 벗어난 태도를 보여주었는데 침수의 세례를 받았다. 로드아일랜드의 프라비던스에 있는 형제교회(Friends Chruch)에서 목회하면서 뉴잉글랜드 성결캠프에도 적극 가담하였다. 특히 그는 쉼터(Rest Cottages) 체인과 미혼모를 위한 조산시설을 만들었다.[49]

리스는 나사렛 교단에서 지도력을 확보하고자 갈망했지만, 나사렛 창설자인 브리시(Bresee)의 이미지가 이미 형성된 지역이라서 어려움이 있었다. 브리시와 리스는 교회의 본질과 통치에 대한 다른 원칙을 지켰다. 원래 퀘이커 교도들은 교회에 대한 신비적인 이해를 가지고 있어서 성직 중심주의(교권주의)를 반대하였다. 그래서 그는 교회의 많은 행정 절차들을 무시하였고, 브리시의 통치방식에 대해서도 비판하며 여러 사람들과 충돌을 빚었다.[50]

이 책은 셋 리스와 나사렛교단 사이의 갈등을 여러 가지로 지적하고 있다. 첫째, 나사렛 전도자이며 책 판매원인 매튜(F. R. Matthew)가 공개적으로 리스의 아들을 때린 혐의로 구속 수감되었는데, 이때 리스가 대학교회 명부에서 매튜의 이름을 삭제하라고 지시하였던 일로 갈등이 빚어졌다. 둘째, 브리시의 후배로서, 1910-1915년 연회 총무이었고 1911년에 중앙총

---

49) Floyd Cunningham, Stan Ingersol, harold E. Raser, and Daivd P. Whitelaw ed. *Our Watchword and Song: The Centennial History of the Church of the Nazarene* (Kansas City, Missouri: Beacon Hill Press of Kansas City, 2009); 『나사렛교회 100년사』, 272.
50) Seth C. Rees, Set Cook Rees, 86-97.

회 총무로 섬긴 프레드 에퍼슨이 10대 후반의 젊은 여자와 부적절한 관계를 가졌다고 고소를 당한 일이 있었다. 사실 여부와는 상관없이 이것도 갈등의 요인이 되었다. 셋째, 브리시의 사촌인 라폰테인(C. V. LaFontaine)이 1905년 롱비치에서 돌아오는 전차에서 잠이 들었고 그의 머리가 제일교회 성도였던 유부녀의 어깨 위에 기울어져 있었기 때문에 발생한 갈등이 있었다. 당시의 나사렛 장정에 '경솔한' 행동과 '부도덕한' 행동을 구분하고 있었는데, 브리시는 라폰테인의 행동이 어리석지만 부도덕하거나 목회에 치명적이라고 생각하지는 않았는데 이것을 리스가 공격하였던 일이다. 넷째, 브리시가 아이오와 주의 심슨대학에서 명예박사를 받았던 사실을 놓고 리스가 명예박사 학위는 '허영'이라고 공격하였던 일이 있었다. 이외에도 서로 갈등이 심화되었는데 그 절정은 1915년 브리시의 영향권 아래에 있던 하워드 에콜이 학장이 되어 리스와 대학교회를 공격하면서 확산되었다.[51] 리스와 대학교회에 속한 학생들은 신학과장인 램지가 전적타락을 거부하고 온전한 성화로는 죄의 본질을 해결하지 못한다고 생각하기 때문에 램지와 대학은 "더 이상 성결을 지지하지 않는다."고 강력하게 비판하였던 일이 있었다.[52] 그런데 대학조사위원회는 램지가 신학적으로 건전하다고 결론을 내림으로써 갈등이 심화되었고, 그해 2월 25일에 대학교회가 캠퍼스를 떠나는 마지막 예배가 열렸는데 에콜은 일방적인 교회해산을 선고하는 성명서를 발표하고야 말았다.[53] 이로 인해 서로 소송을 주고받으면서 다투었는데 결국 리스가 나사렛 교단으로부터 독립하는 단초가 되었다.[54] 그해 5월 26일에 '오순절 필그림 교회'(Pentecost Pilgrim Church)가 조직되었고, 「필그림」(The Pilgrim)이란 교회신문은 셋 리스의 아들 폴 리스의 편집지휘 아래 첫 선을 보이게 되었다. 또한 10월에는 '필그림성경대학'(Pilgrim Bible College)이 캔사스 시티 제일교회의 전 목사인 존 매튜스(John

---

51) *Our Watchword and Song: The Centennial History of the Church of the Nazarene* 『나사렛교회 100년사』, 274.
52) *Our Watchword and Song* 『나사렛교회 100년사』, 276.
53) *Our Watchword and Song* 『나사렛교회 100년사』, 278.
54) *Our Watchword and Song* 『나사렛교회 100년사』, 282.

Matthews)의 도움으로 개교하였다. 이와 같은 나사렛에서의 리스의 돌풍을 이 책자는 '나사렛 운동의 홍망성쇠'라고 묘사하였다.[55]

1922년에 리스는 457명의 필그림교회 성도들을 만국성결교회로 데리고 갔다. 이들 중 325명은 파사데나 필그림교회의 성도였다. 나중에 1,500명까지 그 숫자가 늘어났다. 리스는 마틴 냅과 함께 25년 전에 공동으로 창설했던 성결단체와 다시 연합하였던 것이다. 결국 그들은 '필그림성결교회'(The Pilgrim Holiness Church)라는 이름을 채택하여 오늘에 이르게 되었다.[56]

1926년 9월, 인디아나 주 프랭크포트에서 열린 필그림성결교회의 총회는 셋 리스를 3명의 중앙감독들(general superintendents) 중의 한 사람으로 선출했다. 그가 1933년에 죽었을 때에 그는 유일한 중앙감독이었다. 그리고 1968년에 필그림성결교회는 웨슬리안 감리교회(WMC)와 연합하여 웨슬리안 교회(the Wesleyan Church)가 되었다.[57]

리스가 마지막 2년을 봉사하는 동안 교단에 대한 전체적인 관리는 그의 책임 아래 있게 되었다. 그때에 필그림성결교회는 교인 수가 약 17,000명을 헤아렸고, 소속교회는 거의 500개 교회에 달하였으며, 600명 이상의 안수 받은 목회자와 450명에 달하는 선교사와 원주민 사역자들이 있었다.[58]

다른 성결부흥사역자들처럼 1925년 봄 셋 리스는 해외전도에 나섰다. 그는 넉 달 동안 영국과 스코틀랜드에서 보냈다. 그리고 벨기에, 프랑스, 이어서 이탈리아는 지중해, 이집트, 그리고 팔레스틴으로 가는 도중에 들리기도 하였다. 또한, 3주 동안 이스라엘 성지(Holy Land)에서 보냈는데, 그 기간은 그에게는 오랫동안 기억에 남는 경험이 되었다. 그리고 동양인 중국과 일본에서 영적 추수를 하는 놀라운 주간을 보내기 위해 오랜 항해를 감행하기도 하였다. 드디어 1926년 1월 파사데나에 도착하면서 셋 리스는 해

---

55) *Our Watchword and Song* 『나사렛교회 100년사』, 282.
56) *Our Watchword and Song* 『나사렛교회 100년사』, 284.
57) *Our Watchword and Song* 『나사렛교회 100년사』, 284.
58) *The Life of Seth Cook Rees: A Pen Portrait Series.* 11-12.

외여행을 기쁨과 감사로 마쳤다고 술회하였다.[59] 이 해외선교여행은 자비가 아니라 선교후원금을 받아 이루어진 것으로 알려진다.

라. 사역의 완수

리스는 1928년에 건강이 나빠져 그가 하던 봉사를 일부 줄여야 했다. 그러나 1929년 이른 봄에 그는 건강이 많이 좋아졌고, 행정업무와 복음전도의 책임을 다하기 위해 순회하는 일을 재개하였다. 결국 그는 뉴욕 주의 글로버스빌에서 심장발작을 일으켜 중병을 다시 얻고 말았다. 그는 파사데나의 자택에서 몇 주 휴식하면서 틀어박혀 있었지만, 곧 다시 주의 역사를 위해 바쁘게 쓰임 받았다.[60] 1930년에 그가 비범한 사람인 것이 증명되었다. 왜냐하면 그가 질병으로 인해 휴식을 취한 이후 1년이 채 안 되어서 네 차례나 대륙을 건넜던 것이다. 당시에 그는 놀랍게도 76세의 노익장이었다.[61]

1931년 처음 9달 동안은 그는 행동의 집중도가 전혀 감퇴하지 않았다. 그러나 4분기에 접어들었을 때 셋 리스는 백내장 수술을 받으려고 아이오와 주의 마샬타운에 있는 디콘니스 병원(Deaconess Hospital)에 입원해야 했다. 그렇지만 다행스럽게도 서서히 시력이 나아지므로 그는 또 다시 서인도와 남아메리카를 향해 다음 해인 1932년 1월 초에 여행을 떠났다. 그러나 그는 육신적인 무력감을 느끼면서 카리브 해의 여행계획을 완성하지 못했다. 이른 봄에 보스턴에 도착하여 리스 부부는 충분한 휴식을 위해 메릴랜드의 형제단의 요양소로 갔다. 그리고 늦은 봄부터 여름 내내 그는 상당한 힘을 발휘하여 설교했고, 차도가 없는 병고에도 불구하고 공식적인 업무를 이행하여 완주하였다.[62]

---

59) *The Life of Seth Cook Rees: A Pen Portrait Series*. 11.
60) *The Life of Seth Cook Rees: A Pen Portrait Series*. 12.
61) *The Life of Seth Cook Rees: A Pen Portrait Series*. 12.
62) *The Life of Seth Cook Rees: A Pen Portrait Series*. 12-13.

리스 목사가 설교했던 마지막 캠프집회는 1932년 8월에 오하이오 주 써클빌의 찬양캠프의 산이었다.[63] 고통의 날들이 계속되고 봉사하던 일은 하나씩 손을 놓게 되었다. 셋 리스의 마지막 8개월은 대부분의 시간을 심약함과 고통으로 보냈다. 1932년 9월 병들어 쇠약해진 그는 파사데나에서 기차의 도움을 받지 않을 수 없었다. 그런데도 9월 전부터 돈을 조금씩 모아 그는 자기 집에서 몇 마일 떨어진 곳에서 일련의 집회들을 계획하고 있었다. 그러나 그는 그 집회를 마칠 수가 없었다. 그의 마지막 설교는 누가복음 16장 23절이었다. 그 다음 날에는 병 때문에 모든 용무가 취소되어야 했다.[64]

여러 주간을 그냥 지나쳐 버려서 그의 증상은 정확한 진단을 받지 못했다. 결국 확실한 진단이 내려질 때에는 이미 늦었다. 극도로 과로하여 지친 마음은 평정(quiet)과 돌봄(care)이 필요하다는 처방을 따를 수 없었다.[65] 봄이 가면 겨울이 오듯이 쇠약함이 지속되었다. 1933년 3월 17일에 들어서면서 그는 몇몇 옛 친구들과 이웃들을 60년 전의 회심에 대해 축하하기 위해 초대하기를 원했다.[66]

중앙감독 셋 리스는 날마다 더 쇠약해지면서도 하나님의 영광을 높이고자 하였다. 그의 마지막 몇 날은 "나를 붙잡지 말라. 나는 고향[천국]으로 가기를 원한다!"라고 외쳤다. 그의 임종은 1933년 5월 22일 월요일 아침 3시 45분이었다. 셋 리스 목사는 하늘의 상급을 받고자 이 세상을 떠났다.[67]

---

63) *The Life of Seth Cook Rees: A Pen Portrait Series.* 13.
64) *The Life of Seth Cook Rees: A Pen Portrait Series.* 14.
65) *The Life of Seth Cook Rees: A Pen Portrait Series.* 14.
66) *The Life of Seth Cook Rees: A Pen Portrait Series.* 14.
67) *The Life of Seth Cook Rees: A Pen Portrait Series.* 15.

3. 사상

가. 그의 저술들

우선 셋 리스에 대한 문헌자료들은 크게 세 분야, 그가 관련된 교단의 역사서와 개인 전기 및 각종 저술들로 나눌 수 있다.

첫째로는 리스가 관계하여 설립하거나 활동한 교단의 역사서들에 리스에 대한 자료들이 나타난다. 우선, 필그림성결교회의 역사를 간결하게 서술하고 있는 『필그림교회의 역사』(*The Days of Our Pilgrimage: The History of the Pilgrim Holiness Church*)가 있다. 이 책은 폴 토마스 부자가 저술하여 1976년 인디아나 주의 매리언에 있는 웨슬리출판사(The Wesley Press)에서 출판하였다. 책의 구성은 총 12장이며 부록으로 10가지 교단의 역사와 행정자료들을 포함하고 있는데, 마지막에는 참고도서 목록을 제공하고 있다. 셋 리스에 대한 전기와 활동에 대한 기록은 제1장 '우리의 영적 유산'(Our Spiritual Heritage)에 집중 수록되어 있다.

또한, 웨슬리안 교회(The Wesleyan Church)의 역사서로서 많은 삽화와 함께 마틴 냅과의 동역에 초점을 두어 정리한 『웨슬리안 교회 이야기』(*The Story: The Wesleyan Church*)가 있다. 이 책은 로벗 블랙과 케이스 드러리가 저술하여 2012년에 인디애나폴리스에 있는 웨슬리안출판사(Wesleyan Publishing House)에서 발행하였다. 이 책의 구성은 3부 21장으로 나누었는데, 특히 웨슬리안 시대(1834-1897), 성결운동 시대(1897-1968), 그리고 세계화 시대(1968-2010)로 분류하여 역사를 정리하고 있다. 역시 이 책에도 부록으로서 교단의 역사자료들을 제공하고 있다. 제1부 1장에는 1968년 여름에 필그림성결교회와 웨슬리안감리교회가 합병하여 122,000명이나 되는 웨슬리안 교회가 되었고, 이는 개신교의 주류교단들 중의 하나는 아니어도 20세기의 대 교단 합병사례 중의 하나라고 그 의미를 힘써 강조하고 있다.

마지막으로, 최근 우리말로 번역되어 나온 『나사렛교회 100년사』

(*Our Watchword and Song: The Centennial History of the Church of the Nazarene*)가 있다. 이 책은 나사렛성결교단을 대표하는 학자인 플로이드 커닝햄을 비롯한 3인의 공동편집서인데, 2009년에 미주리 주의 캔사스 시티에 있는 저명한 비콘 힐 출판사(Beacon Hill Press of Kansas City)에서 출판하였다. 특히 8장에 나사렛 교단에서 대학교회 목회자로 활동하였던 리스가 교단 지도자들과 어떤 관계를 이루었는지에 대해 "셋 리스 논쟁"이라는 소제목을 할애하여 자세히 소개하고 있다.

둘째로는 무엇보다도 셋 리스의 전기를 담은 직접자료가 있다. 우선, 셋 리스의 아들인 폴 리스(Paul S. Rees)가 저술한 『성결복음의 전사』(*The Warrior Saint*)가 있다. 이 책은 폴 리스가 1933년 미주리 주 캔사스 시티에서 크리스마스 날에 탈고하여, 다음 해 1934년에 인디아나 주 쇼얼스(Shoals)에 있는 올드 패스 트랙 소사이어티(Old Paths Tract Society)에서 출판하였다. 폴 리스는 이 책을 개인적인 발언과 사건들에 의해서 기초하였는데 설교문, 소논문 그리고 보고서를 활용하였다고 밝히고 있다. 모두 3부인데 제1부는 14장으로 나누어 생전의 자전적인 이야기들을 기술하였고, 제2부는 리스에 대한 세 가지 분석적 평가의 글인데 그를 설교가, 지도자, 선교사로서의 특징들을 정리하였으며, 제3부는 두 편의 대표적인 설교문을 수록하였다.

다음으로는, 폴 리스가 저술한 『성결복음의 전사』(*The Warrior Saint*)를 필그림성결교회의 주일학교 및 청소년부가 읽기 쉽도록 인물시리즈(A Pen Portrait Series) 중의 하나로 간추린 『셋 쿡 리스의 생애』(*Life of Seth Cook Rees*)가 있다. 이 책은 1964년에 필그림출판사의 주문출판으로 인쇄 발행하였다고 표기되어 있다. 이 책은 셋 리스의 생애를 한 눈에 살피기에 적절한 것으로 조금 보강하여 「평신도 문고」로 출판하면 좋을 것이다.

셋째로는 셋 리스 자신이 직접 저술한 저서들이 있다. 리스의 처녀작은 『이상적인 오순절교회』(*The Ideal Pentecostal Church*)인데, 1896년에 인디아나 주의 한 출판사(Old Paths Tract Society)가 인쇄한 것으로 1998년에 오하이오 주 살렘의 슈멀 출판사(Schmul Publishing Co.)에서 재출판하였다. 이 책은 부제가 달려 있는데 "오순절 날에 받았던 교회의 특성과 자질"이다. 모두 24장으로 구성되어 있는데 경험적인 오순절 교회론과 6편의 설교 및 저자 개인의 경험을 서술하였다. 최근에 출판된 이 책의 서언에는 다음의 글이 실려 있다.

> 셋 리스는 열정적인 설교자(pulpiteer)요 성결의 전도자(preacher)이다. 모리슨 박사는 "그는 엄청난 기도와 강력한 믿음의 사람이다. 그는 하나님을 시험하고 많은 일들을 겪었다. 모든 성결운동 안에서 대중에게 셋 리스보다 더 열정적인 능력과 직접적인 영향을 미친 설교자는 전혀 없다."고 선언했다. 그는 영적인 개척자였다. 그는 거의 모든 모독 인디안 부족들이 자신의 삶에서 승리하여 눈물을 흘리는 것을 보고자 노력했다. 그는 또한 타락한 여성들과 미혼모들을 위하여 성공적으로 '안식의 집'을 개척하였다. 셋 리스는 성결대회와 캠프집회의 부흥에 대한 정력적인 촉진자였다. 선구자적 개척 상황이 어려움에도 불구하고 그가 여행한 거리나 그가 선포한 설교, 그리고 그가 변하기를 기도했던 일들은 아주 놀라울 정도이다. 수많은 필그림 성결교회와 웨슬리안 교회의 유산은 이 위대한 설교하는 개척자에게 큰 빚을 지고 있다. 그는 비록 많은 사역이 초교파적이었지만 필그림성결교회의 첫 총회장으로서 "번창하는 20세기"(roaring twenties)의 성결운동에서 하나님의 역사에 관해 엄청난 충격을 주었다.[68]

이 책의 가치에 대한 몇몇 사람들의 평가가 주목할 만하다. 존 페닝톤(John Pennington)은 말하기를 "이 책은 오순절 교회의 특성과 자질에 대한 논문이다.…저자는 이론적으로 쓴 것이 아니라 성령과 불로 세례를 받은 사람으로서 스스로를 부끄러울 것이 없는 사역자로 입증하였고 오순절 교회의 두드러진 특징들을 자신의 목회로 증거하였다."[69] 또한 갓비(W. B. Godbey)는 "불세례를 받은 퀘이커 교도인 셋 리스에 의하면 오순절 교회는 시작부터 끝까지 나이아가라 폭포이다. 그것은 정통이고, 경험적 진리의 충만이며, 성령의 불이다.…나는 [독자인] 당신이 기뻐할 것이고 하늘의 배

---

68) Seth Cook Rees, *The Ideal Pentecostal Church* (Salem, Ohio: Schmul Publishing Co., 1896), 5.
69) Seth Cook Rees, *The Ideal Pentecostal Church*, 6.

터리로부터 내리는 감동을 받을 것으로 확신한다."70)라고 언급하였다.

이 책은 성결운동의 고전으로서 「활천」(1997년 9월호)에도 소개되었는데, "당시의 형식적인 교회를 비판하고 진정한 오순절교회의 회복을 역설하였다. 만국성결연맹도 자기 단체의 정체성을 오순절교회로 규정하고 그 영향력 확산을 지향했는데 앞부분은 서술형으로 뒷부분은 설교형식과 개인의 간증으로 오순절교회의 이상적 특징들을 상세히 설명하고 있다"71)라고 설명하고 있다.

다음으로, 『하늘에서 내리는 불』(Fire from Heaven)이 있는데, 리스는 1899년 2월 6일에 프라비던스에서 탈고하고, 그 해에 오하이오 주의 신시내티에 있는 하나님의 부흥자 출판사(God's Revivalist Office)에서 이 책을 출판하였다. 서울신학대학교 도서관에는 1900년 판이 소장되어 있다. 이 책에 대한 홍보문안에는 다음과 같이 소개하고 있다.

책 제목이 상징하고 있는 것처럼 '하늘에서 내리는 불'(Fire from Heaven)은 거룩한 불(holy fire)이며 형식성(formality), 세속성(worldliness), 그리고 육성(carnality)을 파괴하는 불을 의미한다. 한 형제가 기록하기를 "하늘에서 내리는 불"은 진실로 감동적이다. 불이란 항상 신선한 것이다. 그래서 이 책에서 불이란 신선하고, 온전한 구원(full salvation)을 기뻐하는 성도들에게 아주 새롭다. 그것은 처음부터 끝까지 성령의 새로움을 유지한다.

---

70) Seth Cook Rees, *The Ideal Pentecostal Church*, 6.
71) 성결교회역사연구소, "리스의 이상적인 오순절교회," 「활천」(1997년 9월호), 74; 리스는 오순절교회의 여러 특징들을 지적하였다. **첫째로 성결운동이 오순절교회를 지향했다.** 오순절교회는 강력한 성령의 역사에 의해 설립되고 유지된 교회이다. 마찬가지로 성결운동도 중생과 성결, 신유의 복음에 있어서 성령의 은총을 강력히 주장했던 것이다. **둘째로 오순절적 특성은 교회를 살아 있고 역동하는 생명체로 변화시킨다는 것이다.** 조직의 자생력이나 현란한 설교에 의해 유지되는 형식적 교회가 아니라 성령의 역동적 역사에 의해 다양한 은사와 열정적인 기운들이 폭발하는 교회라는 것이다. **셋째 진정한 오순절교회는 성령의 역사에 의해 온갖 부당한 성적 차별을 철폐하고 참다운 의미의 여성해방을 성취한다는 것이다.** 또한 오순절교회는 성령에 의해서 우리의 질병들이 치유되는 놀라운 교회라는 것이다. 인간의 육체적, 정신적, 영적 질병들이 하늘의 불에 의해 치유되고 회복된다. 이것은 신화나 상상이 아닌 현실로 우리 앞에 전개되는 것이다.

저자는 이 책이 설교모음집인데 부분적으로는 몇 편의 문서 설교들(written sermons)이고, 대부분은 1898년 9월 오하이오 주의 신시내티에서 행한 설교를 속기사가 기록하여 보고한 것이라고 밝힌다. 그는 자신의 처녀작인 『이상적인 오순절교회』(The Ideal Pentecostal Church)를 저술하여 아내에게 헌정하면서 이 책을 고려했다고 말한다.[72] 마틴 냅의 부흥자출판사는 이 책이 출판되기 전 5편의 설교문을 선별하여 『불타는 숯』(Burning Coals)이라는 제목으로 10센트짜리 작은 문고판을 출판하기도 하였다.[73]

그리고 만국성결교회 총회장으로 시무하던 리스가 1898년 12월 1일에 탈고하여 1899년 하나님의 부흥자 출판사에서 출판한 『예수의 재림』(The Return of Jesus)은 재림 설교가로서 그의 영향력을 확산시키는데 기여했다. 이 책은 하나님의 성서학원의 교수였던 윌리엄 갓비와 함께 공저한 것으로서 '예수의 다시 오심과 주의 재림'의 복음을 전하던 6편의 글모음인데, 후일 그들의 제자로서 하나님의 성서학원의 교수인 블랙스톤 장로가 증보하고 한국어와 일본어로 번역되기도 하였다. 그 목차들을 소개하면 "한밤중의 소리, 그리스도 재림의 상징, 예수의 오심, 예수 재림의 표적들, 다시 유예는 없음, 보좌의 상속자"이다.

또한, 리스의 저서에는 『거룩한 전쟁』(The Holy War)이 있는데, 이 책은 출판 연도를 알 수 없으나 1899년 직전으로 추정된다. 총 13장인 이 설교모음집은 오하이오 주의 신시내티에 있는 하나님의 성서학원과 캠프집회에서 선포한 설교를 모은 것인데, 널리 알려진 성결 메시지를 담은 책자이다. 이 책자에 대한 설명은 다음과 같이 소개된다.

대부분의 전쟁들은 거룩하지 못하다. 전쟁들은 육체적인 무기들로 싸우는데 그

---

72) Seth Cook Rees, *Fire From Heaven* (Cincinnati, OH: God's Revivalist Office, 1899), 3-4.
73) Seth C. Rees, *Burning Coals, Advance Chapters out of Fire From Heaven* (Cincinnati, OH: The Publisher of Pentecostal Literatures, Revivalists Office, 1898).

19세기 급진적 성결운동 지도자들의 생애와 사상 · **141**

것은 인간의 부패성의 결과이다. 그러나 이 책은 오류에 대한 진리의 싸움, 잘 못에 대한 옳음의 싸움을, 그리고 어두움과 지옥의 세력에 대한 성령의 싸움을 말한다. S. 헨리 볼튼은 말하기를 "거룩한 전쟁(Holy War)은 복음의 참된 본질을 담고 있으며, 모든 갈등에 있어서 넉넉히 이기를 바라며 싸우는 사람들에게 영감을 주며 하나님의 성도를 교훈할 것이다. 각 장은 책의 가치를 높여준다. 즉 하나님의 백성이 구원의 주께 눈을 고정하고 그의 명령을 준행한다면 승리하는 성도가 될 것이다. '거룩한 전쟁'(Holy War)은 '거룩한 생활'(Holy Living)이라는 비밀을 알려준다."

그리고 같은 시기에 저술된 책이 있다. 그것은 『오순절 메신저들』(*Pentecostal Messengers*)인데 신시내티에 있는 하나님의 부흥자 출판사 (God's Revivalists Office)에서 1898년에 출판한 것이다. 9명의 급진적 성결운동가들에 대한 자전적인 성격의 짧막한 인물소개의 글들인데, 읽을 만한 사료적 가치가 있다. 서울신학대학교 도서관에 1898년 판이 소장되어 있다. 이 책은 특히 문서전도에 대한 하나님의 부르심을 서술하고 있다. 이 책에는 저술의도를 다음과 같이 설명하고 있다.

저자가 프라비던스의 임마누엘 교회의 목사로 가장 풍성하고 영감이 넘치는 목 회를 하던 2년이 지나면서 수많은 영혼을 맡겨 주신 하나님을 겸손하게 믿게 되고 문서전도에 대한 부르심을 느끼게 되었다. 특히 6개의 서로 다른 열정적 인 사역자들의 군대조직(corps)을 만들었는데 슬럼가, 선원, 감옥, 도시선교, 병 원, 야외를 위한 선교조직이었다. 선교단원들은 자기를 잊고 자기를 부정하는 성도들이었다. 또한 그는 해피 홈(happy home)을 만들어 실제적인 도움을 주 었다. 1896년 11월 신시내티에서 오순절 교회의 자격과 특성들을 설교하다가 하늘에서 내려오는 불을 경험했고 서둘러 25명의 사람들이 헌신했다. 그런데 하나님의 백성들은 확신이 자라지만 올바른 문학서를 충분히 읽지 않는다는 것 을 발견하게 되었다. 따라서 성결서적들을 구입하고 읽도록 배려하려는 것이다.

더 나아가, 리스가 목회현장에서 느끼는 영혼구원(치유)의 갈급함은 다음의 책에서 잘 드러나고 있다. 그것은 그가 도시선교의 문제를 전도현장에서 고민하면서 저술한 『슬럼가의 기적들』(*Miracles in the Slums*)이라는 유명한 책이다. 이 책은 1905년에 뉴욕의 갈랜드 출판사(Garland Publishing Inc.)에서 출판되었다. 그는 이 책에서 길에서 방황하던 여성들과 도시빈민들이 겪을 수밖에 없는 부패(slime), 불결(squalor), 그리고 범죄(crime) 문제에 대한 영적 답변을 추구하고 있다.[74] 그는 세상에서 소외되고 타락하고 그리고 가난에 시달리는 사람들에게 큰 부담을 느끼면서 연민의 감정을 가지게 되었다고 밝히고 있다.[75] 그래서 저자는 다음과 같이 이 책을 저술한 목적을 설명한다.

> 나의 첫째 목적은 적극적으로 보여줌으로써 하나님께 영광 돌리려는 것이고 그리스도의 능력이 낮은 자 중에서 가장 낮은 자를 구원하시고, 가장 몰락하고 술 취한 생명들을 갱신하고 가장 손상된 희망을 재활하고 회복하려는 것이다. 둘째 목적은 접촉할 수 없고 씻지 못하여 교회에 나오지 못하는 사람들에게 접근하여 그들의 삶에 놀라운 변화를 주시는 그리스도에게 인도하려는 것이다. 셋째 모든 곳에서 선한 백성의 믿음과 거룩한 행동에 대해 격려를 하려는 것이다.[76]

그리고 리스는 1902년에 만국성결연합 및 기도연맹의 총회장으로서 선출되어 『교단헌법과 시행세칙』(*Constitution and By-Laws of the International Apostolic Holiness Union. General Superintendent*)을 작성 결의하게 하므로 교단적으로도 큰 기여를 하였다. 이 교단헌법과 시행세칙은 한국성결교회의 헌법에도 결정적인 영향을 끼쳤다.

또한, 셋 리스는 1926년에 해외선교 활동에 관한 저술을 남겼다. 그것은 아들과 공저한 것으로 표기되어 있는데 『아침의 날개』(*Wings of the Morning: A Record of Recent Travel*)라는 책이다. 제1부에서의 주간 여

---

74) Seth Cook Rees, *Miracles in the Slums* (New York & London: Garland Publishing, Inc., 1905), 7.
75) Seth Cook Rees, *Miracles in the Slums*, 8.
76) Seth Cook Rees, *Miracles in the Slums*, 8.

행편지 형식으로 여행기록을 남겼는데 셋 리스가 저술하였다. 이 편지들은 비공식적인 문체로써 쉽고 개인적인 서신의 특징을 보여준다. 총 11장인데 유럽과 아프리카, 팔레스틴과 극동 아시아의 중국과 일본에 대한 여행기록이다. 제2부에서는 전체적으로 성지인 홀리 랜드(Holy Land)에 한정되어 있다. 모두 6장으로 구성되어 있는데 홀리 랜드에서 인상 깊었던 팔레스틴, 모리아, 올리브 산, 요르단, 갈릴리 호수 등지를 소개하고 있다.[77]

이외에도 다른 저자가 리스가 체험한 온전한 성화에 대한 간증을 소개하는 『가나안 입성』(*How They Entered Canaan*)이 있다.

지금까지 언급한 리스의 생애와 사상에 대한 연구 자료들은 교단의 역사서, 리스 자신의 전기, 그리고 리스의 저작들로 분류하여 볼 수 있다. 혹시 그의 저술들이 더 있을지 모르나 지금까지 확보한 연구자료 목록에 따르면 리스의 저작은 모두 약 10권 정도로 추정할 수 있다. 그의 저작내용을 살피면 행정, 교회론, 설교, 해외선교, 도시선교 등의 주제를 담고 있었다. 그의 저작들은 자신의 활동범위와 지도력에 비해 다른 성결운동가들보다는 적은 편에 속한다.

나. 신학사상

1) 성서 복음주의

리스는 성결운동의 기본정신에 따라 성서본문의 예언과 약속에 주목한다. 즉 성서로 돌아가 예언의 말씀에 대한 확신과 성취됨을 역사적으로 증명하자는 정신이다. 무엇보다도 복음주의는 성서를 하나님의 말씀으로 믿는다.[78] 복음주의는 이와 같이 성서의 권위를 가장 우선시하며 절대적인 근거로 믿는다. 그리고 성결운동에서 보여주는 복음주의 정신은 교회를 탄생

---

77) Seth C. Rees & Paul S. Rees, *Wings of the Morning: A Record of Recent Travel* (Greensboro, NC: Golden Rule Press, 1926), 8-9.
78) *Fire From Heaven*, 217.

시킨 오순절의 성령강림을 성서의 예언과 약속의 결과로 강조하고 있음을 알 수 있다.

성서가 예언하는 복음은 하나님의 아들의 복음이며 영혼구원의 목적을 위한 하나님의 은총이다. 그런데 리스는 당시의 교회와 성도들이 교권주의, 세속주의에 젖어있어서 그들을 구속할 유일한 수단이 바로 성서의 복음이라고 강조한다.[79] 그리고 모든 그리스도인들은 스스로를 부끄러워해야 하는데 그 이유는 복음의 능력을 유지하지 못하고 상실하였기 때문이라고 강하게 비판한다.[80] 그의 주장에 따르면 복음은 이기적인 영혼을 자기희생적이고 자기부정의 영혼으로 변화시키는 하나님의 능력이다.[81] 하나님의 복음의 은총은 죄인 중의 괴수라도 구원할 수 있다.[82] 그는 영혼구원의 유일한 목적을 제시하였다. 그것은 영혼을 치유하고 질병에서 몸을 구원하려는 것임을 강조하였다.[83]

리스는 하나님의 아들이신 예수 그리스도 안에 영광스런 비밀이 있으며 그 비밀을 계시하는 분이심을 주장한다.[84] 그런데 예수 그리스도 안에 있는 그 비밀은 바로 성결이라고 강조한다.[85] 리스는 이런 성결의 도리는 교회사적으로 퀘이커 교회에서 이미 주장한 것으로 말하며 감리교 이전에 있었던 기독교의 복음진리라고 밝히고 있다.[86] 그런데 성결의 능력의 비밀은 바로 성령 안에 내재되어 있다. 이런 점에서 그는 성령중심의 복음주의를 주장한다. 말하자면, 신자가 성령을 받으면 그 능력을 온전하게 발휘할 수 있게 된다고 하였다.[87]

리스는 성서에는 풍부한 복음의 내용으로 가득하다고 주장한다.[88] 특

---

79) *Fire From Heaven*, 142.
80) Ibid,. 145.
81) Ibid.
82) Ibid., 146.
83) Ibid., 154.
84) Ibid., 169.
85) Ibid., 171.
86) Ibid., 172.
87) Ibid., 178-179.

히 성서의 복음에 대해 중생과 성결을 주된 내용이라고 언급하면서도 또한 신유와 재림을 복음의 범주에 포함시키고 있다. "신유와 재림이 보조적으로 계획된 것은 사실이다.…세대마다 이름난 사람들은 그들이 신유를 믿었고 경험했기 때문이다."[89] 그리고 바울도 예수님의 재림을 믿고 고대하고 있었다고 말한다.[90] 그는 사중복음 사상을 단지 지식적 측면이 아니라 경험적인 측면에서 강조한다.

리스는 성서 복음주의에 입각하여 당시 교회들의 비본질적인 모습을 고발한다. "교회들은 영성과 자발성을 잃어버리면 대용물을 찾기 시작한다.… 그러나 성령이 충만하면 설교와 찬송에 특권을 부여하게 된다."[91] 사실 교회를 변화시키는 것은 유일한 수단이 바로 복음이다. 또한 교회는 온 세상에 복음을 전파하며 예수 그리스도가 맡기신 위대한 사명을 수행해야 할 공동체이다.[92] 그러므로 리스는 교회의 설교자가 가질 사명을 재확인하고 있다. 즉 "우리는 하나님의 아들의 복음, 죄인들의 구원 이후에 성령과 불로 세례 받을 것을 설교해야 한다."[93]고 주장하였다. 그리고 개인의 영성을 부각시키는데 "우리는 그리스도의 남은 고난을 대신 담당해야 한다. 그래서 성도에게는 환란이 찾아오고 핍박이 다가오는 것이다."[94]라고 말한다.

더 나아가 리스는 사도행전에 나타난 오순절 사건은 요엘 예언의 반복으로 받아들이고 오순절 사도의 말씀은 바로 성령과 불세례를 의미하고 있었다고 주장한다.[95] 그는 오순절 사건은 하나님의 아들의 복음에 대한 설교를 강화하는 것이며, 성령의 기름 부으심의 결과로 모든 사람이 하나님의 아들의 영광의 복음을 예언하게 되었다고 해석한다.[96] 그에 의하면, "하나

---

88) Ibid., 228.
89) Ibid., 215.
90) Ibid.
91) Ibid., 227.
92) Ibid., 242.
93) Ibid., 255.
94) Ibid., 242-243.
95) Ibid., 252.
96) Ibid.

님은 우리에게 하늘에서 내려오는 성령으로 더불어 예수 그리스도의 복음을 설교하도록 명령하셨다.[97] 또한, 우리는 십자가 설교를 해야 한다"라고 강조한다.[98] 더 나아가 "우리는 예수 그리스도를 십자가에 못 박았다고 설교해야 한다."[99] 그러므로 사람들이 성령 받아야 성서의 복음의 진리를 전파하는 사명을 온전히 인식하고 감당하게 된다고 주장한다.[100]

2) 세대주의 종말론

리스는 철저히 세대주의 종말론에 입각한 전천년설을 주장한다. 이 세상은 악하고 배교의 시대이며[101] 지금(now)은 예수님이 왕으로 오셔서 심판하실 때라고 전제한다. 더구나 세상의 배후에는 사단이 있으며 성도는 영적 전쟁에 나서야 할 십자가 군사라는 것이다.[102]

또한, 영적 전쟁에 있어서 사단에 맞서려면 하늘의 전신갑주를 입어야 한다(엡 6:10-11). 사단이 전능하지 않으나 힘이 강하므로 우리는 전능하신 하나님의 전신갑주를 취하여야 한다.[103] 성경에 표현된 전신갑주를 설명하면서 교파적인 성향에서 구원하는 참된 진리의 띠가 있고, 참된 성결을 의미하는 의의 흉배가 있으며, 평화의 복음의 신을 준비하며, 성령께서 날카롭게 만드는 말씀을 준비해야 한다고 하였다.[104]

성서에 보면 예수 그리스도의 재림에 대한 징조들이 소개되는데, 리스도 동일한 관점에서 재림의 징조를 언급하며 해석하고 있다. 갓비와 공저한 『예수의 재림』에서 몇 가지 재림의 징조들을 제시하고 있다. 첫째로, 거룩한 땅(holy land)이 모슬렘으로부터 회복되는 것이다. 그런데 모슬렘의 지배가 끝나면 즉시 하늘에서 인자가 나타나실 것이다.[105] 또한, 계시록 13

---

97) Ibid., 256.
98) Ibid., 258.
99) Ibid.
100) Ibid., 272.
101) *The Holy War*, 14.
102) Ibid.
103) Ibid., 13.
104) Ibid., 17-20.

장에 등장하는 10뿔 중에서 7번째가 교황이라고 해석하였다.[106] 그래서 리스는 모하메드는 동반구를 지배하고 교황은 서반구를 지배하는데 성서의 예언들은 이 두 사람을 주목하였다는 것이다.[107]

둘째로, 유대인들 가운데서도 징조들이 나타난다. 이방인들이 복음을 받아들인 후에 유대인들이 받아들이게 되어 있다. 당시는 이방인 전도가 막바지에 도달한 시기이며 유대인 선교가 이방인 선교처럼 고무되고 있음을 강조한다.[108] 또한 유대인들이 모리아 산에 서 있는 솔로몬 성전 서벽에 모여 울부짖어 기도하는데 하나님은 아브라함의 후손들의 울부짖음을 들으신다고 믿었다.[109]

셋째로, 개신교회 가운데서도 징조들이 있다고 하였다. 데살로니가 후서 2장 2절에 주가 오시기 전에는 큰 배교가 있어야 한다는 것이다. 초림 때에도 무서운 배교가 있었는데 오늘의 교회도 추락하고 있다고 진단하였다. 옛날에는 신자가 속회모임에 불참하면 그를 쫓아냈는데, 지금은 그렇게 할 수 없다는 것을 지적하였다.[110]

리스는 종말의 때에 성도라면 예언의 성취를 기다리면서 주의 재림을 준비하도록 외칠 것을 하나님이 지금 계시하신다고 주장한다.[111] 다니엘서 12장 7절에서 거룩한 백성의 권세가 다 깨어지면 모든 것의 종말이라고 계시하였으며,[112] 또한 세계만민에게 복음을 전하도록 전능하신 하나님은 거룩한 백성들의 불을 흩으셔서 하나님의 아들의 재림을 준비하게 하신다는 것이다.[113]

바로 이 부분에서 리스는 독특한 은유를 사용하여 지금이 종말의 때임

---

105) *The Return of Jesus*, 65-66.
106) Ibid., 67.
107) Ibid.
108) Ibid., 69.
109) Ibid., 72.
110) Ibid., 75.
111) Ibid., 77.
112) Ibid., 78.
113) Ibid.

을 극적으로 강조하였다. 다시 말하면, 결정적인 재림의 징조는 바로 '성결운동'이라는 것이다. 이런 사실을 다음과 같이 묘사하였다.

> 이 시대의 계명성(the Morning Star)은 성결운동이다. 세례 요한이 주의 초림 이전에 있었던 계명성이었다면, 성결운동은 재림에 선행하는 세례 요한이고, 주의 오심과 그것이 가까움을 암시하는 분명한 징조이다.114)

리스는 등불을 준비한 다섯 처녀들처럼 우리도 등에 밝은 불을 켜는 것뿐만 아니라 성령으로 충만해야 하며, 사람들을 제단에 오르도록 참 사랑의 초대를 해야 한다고 말한다.115) 그렇게 재림을 준비해야 한다는 것이다.

한편, 전천년설의 또 다른 주제로서 예수님이 오시면 의로우신 재판이 있음을 강조한다.116) 곧 오실 그는 세상의 잘못을 바로 잡으며 굽어진 것을 바르게 할 것이다. 이런 관점에서 리스는 세상의 잘못되고 굽어진 것의 원인이 죄라는 엄연한 사실을 밝히고자 다음과 같이 강한 어조로 묘사하고 있다.

> 지상의 모든 슬픔은 죄의 결과이다. 사회적이고 정치적인 개혁에 대한 우리의 모든 시도에 있어서 우리가 실패하는 비밀은 죄 때문이다. 마음속에 있는 야간이 모든 것을 상하게 만드는 것이다.117)

그런데 리스는 죄의 현실에 대해 매우 비관주의적인 태도를 보인다. 즉 성령이 오시면 성령을 받아들인 마음에서 죄가 파괴된다고 하지만, 예수님이 다시 오시기까지는 타락한 세상에서 결코 죄는 파괴되지 않는다는 것이다.118) 따라서 예수 그리스도가 오시는 결정적인 이유는 하루속히 이런 죄악의 무서운 비극을 종결짓고, 구원 받아야 할 영혼들을 지옥에서 건지려

---

114) Ibid.
115) Ibid., 80.
116) Ibid., 86.
117) Ibid., 87.
118) Ibid., 88.

는 것이다.119) 그리고 왕이신 예수 그리스도가 세상에 오시면 영원한 평화의 나라를 세우실 것이다.120) 그래서 성화된 성도들은 주의 오심을 기다리고 있다는 것이다. 리스는 다음과 같이 기술하고 있다.

> 그래서 교회 가운데서 영적인 사람들은 주의 오심을 고대한다. 그들은 모든 교파들 속에서 극소수의 사람들인데 하늘을 향해 눈을 들고 서서 '하늘 소풍'(picnic in the sky)을 기대하고 있다.121) 퀘이커도 성화되어 하늘을 바라본다. 고교회사람들도 구원 받아 퀘이커들처럼 하늘을 바라보고, 장로교인들도 이런 희망으로 가득하여 퀘이커나 감독교인이나 회중교인이나 개혁주의 루터파나 모든 교회들의 성도들도 주의 오심을 기다린다. 122)

마지막으로 주의 재림에 대한 징조가 있는데 그것은 신부가 단장하는 것이다. 신부라면 신랑이 가까운 것을 안다. 리스는 신부가 단장하는 것을 바로 성결운동에 연결하였다.123) 성결운동은 모든 교회들 가운데 준비된 사람을 얻고 있다. 약 200년 전에 퀘이커 교회가 거의 성결한 사람들이었지만, 지금의 성결운동은 초교파로 전개되고 있다는 것이다.124)

또한, 리스는 주의 재림은 최후 승리의 날이며 영광스런 복음이 영원한 승리를 거두고 악의 능력과 권세가 묶이므로 다시는 하나님의 성도를 방해하지 못할 것이라고 전망하고 있다. 리스의 재림론에는 주가 이루시는 승리에 대한 확신이 들어 있으며 이 부분이 사중복음을 선교 모티브로 삼은 이유가 된다고 본다.

3) 웨슬리안 완전주의

리스는 그리스도인의 완전을 주장한다는 점에서 웨슬리안 완전주의 입

---

119) Ibid., 89.
120) Ibid., 89-90.
121) Ibid., 96.
122) Ibid., 97.
123) Ibid., 101.
124) Ibid., 102.

장에 서 있다. 그리스도인에게 완전이란 도달할 수 없는 하나님의 절대적 완전이 있고, 동시에 사도들이 이루었다고 말하는 인간으로서의 상대적 완전이 있다.125) 그런데 그 완전의 범주에 대해서 명확하게 정리하고 있는데, 그것은 창조 때의 완전이 아니라 구속에서의 완전이라고 강조한다.126) 리스는 그리스도인의 완전의 필요성에 대해 다음과 같이 기독론적으로 설명하고 있다.

우리의 첫 조상은 창조에 의해서 완전을 가졌지만 그것을 상실하고 말았다. 우리가 결코 다시 얻을 수 없는 타락한 상태이다. 우리는 예수 그리스도의 십자가 외에는 땅과 하늘 그 어느 곳에도 자리가 없다.⋯어린양을 죽여서 그 피를 뿌리고 그리스도는 자기 목숨을 우리를 위하여 주시므로 대속하셨다. 그가 영원히 우리의 제목이 되실 것이다.127)

리스가 주장하는 그리스도인의 완전이란 우리가 온전히 성화되고 완전한 사랑으로 채워질 때 오는 마음의 완전을 말한다.128) 마음의 완전이란 존 웨슬리의 주장에 일치하는 것이며, 그는 "완전한 사랑이나 온전성화에 대한 경험에 더 추가할 것이 있다면 더 사랑하는 것이다"라고 강조한다.

또한, 그리스도인의 완전을 위한 성령의 사역을 제시하는데 성령은 죄에서 자유로운 마음에 찾아오시고, 우리의 머리를 도와 잘못된 생각이나 거짓된 교훈을 교정하시며, 오류로부터 우리를 지킨다고 하였다.129) 동시에 흥미로운 주제는 웨슬리안 성결론에 기초한 성결운동의 특징이라고 할 수 있는 성령께서 마음에 오시면 죄의 뿌리를 제거하신다는 주장이다. 그는 다음과 같이 설명하고 있다.

만일 성령이 오셔서 죄가 우리 마음에서 제거된다면 그것은 우리의 동의 없이

---

125) Ibid., 229-230.
126) Ibid., 231.
127) Ibid.
128) Ibid., 232.
129) Ibid., 232-233.

는 불가능하다. 죄가 시작된 후에 에덴동산을 지키는 화염검이 동작하므로 우리의 남아 있는 죄를 깨끗케 한 후에 성령은 문을 지키고 죄는 의지의 동의 없이는 인간 영혼에 다시 들어올 수 없다. 만일 당신이 구원 받은 후에 죄를 짓는다면 당신은 자신의 선택으로 죄를 짓고 있는 것이다. 130)

이런 표현은 분명히 죄성 억압설이 아닌 죄성 제거설(eradication theory)을 의미하며 신자의 중생 이후의 죄는 선택의지의 문제라는 18-19세기의 미국 대각성운동에서 나타난 신학사상의 영향을 받았음을 엿볼 수 있다.

또한 웨슬리안 성결론에 해당하는 명백한 언급이 있다. 즉 성령세례는 생애에 단 1회만 경험되고 결코 반복되지 않는다는 주장이다.131) 이것은 웨슬리와 플레처 사이에 있었던 신학적 갈등이었고, 성결운동에서 오순절운동이 분리되어 나가게 된 기원적 원인이기도 하다.

한편, 리스는 웨슬리 신학의 한 주제인 온전성화에 있어서 순간성과 점진성에 대해 언급하고 있다. 그는 온전성화는 순간적이지만 우리가 성화된 이후에 발전되어진다는 점에서 점진적인 역사라고 주장한다.132) 사람들이 망각하고 있는 것은 온전성화가 순간적일뿐 아니라 점진적인 경험인데, 바로 이 경험의 점진적 국면이 소홀히 여겨지고 있다고 지적한다.133)

온전 성화를 받는 것은 순간적이며 원죄의 파괴도 순간에 발생하며 성령이 그의 성전에 도래하는 것도 갑자기 이루어지지만 성화는 점진적이다.…우리의 마음은 순간에 정결케 되지만 우리의 삶은 여러 해가 지나서 이미지가 형성되는 것이다.…어떤 것은 계시로 오지만 다른 것은 학습으로 얻는다.…그리스도인의 경험에 있어서 점진적 국면이 소홀히 여겨진다.134)

리스의 견해로는 완전성화의 불은 종종 갑자기 온다. 즉 성령의 불은

---

130) Ibid., 233.
131) Ibid., 241.
132) Ibid., 82.
133) Ibid., 87.
134) Ibid., 88-89.

갑자기 순간적으로 온다는 것이다. 그러나 성령은 갑자기 임하시지만 계속하여 머무르실 것이므로 점진적인 것이라고 주장하였다.[135]

더 나아가, 리스는 온전한 성화를 '가나안 정복'이란 성경적 이미지로 설명하고 있다. 여호수아의 리더십 아래 가나안을 정복함은 우리 구원의 주도자이신 그리스도의 리더십 아래 기독교의 승리를 가져오는 가장 강력한 모형이라는 것이다.[136] 여기에 가장 핵심적인 강조점은 성령과 불세례의 경험을 통한 마음과 생활의 변화에 있다.

그런데 오늘날 기독교회가 연약함은 교회가 성령 받지 못한 증거라고 보았다. 성결운동의 약점은 그들이 성령을 인정하지 못하고 그 땅을 소유하는데 실패한 사실에 기인한다는 것이다.[137] 또한 온전한 구원을 설교하던 사람이 배교하여 회의주의에 빠지고, 광신주의가 되며, 형식주의에 젖어들기도 한다고 지적한다.[138] 경건의 모양은 있으나 그 능력은 부인하는 모습이 아닐 수 없다.

웨슬리안 완전주의에 있어서 가장 기본적인 주제는 바로 원죄의 문제이다. 웨슬리의 표현처럼 리스도 내재하는 죄(Inbred sin)와 육성(carnality)를 강조하고 있다. "드러나지 않는 죄란 내주하는 죄를 의미하는데 곧 원죄이다. 그것은 서두르는 기질이다. 교만 이기심 등등이다. 그것은 모든 악한 것의 기원이다"[139]라고 말한다. 따라서 죄는 자기부정과 이타적 존재가 되는 것을 가로막는 것이다. 실제로 그리스도인이지만 아직 성화되지 못한 사람에게 모든 불법의 원인이 원죄와 육성에 있다는 것이다.[140] 그래서 다음과 같이 서술한다.

육성이란 인간의 영혼에 무서운 이빨을 묶는 것이다. 도덕적 본질의 가장 내면

---

135) Ibid., 120.
136) Ibid., 83.
137) Ibid., 86.
138) Ibid., 132.
139) Ibid., 70.
140) Ibid., 71.

적인 부분에 마수를 숨기는 것이다. 그리고 하나님의 전능하신 능력이 그 영혼에 도달하기 전까지는 결코 떠나지 않는다.[141]

그런데, 리스는 원죄를 해결하는 방법을 성경적으로 제시하였다. 원죄를 의미하는 죄의 몸은 십자가에 못 박아야 한다.[142] 우리는 성령과 불세례를 통해서 육성을 파괴해야 한다. 성령께서는 우리의 원죄에서 자유하게 하시는 것이다.[143] 바로 불세례는 사람에게 두려움을 몰아내고 강함, 용기, 에너지를 준다.[144] 결론적으로 '하늘에서 내리는 번갯불'이 곧 오순절에 강림하신 성령의 불세례가 마음과 생활의 변화를 일으키는 하나님의 도구라는 것이다.

4) 오순절 경험주의

리스는 이상적인 오순절 교회론을 통해 오순절 경험주의를 전개하고 있다. 우선 이상적인 오순절 교회의 구성원은 철저히 중생한 영혼들이며[145] 동시에 제2의 축복인 성령과 불로 세례를 받아 온전히 성화된 사람들의 자발적인 모임이라고 보았다.[146] 따라서 다음과 같이 리스는 교회 안에서 발생하는 구원의 경험을 설명하고 있다.

우리는 온전성화의 경험을 통해서 성결의 상태에 도달한다. 그것은 성령과 불로 세례를 받음이다. 중생의 물은 영혼을 외부적인 죄로부터 자유하게 하지만, 성령의 성화케 하는 과정은 마음을 거룩하고 죄가 없이 하는데 필수적인 것이다. 성령의 불은 죄를 불태운다.…[147] 따라서 오순절 그리스도인은 청결한 손과 순결한 마음을 가져야 한다.[148]

---

141) Ibid., 71-72.
142) Ibid., 72.
143) Ibid.
144) Ibid., 177.
145) *The Ideal Pentecostal Church*, 9.
146) Ibid., 12.
147) Ibid.

리스는 이런 오순절의 경험을 가진 이상적인 교회는 능력 있는 교회라고 주장한다. 이상적인 교회의 능력은 두뇌나 성도의 수나 배움에 있는 것이 아니라 교회의 영적 설립자이고 주권자이신 성령 자신이시다. 성령은 교회를 정화하시고 자극하시며 견디게 하시는 삼위일체의 세 번째 인격이시다.[149] 그리고 성령의 능력이란 마귀의 일을 파괴하고 사람들을 죄와 지옥에서 건져내는 능력을 의미한다.[150] 따라서 성령의 능력을 가진 교회라면 영적전쟁과 복음전도에 우선적 가치를 두어야 한다.

또한, 이상적인 교회는 하나님의 역사를 증거하는 교회라고 주장한다. 진정한 신자는 성령의 증거를 의식한다. 성령으로 거듭나는 것은 회심자가 분명하고 만족할만한 성령의 증거를 가진다는 의미이다.[151] 이런 선행적 은총의 역사가 마음속에 일어나면 회심자는 사도들의 신앙과 교리와 교제를 견고하게 지키게 될 것이다.[152] 동시에 하나님은 신자를 구원의 과정에로 이끌어 주신다. 즉 우리를 구원하시고 온전히 성화되게 하신다고 말하는 것이다.

그리고 이상적인 오순절 교회는 기쁨이 있는 교회라고 강조하였다. 제자들은 주의 기쁨과 성령으로 충만했다. 예수는 우리를 구속하시고 성령은 우리가 상실한 기쁨을 회복하신다.[153] 오순절은 심지어 우리에게 핍박 중에도 기쁨을 준다. 존 번연이 올드 베드포드 감옥에서 불멸의 작품인 천로역정을 저술하였고, 바울과 실라도 한 밤중에 빌립보 감옥에 갇혔지만 찬송하였으며, 스데반은 돌 세례를 받는 중에도 천사의 얼굴을 유지할 수 있었던 것은 기쁨이 있었기 때문이다.[154]

더 나아가 이상적인 오순절교회는 일치를 가져온다. 바로 오순절이 일

---

148) Ibid., 13.
149) Ibid., 20.
150) Ibid.
151) Ibid., 44.
152) Ibid.
153) Ibid., 47.
154) Ibid., 49.

치의 유일한 기초를 제공한다. 성령세례는 요한복음 17장 23절에 있는 대제사장 예수의 기도에 대한 성취를 가져오는 유일한 경험이다.[155] 교육은 사람의 머리를 일치시키는데 성공하지만, 사람의 마음을 통일시키는 것은 성령이 유일하다는 것이다. 더구나 이상적인 오순절 교회는 여성사역을 허용하는 교회이다. 성령이 부어지면 여성도 남성처럼 존중 받고 예언도 한다. 그래서 오순절에 여성들은 제2의 하와로 세워지는 것이라고 주장한다.[156]

더 나아가 이상적인 오순절교회는 신유의 은사가 나타나는 교회이다. 사도시대에 이미 기적이 중단되었다고 주장하는 사람들은 하나님에 대한 무지를 드러내는 것이다.[157] 조지 폭스도 목회사역 중에 하나님의 치유에 관계하였고, 존 웨슬리도 자신의 사역 중에 남녀의 사람들이 치유되는 실례를 간증하였으며 심지어 자신의 말을 위해 기도하여 나았다는 간증도 있다.[158] 그뿐 아니라 성서의 본문들에는 무수히 많은 신유의 기록들이 나타난다. 사도시대와 같이 오늘의 기독교에는 초자연적인 기적이 일어나는데 그것은 신의 현존을 의미하고 주권자의 만지심(터치)을 뜻하는 것이라고 말한다.[159]

그리고 이상적인 오순절교회는 선교적인 교회를 낳아야 한다. 오순절은 가장 위대한 선교사집회였다. 그 모임에서 거룩한 불(holy fire)의 흐름이 시작되었다. 그런데 이방세계에 나간 8,000명의 선교사들 중에 3/4이 영혼 구원보다 교육 사업에 매달리고 있는 현실을 지적하면서 하나님의 분명한 소명은 직접 복음을 설교하는 것이라고 강조한다.[160] 그리고 살아있는 교회는 간증이 있어야 한다. 성령이 진정한 삶의 증거들을 간증하게 하는 능력이라고 보았던 것이다.

---

155) Ibid., 50.
156) Ibid., 28.
157) Ibid., 52.
158) Ibid., 52-53.
159) Ibid., 54.
160) Ibid., 56.

결국, 리스는 이상적인 오순절 교회론을 성령중심의 구원론으로 해석하고 있다. 오순절의 성령과 불세례를 경험한 신자가 되므로 온전히 성화되어 능력을 받는 영적인 경험에로 인도하려는 것이다. 그는 온전성화를 가나안의 입성이고 약속의 땅에 대한 소유로 해석하고, 가나안의 경험은 진보적인 영적 체험이라고 언급하며 다음과 같이 설명한다.161)

우리가 가나안에 들어가면 우리는 하나님이 쉬신 것처럼 우리의 수고에서 안식한다. 그러면 영원한 영혼의 안식이 시작된다.…가나안은 좋은 땅이다. 이 땅에서 우리는 복된 약속의 성취를 즐긴다. 물댄 동산처럼 마르지 않는 샘물처럼 될 것이다. 땅의 소산들 가운데 우리는 다양한 음식을 발견한다. 꿀과 기름과 포도주는 값비싼 것이다. 오일은 실제적인 천국의 윤기로 얼굴이 빛나게 한다. 꿀보다 더 단 것이 무엇일까? 실제적인 성결은 항상 달콤하다. 성령이 당신을 달콤하도록 채워줄 것이다. 포도주는 사람의 마음을 즐겁게 만든다. 그 땅에서 우리는 하나님의 포도주를, 우리가 만물을 소유하고 그것이 진실이고 현실로 여겨져 부유하다고 느끼게 되는 복된 결과를 가져오는 성령의 포도주를 마신다.…이 땅에서는 우리는 싸워야 할 의무도 없다. 우리는 이 땅에서 두려움을 모른다. 완전한 사랑이 우리의 두려움을 몰아낸다.162)

그러면서도 리스는 당시의 성결부흥운동에 참여하여 성령을 받았다는 사람들의 모순을 발견하고 있다. 성결한 백성들이 성령이 주시는 능력을 상실하고 말았다는 것이다.163) 그는 마틴 루터, 조지 폭스, 존 웨슬리를 언급

---

161) Ibid., 66.
162) Ibid., 63-66.
163) Ibid., 69-71. 사람들이 자신의 능력을 상실하게 되는 여러 가지 길이 있다. 1. 사람들이 자기 힘을 잃어버리는 것은 정치적인 캠페인들에 열정을 바치는 때이다. 2. 수많은 사람들이 자신의 힘을 잃는 것은 세상적인 사람들과 짝을 맺는 때이다. 3. 사람들이 나는 이전과 같을 것이라고 말하지만 이전과 같지 않다. 4. 여성들이 영적인 힘을 잃는 것은 패션에 빠지는 것이다. 5. 또 다른 힘의 누수는 의심스러운 독서 때문이다. 신문이나 세상 가십거리, 불결한 이혼이나 살인 등의 영혼을 약화시키고 가치를 떨어트리는 것을 독서하기 때문이다. 6. 가십이나 시시한 이야기는 천국의 능력을 무효화시키는 또 다른 수단이다. 이런 항목들을 열거하는데 완전주의가 가진 반문화적인 태도를 엿볼 수 있다.

하여 기독교의 급진적 성격을 강조하고 있다. 즉 "사람이 집단이나 조직에 충성을 바치는 것이 하나님에 대한 불충성을 의미할지도 모른다."164)라고 말한다. 그들은 죄를 공격하는데 두려워하지 않았고, 조직화한 교권주의를 반대하는데 주저하지 않았다는 것이다.

4. 결론

19세기 말과 20세기 초에 급진적 성결운동을 통해 세계성결교회에 결정적인 영향을 준 셋 리스를 우리는 주목하지 않을 수 없다. 그의 신앙여정과 신학사상에 있어서 많은 평가들이 존재할 것이지만 그와 긴밀한 관계를 유지했던 이들의 평가를 들어보자.

존 페닝톤(John Pennington)은 셋 리스는 영향력 있는 설교가(preacher)로서 성서를 깊이 연구하는 사람이고 진리에 대해서는 타협할 줄 모르는 사람이며, 설교강단에서 영혼구원에 대한 열정이 남다르며 불타는 메시지를 전하는 사람이라고 기억한다. 또한 폴 토마스(Paul Thomas)는 성결교파의 유력한 지도자(leader)로서 성서적 예언자의 모습을 갖추고 있으며 참된 헌신과 영성에 기초한 리더십을 보여준 사람으로서 온전한 구원의 메시지를 설교하며 개척자적 영혼을 소유한 사람이라고 말한다. 더 나아가 아놀드 호긴(G. Arnold Hogin)은 온전한 구원(Full Salvation)의 메시지에 사로잡힌 선교사(missionary)로서 교회의 목회사역에 만족하지 않고 성결의 복음을 전하는 전도자요 성령과 불세례를 강조하는 성령중심의 사역자로서 하나님의 마음을 움직이는 기도와 복음을 전하라는 명령을 해외선교를 통해 성취하는 신실한 해외선교사였다고 평가하였다.

설교가요 지도자이며 선교사였던 셋 리스에 대한 하나님의 부르심을 정리하면서 우리는 만국성결교회의 창립자의 한 사람인 마틴 냅과의 긴밀

---

164) Ibid., 75.

한 관계와 동역에 대해 확인할 수 있었고, 나사렛대학교회 목회와 필그림성결교회를 창립과정을 통해서 동양선교회 창립자이었던 카우만과 길보른의 영적지도를 한 사실이 있음을 발견한 점은 적지 않은 수확이라고 생각한다. 이들에 대한 더 깊은 자료들을 확보하고 연구하는 것이 반드시 필요하다.

또한 부수적인 연구주제들을 찾았다는 점도 지적할 수 있다. 말하자면, 셋 리스가 퀘이커 교도이면서 성결운동에 가담한 사실에 대해 신학적으로 어떻게 가능한 것인지 어떤 면에서 성결운동을 수용할 수 있었는지를 살펴보는 것은 차후 연구과제로 남기고자 한다. 그리고 사중복음 신학이 형성된 구체적인 사상적 배경이나 수학과정이 명쾌하게 드러나지 못한 것은 이 논문의 취약점이 아닐 수 없다. 그것은 셋 리스의 지성에 비추어 그의 저술 작품들이 빈곤한 편이고 주로 저술들의 성격이 학문적인 것이라기보다 설교사역과 이에 버금가는 내용들이고, 그의 사역 자체가 복음전도에 집중되고 있었다는 점에서 아쉬움을 남긴다.

사실, 셋 리스는 마틴 냅이 감당했던 막중한 역할과 비중에 가려져서 그의 영향력이 감추어진 면이 있음을 느낀다. 그러나 마틴 냅의 급진적 성결운동이 확산되고 지속되어서 오늘날 수많은 성결교회들이 탄생된 것은 셋 리스의 동역에 힘입고 그의 사중복음을 향한 헌신이 일정부분 기여한 것이라고 말하지 않을 수 없다.

마지막으로 정리하자면, 셋 리스는 성서에 기초한 복음주의 정신에 따라 사중복음을 외친 한 목회자요 신학자이다. 또한 그 시대의 다양한 현상들을 세대주의 종말론에 입각하여 주의 재림의 징조들로 해석한 설교자이었다. 더 나아가 웨슬리의 신앙전통을 이어가는 웨슬리안 완전주의 입장에 서 있으며, 사도행전의 오순절 사건은 성서의 약속대로 교권주의나 세속주의로부터 자신을 분리시키고자 하는 급진적 성결운동을 통하여 지금 재현되고 있다는 확신을 가진 성결사상가이었다. 우리는 과거의 인물을 오늘에 되살려 보려는 환원적 신비주의에 매달리는 것이 아니라 영향력이 있는 인물들을 통해서 일하시는 하나님의 섭리를 이해하고 그 섭리를 오늘의 한국교회 상황에 적용하는 혜안을 얻는 것이 가장 지혜로운 길이라고 본다.

참고문헌

Seth C. Rees. *The Ideal Pentecostal Church*. Shoals, ID: Old Paths Tract Society, 1896.

_____. *Pentecostal Messenger*. Cincinnati, OH: God's Revivalists Office, 1898,

_____. *Burning Coals, Advance Chapters out of Fire From Heaven*. Cincinnati, OH: The Publisher of Pentecostal Literatures, Revivalists Office, 1898.

_____. *Fire from Heaven*. Cincinnati, OH: God's Revivalists Office, 1899.

William B. Godbey & _____. *The Return of Jesus*. Cincinnati, OH: God's Revivalists Office, 1899.

_____. *The Holy War*. Cincinnati, OH: God's Revivalist Office, 1899.

_____. *Constitution and By-Laws of the International Apostolic Holiness Union, General Superintendent*. Chicago: General Superintendent, 1902.

_____. *Miracles in the Slums*. New York & London: Garland Publishing Inc., 1905.

_____. & Paul S. Rees. *Wings of the Morning: A Record of Recent Travel*. Greensboro, NC: Golden Rule Press, 1926.

Paul S. Rees. *The Warrior Saint*. Shoals, Indiana: Old Paths Tract Society, 1934.

Sunday School and Youth Department. *Life of Seth Cook Rees; A Pen Portrait Series*. Pilgrim Press, 1964.

셋 쿡리스의 설교제목과 주제 분류

설교제목	주제	성경본문	저서명
Fire from Heaven	오순절 성령	마 3:2	Fire from Heaven
Established in Christ	교회	고후 1:21-22	Fire from Heaven
God's Choice of Instruments	선택	고전 1:27-28	Fire from Heaven
Stephen's fullness	성령	행 6:5	Fire from Heaven
The True Saint	성결인	사 33:14-16	Fire from Heaven
Rooted and Grounded	교회	골 2:6-7	Fire from Heaven
Abounding Grace	구원의 은총	롬 5:20	Fire from Heaven
The Secret of the Lord	성결	시 25:14	Fire from Heaven
Exploits	성결	단 51:32	Fire from Heaven
A Larger Outlook	구원	사 54:2	Fire from Heaven
Abundant Resources	구원	고후 9:8	Fire from Heaven
More than Conquerors	구원승리	롬 8:37	Fire from Heaven
This is that	구원	행 2:16-18	Fire from Heaven
The Holy Place	성결	시 24:3-4	Fire from Heaven
Call of Rebeka	선택	창 24:34-35	Fire from Heaven
Blessing in Disguise	구원	시 66:12	Fire from Heaven
The Holy War	영적전쟁	엡 6:10-11	Holy War
The Spirit of the Gospel	구원의 열정	사 61:1-2	Holy War
Monarch born in a Stable	구원	사 9:6-7	Holy War
The Besetting Sin	죄와 성결	히 12:1-4	Holy War

The Conquest of Canaan	성결, 제2의 축복	욘 13:1	Holy War
Messenger of the Covenant	구원의 약속	말 3:2-4	Holy War
Our Father's Care	성부	사 69:16	Holy War
Laborers with God	교역	고전 3:9	Holy War
Joy and Strength	구원	느 8:10	Holy War
Holiness Unto the Lord	성결	벧후 1:21	holy War
The Good Spirit of the Lord	성령	느 9:20	holy War
The Resurrection	그리스도	막 16:1-14	holy War
The Perfection which God Requires	기독자 완전	빌 3:8-15	holy War
Entering into Canaan	성결		The Ideal Pentecostal Church
The Land and its Resources	구약의 약속		The Ideal Pentecostal Church
Samson and the Flaw in his Life	성결인		The Ideal Pentecostal Church
Power Above the Power of the Enemy	영적전쟁		The Ideal Pentecostal Church
Compromise	성별		The Ideal Pentecostal Church
The Fullness of God	성령충만		The Ideal Pentecostal Church
The Higher Enlightenment	성결		The Warrior Saint
Beneficently Bruised	구원		Thw Warrior Saint

셋 쿡 리스의 약력

1854년 8월 6일 인디아나 주 웨스트필드에서 퀘이커 신자의 가정에서 태어나다.

1873년 3월 19회 생일날 칼빈 프리챠드가 인도하는 퀘이커 모임에서 회심을 경험하다. 성령의 감동에 의한 오순절적 경험을 통해 온전한 성화를 경험하다.

1880년 체로키의 모독 부족과 켄사스의 페로디아 인디안의 선교사로 2년간 사역하다.

1884년 3월 오하이오 주 스미스필드에서 형제교회 담임목사로 4년의 목회를 시작하다.

1888년 미시건 주 래이진 밸리의 형제교회에서 담임목사로 청빙을 받다.기독교선교연맹의 설립자인 심슨(A.B.Simpson)과 관련을 맺고 그의 지원기구의 회장을 맡았으며, 올드 오챠드 모임에 설교하기도 하다.

1894년 40세의 리스가 로드아일랜드의 프라비던스 독립 임마누엘 교회에 부임하여 회중교회 목회를 2년간 하면서 1천명의 회심자를 얻다. 특히 교회의 복음전도를 위해 6가지의 군대식 선교조직을 결성하고 해피홈(Happy Home)을 설립하기도 하다.

1896년 가을 성공적인 목회를 돌연 사임하고 전담 전도자(Full-time Evangelist)가 되다.11오하이오 주 신시내티에서 마틴 냅을 만나게 되다.

1897년 9월 마틴 냅과 만국성결연합 및 기도연맹을 조직하다. 이때 만국성결연합의 회장으로서 봉사하다.

1898년 6월 3일 아내인 플다 리스가 결핵으로 죽다.189911비서였던 프리다 스트롬버그와 재혼하다.

1901년 로드아일랜드의 프라비던스에 노숙 소녀와 여자들을 위한 안식의 집(Rest Cottage)을 설립하고 모두 10곳의 지역에 확대 관리하다.

1908년 사우스캐롤라이나의 파사데나로 이주하다.

1912년 파사데나의 나사렛대학교회의 목사로 청빙을 받다. 후일 필그림교회로 독립하다.

1922년 파사데나의 필그림교회 신자들을 만국성결연합으로 데리고 가서 필그림성결교회가 되다.

1925년 봄 유럽과 성지 및 아시아 지역을 해외전도여행을 출발하여 다음해 1926년 1월에 파사데나로 귀환하다.

1926년 9월 필그림성결교회의 총회는 리스를 3명의 중앙감독 중 하나로 선출했다.

1928년 건강이 악화되어 교단봉사 업무를 줄이다.

1929년 봄 건강이 다시 좋아져 행정업무와 복음전도를 위해 순회사역을 재개하다.19301년이 채 안되어 4회나 대륙을 건너오는 활발한 활동을 하다.

1931년 4분기에 백내장 수술을 받기 위해 마샬 타운의 디콘니스 병원에 입원하다.

1932년 8월 오하이오 주 써클 빌의 찬양캠프의 산에서 마지막 캠프집회를 인도하다.

1933년 5월 22일 월요일 아침 3시 45분에 마지막 유언을 남기고 하늘의 본향에 오르다.

□ 국문초록 □

셋 쿡 리스의 생애와 사상

박문수
글로벌사중복음연구소 연구원

19세기 말 미국 성결운동에 있어서 급진적 성결부흥운동(Radical Revivalism)을 이끈 두 사람의 헌신적인 전도자들이 있다면 마틴 냅(Martin Wells Knapp)과 셋 리스(Seth C. Rees)이다. 그들은 함께 1897년 9월 만국성결연합과 기도연맹(International Holiness Union and Prayer League)을 창립하였다.

이 만국성결연합의 목적은 그들의 선교비전이 반영되어 우선적으로 전 세계에 성결의 복음을 전하면서 강력하게 영혼구원에 나서고자 성결교인들을 모으려는 데 있었다. 그것은 처음에는 초교파적인 선교조직(para-church)이었으나 나중에 하나의 교파(denomination)로서 필그림성결교회(the Pilgrim Holiness Church)로 열매를 맺었다. 이들은 사람들이 구원받을 뿐 아니라 성화되어야 한다는 불타는 메시지와 그 것을 전해야 한다는 사중복음 선교에 큰 부담을 가지고 있었다. 이 논문은 우선 셋 리스의 생애와 신앙적 배경 및 그의 저술들에 나타난 성결신학 사상과 그 사상의 특징들을 개관하였다.

셋 리스는 마틴 냅이 감당했던 막중한 역할과 비중에 가려져서 그의 영향력이 감추어진 면이 있다. 그러나 마틴 냅의 급진적 성결운동이 확산되고 지속되어서 오늘날 수많은 성결교회들이 탄생된 것은 셋 리스의 동역에 힘입고, 그의 사중복음을 향한 헌신이 일정부분 기여한 것이다. 또한 설교가요 지도자이며 선교사였던 셋 리스는 나사렛대학교회 목회와 필그림성결교회를 창립과정을 통해서 동양선교회 창립자이었던 카우만과 길보른의 영적지도를 한 사실이 있었다.

마지막으로, 셋 리스는 성서에 기초한 복음주의 정신에 따라 사중복음을 외친 한 목회자요 신학자이다. 또한 그 시대의 다양한 현상들을 세대주의 종말론에 입각하여 주의 재림의 징조들로 해석한 설교자이었다. 더 나아가 웨슬리의 신앙전통을 이어가는 웨슬리안 완전주의 입장에 서 있으며, 사도행전의 오순절 사건은 성서의 약속대로 교권주의나 세속주의로부터 자신을 분리시키고자 하는 급진적 성결운동을 통하여 지금 재현되고 있다는 확신을 가진 성결사상가이었다.

키워드

급진적 성결운동, 만국성결연맹 부흥자 불세례 사중복음 성령세례 온전한 성화
필그림성결교회 성결 재림 셋 리스

□ Abstract □

A Study on the Life and Thoughts of Seth Cook Rees

Moonsoo Park
Global Institute of the Four-fold Gospel Theology, Researcher

If there are two devoted missionaries leading Radical Revivalism for American Holiness Movement at the end of the 19th century, they are Martin Wells Knapp and Seth C. Rees. They established International Holiness Union and Prayer League in September 1897 together.

The goals of this International Holiness Union are to reflect their vision of mission work and collect believers of the Holiness Churches so as to propagate the gospel of the Holiness to the whole world firstly and rescue spirits strongly. It was firstly interdenominational missionary group (para-church), but became the Pilgrim Holiness Church later as one of denomination. They had a big burden for firing message that people should be not only rescued but also sacred and missionary of four-fold gospel that it should be delivered. This thesis firstly opened life of religious background of Seth C. Rees and thought of Holiness Theology and its characteristics in his writings.

The effects of Seth C. Rees were hidden because of the heavy roles and portion of Martin Wells Knapp. But, radical Holiness Movement of Martin Wells Knapp was spread and continued, so lots of Holiness Churches were born. The reasons are partnership of Seth C. Rees and his devotion to four-fold Gospel. Also, Seth C. Rees who was preacher, leader and missionary was a spiritual leader of Cowman and Kilbourne who were founders of OMS(Oriental Missionary Society) through the process to establish ministry of Nazarene University Church and the Pilgrim Holiness Church.

Finally, Seth C. Rees is a minister and theologist who cried four-fold Gospel according to the spirit of Evangelism based on the Bible. In addition, he is also a preacher who interpreted various phenomena of the period as omens of Jesus' second coming based on Dispensationalism eschatology. Furthermore, he is in a standpoint of Wesleyan Perfectionism which successes Wesleyan religious tradition. And, he was also a Holiness thinker with a confidence that Pentecost accident of the Acts of Apostles is reappeared now through the radical Holiness Movement which intends to divide itself from Staatskirchentum or laicism as the promise of the Bible.

Key Words

Seth Rees, Radical Holiness Movement Revivalist Baptism of Fire Four-fold Gospel, Baptism of Holy Spirit, Entire Sanctification, Pilgrim Holiness Union, The Return of Jesus Christ, International Holiness Uion

윌리엄 갓비의 생애와 사상

A Study On the Life and Thoughts of William Baxter Godbey

장 혜 선 박사

글로벌사중복음연구소 연구원

1. 서론

윌리엄 B. 갓비(William Baxter Godbey, 1833-1920)는 19세기 웨슬리안 성결운동의 가장 영향력 있는 복음전도자 중 한 사람이었다. 갓비는 아주 어린 시절 소명을 받아 목사가 되었고, 성결운동 최초의 순회 부흥사로서 그의 부흥 사역으로 수천 명의 사람들이 회심하고 온전한 성화를 경험하였다고 한다.[1] 그는 신약성경 번역과 7권의 신약성서 주석을 출판하였다. 또한 230여권에 달하는 저서와 소책자들을 출판하여 당시의 성결운동을 전파하는데 문헌적으로도 큰 영향을 끼친 사람 중 하나였다. 뿐만 아니라 갓비는 수많은 캠프미팅에서 설교하고 성경훈련을 시키면서 "그리스어 학자", "성서 주석가"로 명성을 얻었다. 또한 미국 전역을 다니며 집회를 인도하였으며, 세계를 여행하면서 특별히 성서적 기독교의 회복과 초기 기

---

1) James. McGraw, "The Preaching of William B. Godbey." *The Preacher's Magazine*, March 1956. 7.

독교에 대한 지대한 관심으로 예수의 발자취를 따라 "성서의 땅"(Bible Land)과 "성경풍습"을 연구하여 성지에 대한 전문가로서 인정받았다.

이렇게 광범위한 활동을 펼친 갓비는 당시의 성결운동에 매우 지대한 영향을 주었다. 그는 평생 감리교를 떠나지 않았으나 순회설교가로서 교파를 넘어서 연합회 활동으로 성결운동을 주도하였다. 특히 마틴 냅(M. Knapp)이 주도한 사도 성결연맹(Apostolic Holiness Union and Prayer League)[2]에 참여하여 당시 성결운동지도자들과 함께 적극적으로 사역하였다. 또한 냅이 신시내티에 세운 〈하나님의 성서학원〉(God's Bible School)의 교사로 섬기며 많은 학생들을 가르치고 저술활동을 하였다. 여기에서 공부하고 선교사로 파송 받은 길보른과 카우만은 일본 동경에서 〈하나님의 성서학원〉의 모델을 따라 성서학원을 세우고 성결복음을 가르쳤다.[3] 따라서 한국성결교회는 마틴 냅(Martin Knapp), 갓비(W. B. Godbey), 세스 리(Seth Rees), 힐스(A. M. Hills) 등과 같은 미국 초기 성결운동의 지도자들의 삶과 사상의 물줄기를 이어받고 있다고 할 수 있다.

갓비가 살았던 19세기 중반과 20세기 초반 미국은 사회적 종교적 변화가 많던 격변기였다. 남북전쟁(1861-65) 이후 미국은 재건시대를 맞아 산업화가 진전되던 시기였다. 사회와 노동력에 급격한 변화가 일어났으며, 전례 없는 이민자의 물결과 더불어 인종 문제, 남과 북, 도시와 농촌, 빈부의 차이 등 내적갈등이 심해졌다. 그럼에도 인구성장과 산업성장으로 인해 미국의 힘은 증가되어 19세기 말 미국은 새로운 기술, 특히 전신 및 제철 등에서 세계적인 선진 공업국이 되었다. 여기에 철도망을 갖추고 풍부한 천연

---

2) 마틴 냅은 1892년 〈오순절성결연맹〉을 창립하였고, 이를 확장 개명하여 1897년 〈만국성결연합 및 기도연맹 Apostolic Holiness Union and Prayer League〉을 세워 셋 리스를 회장으로 추대하였다. Martin Knapp, *The Constitution of International Holoness Union and Prayer League*(Cincinnati: Revivalist Office. 1897). 1.

3) William Godbey, *Around the World, Garden of Eden, Great Day Prophecies, and Missions* (Revivalist, 1907) 갓비는 그의 세계전도여행 중 일본 방문하여 동경성경학교에서 가르쳤으며, 당시 이곳에서 사역하고 있던 카우만과 길보른에 대해 언급하고 있다.

자원으로 제2차 산업혁명의 선구자가 되었다.

종교적으로 미국은 1차 대각성운동의 열기가 사라지면서 19세기 예일대를 중심으로 한 2차 대각성운동과, 켄터키의 케인리지에서의 강력한 부흥운동, 북부 뉴욕을 중심으로 한 찰스 피니의 부흥운동이 일어났다. 이런 흐름 속에서 1830년대부터는 감리교를 중심으로 성결운동이 일어나 1860년대는 전국적으로 퍼지게 된다. 바로 이 시기에 갓비는 남부 켄터키에서 태어나 성결운동의 초기 지도자로서 활동했다.[4]

본 연구는 19세기 성결운동의 거장 갓비의 생애와 사상을 소개하고자 한다. 이를 위한 1차 문헌자료는 갓비가 76세 되던 1909년에 출판한 자서전[5]과 그가 저술한 책들이다. 또한 1911년 출판된 『성경신학』(*Bible Theology*)[6]은 각 주제별로 잘 정돈되어 있어 주요 참고문헌이 될 것이다.

갓비의 삶과 사상에 대한 연구로는 해밀턴(Barry W. Hamilton)의 『윌리엄 박스터 갓비: 성결운동의 순회 사도』(*Willam Baxter Godbey: Itinerant Apostle of the Holiness Movement*)[7]가 거의 유일하다. 이 연구는 갓비의 생애와 사상을 연구하는데 중요한 기초 자료가 될 것이다. 그 외 갓비에 대한 글은 3편 정도가 발견된다. 갓비의 설교에 관한 것으로 해

---

4) 갓비는 1866년부터 미국 남부 감리교 연합회의 회원으로서 부흥운동에 가담하여 활동하게 된다. 이 시기에 활동한 무디(D. L. Moody, 1837-1899)는 성서학원을 통해 많은 지도자들을 배출하고 부흥운동의 한 축을 감당하였다. 갓비의 책에는 언제나 당시의 부흥운동지도자들의 영향이 많이 나타나는데 특히 무디, 심슨, 고든, 피니, 피비 팔머 등이 있다.

5) William B. Godbey, *Autobiography of W. B. Godbey* (Cincinnati, OH: God's Revivalist Office, 1909).

6) Godbey, *Bible Theology*. Cincinnati, OH: God's Revivalist Office, 1911. 이 책은 총 20장으로 구성되어 있으며, 하나님, 삼위일체, 타락, 각성과 회심, 칭의 중생, 성화, 세례, 오순절 경험, 하나님의 사랑과 성령의 은사, 예정, 전천년설, 교회 등의 주제를 다루고 있다.

7) Barry W. Hamilton, *Willam Baxter Godbey: Itinerant Apostle of the Holiness Movement*, Studies in American religion; v. 72. (Lewiston-Queenston-Lampeter; The Edwin Mellen Press), 2000. 이 책은 해밀턴이 1993년 드류대학교 (Drew University)에 박사학위 논문으로 제출했던 것을 정돈하여 출판한 것이다.

밀턴의 1999년 논문8)과 1956년 갓비의 설교에 대한 맥그로우(James McGraw)의 짧은 글이 "설교자 잡지"(*The Preacher's Magazine*)에 실렸다.9) 또한 1968년 갓비의 신약성서에 대하여 빌스(V. Alex Bills)의 소논문10)이 발표되었다. 국내에 소개된 갓비에 대한 내용은 2012년 최인식 박사의 마틴 냅과 윌리엄 갓비의 성령세례를 중심으로 연구한 소논문이 유일하다.11)

　　본 논문은 갓비의 생애와 사역을 소개하고, 이를 통해 성결운동의 핵심적 가치를 이해하는데 초점을 둘 것이다. 갓비는 사중복음적 체험을 통하여 성결복음을 전파하는 성결부흥운동에 헌신하였으며, 그 부흥운동은 복음에 대한 본질적 일치 안에서 자유로운 연합의 성격을 보여주고 있다. 특히 성결과 재림의 진리로 일치한 성결운동은 강력한 복음전도와 선교운동을 일으키며 19세기 종교와 사회 속에 오순절 불을 던졌다. 이러한 운동을 당시의 주류교회는 과격한(radical) 운동이라 불렀고, 갓비를 괴짜(eccentric) 또는 이상한 사람으로 불렀지만, 그 과격함은 성경진리에 대한 확신과 성령의 이끄심에 대한 전적인 순종과 헌신이 불러온 것으로 대부분의 성결운동 지도자들에게 드러났던 특징들이었다. 이러한 래디컬한 복음의 본질적 역동성은 오늘날 성결운동의 후예들의 마음을 각성시키며 영혼을 깊이 울리게 한다.

---

8) Barry W. Hamilton, "Preaching the 'Narrow Way': William B. Godbey's Homiletical Agenda for the Early Holiness Movement." *Methodist History* XXXVIII, no. 1 (October 1999), 40-52.

9) James. McGraw, "The Preaching of William B. Godbey." *The Preacher's Magazine,* March 1956. 7-9.

10) V. Alex Bills, "The Godbey New Testament." *The Bible Collector* 14, April-June 1968.

11) 최인식, "성령세례의 신학적 의의에 대한 고찰-마틴 냅과 윌리엄 갓비를 중심으로", 『한국조직신학논총』 제33집. (서울: 한들 출판사, 2012), 37-73. 최근에 미남부의 성결운동과 오순절 운동에 대한 책으로 랜달이 쓴 『불의 전파: 미국 남부에서의 성결과 오순절주의』가 있다. Randall J. Stephenes. *The Fire Spread: Holiness and Pentecostalism in the American South.* the President and Follows of Harvard College, 2008.

주님의 재림에 대한 강력한 확신으로 하나님 나라를 대망하며 이 땅의 교회와 성도를 '성결'하게 준비시키고자 부흥운동과 저술, 가르침과 순회전도에 헌신하였던 성결운동 지도자 갓비[12]의 생애와 사상의 연구를 통해 21세기 한국의 성결교회의 '소생(revive)과 부흥(revival)'에 조금이라도 기여하기를 기대한다.[13]

이를 위해 먼저 갓비의 생애를 살펴볼 것이다. 그의 생애는 완전성화의 체험을 중심으로 평범한 감리교 목사에서 뜨거운 열정의 부흥자로 변화하였고, 성결운동의 탁월한 지도자로 변모하였다. 또한 갓비의 저술에 나타난 사상을 그의 성화론과 재림, 성결연합사역과 교회론을 중심으로 살펴볼 것이다. 그의 신학사상은 철저한 초기시대의 웨슬리를 추구하고, 미국의 부흥운동, 또한 팔머의 순간적 완전성화론의 특징들을 모두 수용한 것으로, 성서적 기독교, 오순절적 성령기독교로의 회복과 부흥을 위한 추구였음을 볼 수 있다. 마지막으로 갓비가 남긴 공헌을 살펴보면서 오늘날의 교회회복과 부흥을 위한 메시지를 밝히고자 한다.

2. 갓비의 생애와 사역

가. 유년부터 청년기

1) 부흥운동의 자녀

---

12) 맥그로우는 갓비를 회상하면서 그를 '거룩한 설교자, 부지런한 학자, 열정적인 부흥자, 담대한 변증가인 윌리엄 갓비'라고 쓰고 있다. James. McGraw, "The Preaching of William B. Godbey." *The Preacher's Magazine*, March 1956. 9.

13) William B. Godbey, Revive and Refire(Greensboro, NC: Apostolic Messenger Office, n.d.). 갓비가 새로운 성령의 은혜로 성화된 삶을 살도록 하는 이 책 제목이 '소생'과 '부흥'이다.

윌리엄 박스터 갓비(William Baxter Godbey)는 미국의 남부 풀라스키 지방 켄터키에서 1833년 6월 3일 태어났다. 그의 부모는 경건한 감리교 목회자였으며, 갓비는 자신이 세 살 때 어머니의 무릎위에서 회심을 경험하였고, 그때 설교하는 사명을 받았다고 한다.[14] 이는 그의 가족이 갖는 감리교적 배경과 당시 남부의 부흥운동을 배경으로 한 문화 속에서는 가능한 일이었을 것이다. 그의 할아버지는 에즈베리 감독이 주관한 버지니아의 부흥회에서 강력한 회심을 경험하였고 이후 켄터키로 이주하였다.[15]

갓비의 사역의 두 가지 중요한 특성은 모두 어린 시절의 켄터키 감리교적 배경에 뿌리를 두고 있다.[16] 첫 번째 특징은 19세기 농촌 켄터키 사회를 침투한 부흥 운동이었다. 감리교의 깊은 뿌리를 가진 가정에서 태어난 갓비는 부흥운동의 컨텍스트 내에서 자신의 삶과 사역을 이해했다. 이러한 부흥운동의 특징의 하나로 갓비의 부흥 집회는 '연장집회'로 유명한데, 이는 한번 부흥회를 열면 폐회 날짜가 없이 가능한 오랫동안 지속하는 것이다. 이런 모임은 성령의 인도하심을 따르는 것으로, 이는 사람들을 어떤 방법을 통해서든지 하나님께로 나아가도록 하기 위한 것이었다. 두 번째 특징은 19세기 초의 케인 리지(Cane Ridge) 부흥 집회의 유산이다. 1800년에서 1801년 사이의 케인 리지 미팅은 이후 부흥운동의 모델이 되었다.[17] 켄터키 농촌의 사람들은 당시에 강력한 감정적인 경험과 더불어 변화되는 경

---

14) William B. Godbey, *Autobiography*, 26-29.
15) 갓비의 할아버지는 회심한 후에 집안의 노예들에게 자유를 주었다고 한다. 그의 6자녀 중 5명이 목사가 되었고, 갓비의 아버지인 존 갓비(John Godbey)도 포함되어 있었다. 갓비는 그의 할아버지가 96세 되었을 때 가족모임을 하였는데, 500여명의 가족 중 승인된 목사가 25명이었다고 기록하고 있다. Ibid., 12-13.
16) Barry W. Hamilton, 23-24. 2차 대각성운동의 특징은 초자연주의, 종말론적 관심, 완전주의, 부흥운동으로 볼 수 있으며 이 특징들은 실제 갓비의 삶과 사역에도 그대로 드러난다. 2차 대각성운동에 대한 자료는 William G. McLoughlin, *Revivals, Awakenings, and Reform: An Essay on Religion and Social Change in America, 1607-1977*, Chicago History of American Religion (Chicago, IL: University of Chicago Press, 1978), 102-104.
17) 케인 리지에 대한 가장 좋은 해석은 콘킨의 책에 나타난다. Paul K. Conkin, *Cane Ridge: America's Pentecost* (Madison, WI: University of Wisconsin Press, 1990).

험을 하였다. 그들은 부흥회에서 사람들이 성령의 능력아래 쓰러지고 우는 것, 소리치는 것, 뛰거나 또는 달리는 것과 같은 신체적인 활동을 통하여 그들의 영혼 안에 하나님이 활동하시는 공적인 증거를 주신다고 믿었다. 따라서 부흥에 대한 이러한 경험과 기대는 갓비가 부흥에 대해 의도한 결과를 만드는데 중요한 역할을 했다. 갓비는 리지 유산과 웨슬리안 성결 교리의 결합을 장려하였는데, 인간의 영혼에서 하나님의 역사의 증거로서 신체적인 증거를 수여받는 특징적인 문화를 형성하였다.[18]

2) 회심의 경험

19세기 초기 미국의 부흥회는 '회심'을 강조하였다. 당시의 회심에 집중된 예배와 그 극적인 결과들은 오순절날의 사건을 특징짓는 원시적 사도적 능력으로서, 1세기 기독교를 회복을 드러내는 것으로 여겨졌다.[19] 이러한 초자연적인 능력에 대한 극적 체험이 수반되는 경험 없이 회심하였다고 생각했던 갓비는 16살이었던 1849년 11월에 침례교 부흥에 참석하여 "명확한"(clear) 회심 경험을 위한 강렬한 내면의 투쟁에 들어갔다.[20] 그는 이렇게 당시를 회상한다.

"내가 도착했을 때 집은 꽉 차서 심지어 밖에 까지 들어차 있었다. 내가 문을 들어서자 유죄판결이 사이클론처럼 나를 강타했다. 설교자는 매우 평범하고 학식 없는 사람이었지만, 성령은 그를 손에 쥐고, 그는 오순절의 모든 능력과 불로 설교했다. 성령이 처음 예루살렘에서 그들에게 떨어졌을 그 위대하고 유명

---

18) Barry W. Hamilton, 26. 그러나 해밀턴은 성결운동에서는 이러한 것을 주장한 적이 없으며, 특히 팔머의 제단 신학 역시 성령의 내적 증거를 말하지만 신체적인 증거가 요구된 적이 없었음을 지적한다. 즉 이러한 것은 케인리지 부흥운동적 문화배경에서 온 것이다.

19) Barry W. Hamilton, 26. 켄터키 부흥의 문화에서 본 세 살짜리 갓비의 회심은 '건강한' 회심 체험에 수반되는 드라마가 전혀 없었다.

20) William B. Godbey, et. al., "Pentecostal Messengers," *Full Salvation Quarterly* 5: 1(January 1899), 15. 여기에서 그는 자신이 16살까지 회심을 체험하지 못했었다고 고백하고 있다.

한 날에 그들이 받았던 것을 상상할 수 있었다.…" 21)

회심의 경험에 대한 갓비의 설명은 절망의 끝에 다다른 의심과의 강렬한 내면의 투쟁, 하나님의 능력에 압도되는 느낌을 통해 자신의 내면의 갈등이 해결되고 무제한의 기쁨을 동반하는 하나님-인간의 드라마를 보여준다.

"오 하나님, 나는 비참한 죄인입니다. 나의 모든 의로운 일들은 더러운 넝마입니다." 나는 결코 잊지 못할 신기원(epoch)에 다다랐다. 그런 부담이 굴러가 사라지고, 나는 기쁨으로 뛰었다. 22)

그 후 그는 초자연적인 능력의 분출(outpouring)을 경험하였고, 그 경험은 즉각적이고 분명하였다. 이러한 회심의 경험 이후 부흥(revivalism)이라는 단어는 그의 종교적 전망의 중심이 되었다.

그러나 갓비는 당시의 회심 이후에도 무엇인가 더 부가된 체험이 갈구되었다. 당시의 문화적 상황으로 참회자의 의자(mouner's bench)에 앉은 사람들 중에는 회심자와 성화체험자들도 많았으나 이것이 잘 구분되지 않았을 것이다. 그는 내적인 불만족을 해결할 완전 성화를 추구하게 되었는데, 그것이 무엇인지를 알 수 없었다. 갓비 자신의 설명에 의하면, 그는 성화에 대한 "옛 감리교의 책"을 읽었지만, 구체적으로 성화의 경험을 구하는 방법을 전혀 몰랐으며, 그를 이끌 수 있는 가이드도 없었다. 23) 은혜의 두 번째 역사를 신중하게 추구하였으나 그 구체적인 방법은 제시되어 있지 않

---

21) Godbey, *Autobiography*, 61.
22) Godbey, *Autobiography*, 62-63. 갓비는 "선한 행위들, 교회의 회원, 설교하는 아버지와 거룩한 어머니, 기도하는 그리스도인" 등 자신이 구원에 의존했던 것들이 사라졌고, 그의 영원한 운명이 위태로움을 느꼈다.
23) Godbey, *Autobiography*, 64. 갓비는 당시에 성화에 대한 설교는 전혀 들어보지 못하였다고 한다. 이것이 갓비가 완전성화에 대한 수없는 글과 책을 쓴 이유이기도 하다. 그는 회심한 사람들이 즉각 성화에 들어갈 수 있도록 돕기를 원했다.

았던 것이다.

3) 교육과 사역의 시작

10대의 갓비는 웅변연습을 상당히 많이 하고, 열심히 공부하였으며, 동시에 가족 농장에서 노동하였다. 당시 그에게 중요한 요소를 꼽자면, 농촌 토론 단체들에 참여하였던 것이다. 그는 이때의 토론 경험이 평생 동안의 엄격한 연구 습관을 취득하게 했다고 믿었다. 또한 그의 논쟁의 경험은 화려한 연설 스타일의 기원이 되었다. 이러한 수사학은 갓비의 출판물에 줄곧 나타나고, 그를 회상하는 사람들도 갓비의 연설 스타일을 기억하였다.[24]

갓비는 20세 되던 1853년 감리교 남부 지방의 목사로 승인되었고 사역을 시작했다. 조지타운 대학(KY)에서 학생 시절에 그는 감리교 "유색인종 교회들"인 아프리카 계 미국인 노예들에게 설교하였다. 그는 대부분의 시간을 공적으로 가르치는 일에 보냈다.[25] 그는 또한 대학 교육에 돈을 내기 위해서 몇 년간 학교에서 가르치기도 하였다. 갓비는 26세인 1859년 6월 30일 학사 학위를 받고 졸업하였다. 그는 당시로서는 매우 드물게 대학에서 고전교육을 받은 사람이었다. 이러한 "고전 교육"이라는 표시(mark)는 그의 책, 소논문, 소책자에 걸쳐서 발견되고, 당연히 그의 부흥 설교에도 영향을 미쳤다. 갓비의 책에는 그리스와 로마 고전의 이야기가 자주 등장하며, 또한 그의 성경 수업에는 그리스와 라틴어 단어 연구가 포함되었다. 또한 그는 헬라어를 공부하여 신약성경을 언제나 헬라어로 읽었으며 늘 헬라어 성경을 몸에 지니고 다녔다.

그는 대학 졸업 후 1859년에서 1868년 까지 페리빌(Perryville, Kentucky)에 있는 하모니아 대학(Hamona College)의 총장을 역임하고, 남북 전쟁 동안 학교를 인디애나로 이동하였다. 그는 학교에서 책임을 맡는 동시에 페리빌의 순회 강사로 섬겼다. 또한 켄터키의 맥빌(Mackville)에서

---

24) Barry W. Hamilton, 32. Brasher, *The Sanctified South*, 68-74.
25) Godbey, *Autobiography*, 83-84.

가르치고 설교하는 것을 1870년까지 계속하였다. 그 이후로 그는 "연합회의 사람"(Union man)이었다.[26]

　　1860년 27세에 그는 엠마 더럼(Emma Durham)과 결혼했으며 그들은 8명의 자녀를 낳았지만, 그 중 아들 한 명만 살아남아 성장하였다.[27] 모든 면에서, 갓비는 전형적인 켄터키 감리교 목사의 모습이었으나, 단지 그가 받은 교육수준은 당시로서는 예외적인 것으로, 평생 공부하며 가르치는 마인드(schoolmind)를 갖고 살았음을 볼 수 있다.[28]

나. 완전 성화의 체험과 사역의 전환

1) 성화의 체험

　　페리빌에서 가르치고 설교하는 동안에서 갓비는 1868년 35세 때 그가 추구하고 갈망하던 종교적 경험을 하게 된다. 갓비는 자신을 근본적으로 변화시키고 자신의 사역의 분수령이 된 이 경험을 "온전한 성화"(entire sanctification) 라고 불렀다.[29] 이 경험이 있던 1868년 12월 이전에 갓비는 부흥회를 인도할 때 자신의 사역의 극적인 효과를 갖고자 집중하였다. 그는 그가 할 수 있는 모든 좋은 것을 다 하려고 열심을 내서 일했다. 하모니아 대학에서 200명의 학생들을 섬기고 주 5일간 밤늦게 까지 가르치며, 페리에 지역을 목회하고, 토요일과 주일에는 설교하였다. 그는 여러 지역을 다니면서 쉼 없이 설교하였다. 그렇게 그는 부흥회에서 '회심'을 전했지만, '성화'에 대해서는 설교할 수 없었다.[30]

---

26) William B. Godbey, *Apostasy* (Cincinnati, OH: God's Revivalist Office, n.d.), 33.
27) Emma Durham Godbey, *My Better Half,* (Cincinnati, OH: God's Revivalist Press, n.d.)
28) James. McGraw, *Ibid.*, 8.
29) Godbey, *Autobiography*, 96.
30) Ibid., 90-91.

갓비는 오랫동안 갈망하던 그 경험을 1868년 12월에 있던 한 부흥회에서 발견하였다. 그때, 그는 참회자의 의자(mouner's bench)에서 하늘의 세계로부터 산사태를 받았는데, 모두를 침수시키는 미시시피 강이 빠르게 거대한 바다로 넓어졌고 둑이나 바닥없는 대양으로 방출하는 강 같았다.[31]

처음에 갓비는 자신의 경험이 회심의 완성이라고 생각하였으나, 한 장로가 갓비의 경험이 책에서 읽은 '그리스도인의 완전'의 경험인 것 같다고 말했다. 그 후 거의 백 살 가까운 설교자를 만났을 때, 그가 갓비의 경험을 듣고서, 그것이 옛날 성화에 대한 것이었음을 확인시켜주었다. 이 만남은 매우 혁명적인 것으로, 갓비는 웨슬리의 "그리스도인 완전"에 대한 설교를 열두 번도 더 읽고 있었던 것이다. 그는 다른 책들도 읽고서 "성령의 두 가지 위대한 역사, 죄인을 위한 중생과, 그리스도인을 위한 성화"가 나타났다고 확신했다.

> "결혼 후 8년 되었을 때, 주님은 성령과 불로 세례를 주셨다. 프리메이슨, 비밀공제조합회원, 대학 총장, 남부 감리교 설교자, 주교 지원자는 불태워졌다. 그분은 나를 불의 태풍으로 만들어서, 나는 가는 곳마다 휩쓸고, 쓰러지는 부흥회를 인도하게 되었다. 이렇게 이 경험은 성결운동이 딕시랜드에 오기 15년 전에 주어졌다."[32]

이때 감리교 주교에 대한 갓비의 야망은 "깡그리 태워졌"으며 이후 그의 부흥 사역에서는 놀라운 결과들이 나타났으며, 거룩한 능력의 부어 주심을 경험하였다. 그는 그를 "태풍(cyclone)의 불"으로 만들기 위한 성령의

---

31) Ibid., 94.
32) Godbey, *My Better Half*, 10. "Eight years after we entered into wedlock the Lord gloriously baptize me with the Holy Ghost and fire; burning up the Free Mason, the Odd Fellow, the College President, the Southern Methodist preacher, the candidate [sic] for the episcopacy, making me a cyclone of fire, so I had a sweeping, knockdown revival everywhere I went; thus giving me the experience fifteen years before the Holiness Movement reached Dixie Land, the people with remarkable." unanimity pronouncing me crazy.

역사를 신뢰했다. 그 결과 그는 가는 곳마다 부흥을 경험했다.[33] 갓비에 게, 그의 완전 성화의 경험은 목사로서의 그의 사역을 위해 가장 중요한 자 격이었다. 이후에 갓비는 불타는 성결전도자가 되었고, 뜨거운 부흥자가 되 었다.[34] 그는 과격한 성결 주창자로서 하루에도 6번씩 설교하였으며, 집회 사이에는 집집마다 다니며 방문사역을 하였다. 그는 성화의 경험이후, 15년 동안의 사역에서 5천명의 회심자 혹은 성화자를 얻었다고 밝히고 있다.[35]

2) 감리교 사역과 성결부흥자
1868년의 완전 성결의 체험으로 인해 갓비는 감리교 남부의 가장자리 로 내몰리게 되고, 결국 성결운동의 중심에 서게 되었다. 당시에 켄터키 총 회는 재건이후의 가장 논쟁적인 이슈는 '성결'(holiness)에 대한 것이었다. 남부 성결운동의 초기 개척자 중 한 사람인 갓비는 대담하게 자신의 순간 적인 체험으로서 완전 성화의 교리를 추친 하였다. 하지만 대부분의 감리교 에서 특히 사역자들은 그의 기독자 완전에 대한 신학적 관점을 받아들이 지 않았다.

1870년 켄터키 총회는 마크빌(Mackville)에 갓비를 임명하였다. 그 후 185명이었던 회원은 갓비의 열정적인 설교로 이듬해 회원이 415명, 유색인 이 100명이 되었다. 켄터키 감리교는 갓비의 재능을 인정하였고, 그를 부흥 회에 관련된 부서에서 일하도록 하였다. 갓비의 사역은 특히 주변부 사람들 즉, 아프리카 미국인과 가난한 백인들, 남부 사회 최하층에 있는 그룹들에 성공적이었다. 아마도 19세기 후반 사회적 위기가 케인 리지 스타일의 부 흥과 그리스도인의 완전의 메시지에 대한 갓비의 종합을 받아들일 토양을 제공했을 것이다.[36]

그는 목회 초기부터 그의 스타일과 방법, 특히 순간적인 경험으로서의

---

33) Godbey, *Autobiography*, 100-102.
34) Knapp, *Pentecostal Messenger*, 19.
35) Godbey, *Autobiography*, 263.
36) Barry W. Hamilton, 42.

성결교리에 대한 그의 메시지 때문에 갈등을 야기했다. 자서전에서 밝히듯이 설교자들이 갓비의 사역의 부흥을 높이 평가한 것도 사실이지만, 대부분 많은 이들은 갓비가 성화에 '미쳤다'고 평가하였다.[37]

1872년 켄터키 포스트에 있는 감리 교회에 임명되었고, 그는 한 해에 500명이상의 회심자를 얻었다.[38] 갓비는 1873-1876에서 켄터키 회의에 감리 장로로 두 번 임명 된 후 1877년에서 1884년까지 여러 개의 작은 목회지에서 사역을 하였다. 갓비는 그가 할 수 있는 모든 장소에서 주로 부흥집회에 집중하였고, 또한 훌륭한 결과를 가져왔다. 그러나 이러한 그의 부흥집회는 결국 감리교 사역에서의 그의 경력에 피해를 주었다.

1883년 갓비는 벤세버그(vanceburg)의 목회직으로 되돌아오게 되었다. 이전까지는 승진하는 방식으로 이동하면서 감리장로가 되었으나, 그의 과도한 부흥회와 완전성화에 대한 가르침과 과격한 강조에 대한 교단적인 불만의 표현이었다.[39] 이때 그는 인생의 가장 고통스러운 결정의 순간을 맞이하는데 어떤 결정을 하든 비싼 대가를 치러야 했기 때문이다. 그는 감리교의 깊은 뿌리를 지닌 가정배경과 함께 앞으로 전도유망한 감리교의 중심적인 사역자로서 남을 것인지, 아니면 부흥운동의 자녀로서 성화의 체험 이후 그의 재능을 배가시킨 부흥자로서 살아갈 것인지를 결정해야 했다. 결국 갓비는 감리교의 경계 밖에서 새로운 부흥 사역지를 발견하였고, 이로써 그는 19세기의 남부의 성결 운동을 이끄는 복음전도자가 되었다. 그는 다른 성결 주창자들과 함께 1883년 켄터키성결연합회(Kentucky Holiness

---

37) Ibid., 103. 갓비는 부흥회에 집중하여 전도활동에 과도한 시간을 쓰고, 교회 조직에 '연관된' 의무들에는 소홀하다고 평가받았다. 갓비는 그러한 비난이 정당하다고 보았다. 성화이후 갓비는 '미쳤다'(crazy)는 수식어와 '괴짜'(eccentric)이라는 별명을 너무도 많이 들었다. 이는 그의 설교방식과 특이한 습관과 타인을 의식하지 않는 외모 같은 매우 피상적인 이유들로 인한 평가였다.
38) Ibid., 270. 그러나 감리교 목사 중 일부는 갓비가 너무 부흥회에만 치중한다고 비난하였다.
39) Barry W. Hamilton, 45-47. 해밀턴은 1882년까지 갓비가 감리장로 수준의 사역을 감당하였으나, 1884년 총회의사록에 "이동"(located) 결정이 났음을 밝히고 있다.

Association)를 결성하였다.[40)

1884년 총회에서 맥타이어(N. McTyeire) 감독은 정치적인 수완을 발휘하여 갓비에게 빠른 성장이 필요한 텍사스로 가서 전도자로서 일하도록 권하였다. 갓비는 이 사건에 대하여 자신을 감리교의 지역적 속박에서 "풀어주는" 것으로 받아들였다.[41) 그는 감리교의 비공식 순회 사역자가 되어 교단을 넘어서 자유롭게 부흥회를 열었으며, 넓게 흩어진 감리교회와 캠프 미팅에서 사역하였다, 1895년 이후에는 새로운 성결 연합회가 형성되었으며, 갓비는 성결 운동의 가장 유명한 복음 전도자 중 하나가되었다. 그의 열정적인 사역은 집회에 참여한 많은 사람들에게 깊은 영향을 미쳤다. 그의 은사와 경험은 감리교 경계 밖의 부흥사역의 새로운 활동무대를 발견하게 하고, 19세기 성결운동을 이끄는 전도자의 한 사람이 되어 이후의 많은 성결교단들의 기초를 놓게 하였다.[42)

3) 갓비 사역의 특징들

갓비의 부흥집회는 극적인 특성을 갖는다. 갓비는 매우 다채롭고 감정적인 설교를 능숙하게 하였으며, 부흥회의 군중들에게 극적인 '위기'경험을 추구하도록 이끌었다. 그는 부흥 집회 첫날 저녁에 참가한 사람들 중 회심이 필요한 사람을 확인하였는데, 그 자신이 이것이 성령의 선물인 지식의 은사라고 믿었다. 그는 그들을 각성시키기 위해 "시내산 복음"(Sinai Gospel)을 선포하였다. 갓비는 헬라어 두나미스(dunamis)를 영어 단어로 음역하여 "다이너마이트"(dynamite)로 번역한다. 따라서 로마서 1장 16절을 다음과 같이 번역한다. "복음은 믿는 자 모두에게 구원을 주시는 하나님의

---

40) Godbey, *Autobiography,* 103-104.
41) Ibid., 이것은 비공식적인 것으로 감리교 내에 어떤 위치나 급여가 없는 것이었다. 갓비는 맥타이어를 높이 평가하여 "남 감리교의 모세"라고 부르기도 하였다. William B. Godbey, *My Triennial Circuit* (Cincinnati, OH: God's Revivalist Press, [1911?]), 1.
42) Hamilton, *William Baxter Godbey* (2000), 56.

다이너마이트이다."[43] 그는 "다이너마이트"의 의미를 캠프 미팅의 예배 스타일로 표현하려고 폭발물의 뜻과 연결시키면서 두 가지의 의미로 사용하였다. 즉 능력의 "다이너마이트"와 "지옥불과 저주" 설교에 언급된 "다이너마이트"이다. 이것은 불신자들의 유죄 선언을 불태우기 위한 것이었다. 그는 이러한 유형의 설교를 "천둥번개와 지진과 번쩍이는 번개"를 가지고, "시내산에 설교단을 세우는" 설교라고 불렀다.[44] 갓비는 이러한 유형의 설교가 부흥집회 시에 놀라운 결과를 가져온다고 신뢰했다. 그는 완전한 성결은 "하늘에서 내려 보낸 성령"과 더불어 "시내산 복음"을 전파하도록 준비시키는 근본적인 경험이라고 믿었다. 그는 "시내산 복음"으로 죄인을 유죄 선언으로 몰고 가서 군중이 완전히 깨어지는 지점에 도달하기까지 결단의 순간으로 가지 않았다.[45]

그는 이런 방식으로 여러 날 저녁을 설교하였고, 회중의 감정이 순서에 따라 서서히 붕괴될 때 까지 이르도록 하였다. 그런 다음에 갓비는 "갈보리 복음"을 선포하였고, 사람들은 절망에서 기쁨으로 변화되고, "예수의 죽으시는 사랑"을 강조한다.[46] 그의 감성적인 스타일은 다음의 설명으로부터 알 수 있다. "골고다의 붉은 언덕 위에 서있는 설교자와 엄숙한 통곡과 찢어진 심장으로, 시내산의 천둥-번개에 의해 짓눌린 영혼에게 예수의 죽어가는 사랑을 전파한다."[47]

그러나 그의 부흥회는 종종 교회를 나뉘게 하고, 그의 이상한 버릇과 함께, "미친" 사람이라는 비난으로 격하되었다.[48] 대부분 사람들은 "미친"

---

43) Godbey, *Autobiography,* 127-129; *Commentary on the New Testament,* 7 vols. (Cincinnati, OH: God's Revivalist Office, 1896-1900), vol. 5, Romans 14-18.
44) William B. Godbey, *God's Gospel Preacher: When, Where, How* (Cincinnati, OH: God's Revivalist Office, 1911), 11.
45) Godbey, *Autobiography,* 344-345.
46) 288-289. 갓비는 자신이 영분별의 은사를 받았다고 말하고 있다.
47) Godbey, *God's Gospel Preacher,* 13
48) Godbey, *Autobiography,* 100-101, 277-278. 갓비는 자신의 부흥회를 비난하는 일간지의 기사를 보고도 반박하지 않았는데, 이 기사로 인해 사람들이 많이 올 것이라고 생각했고, 실제로 호기심으로 참여하는 사람들도 많았다. 이러한 사실에서 우리는

설교자의 설교를 듣기 위해, 호기심으로 부흥집회에 왔다. 많은 사람들이 갓비의 설교를 반대하였지만, 찬성하는 사람들도 있었다. 그들은 갓비의 드라마틱한 회심과 "순간"(epochal) 경험으로서 완전 성화를 표현하는 방식이 "이전 스타일 웨슬리"(Old-style Wesley)라고 보았던 것이다.[49] 그러나 당시 감리교의 부흥회 스타일이 1870년대와 80년대 도시와 타운에서는 차분한 성격으로 변해가고 있었다. 이런 상황에서 캠프 미팅의 정서와 19세기 초의 부흥회 스타일로 진행된 갓비의 사역은 논쟁을 불러일으켰던 것이다.[50]

갓비는 특히 텍사스에서 성화에 대한 그의 설교 주제로 인해 격렬한 반대를 만났다. 특히 중앙 텍사스에서는, 두 그룹의 극단주의자들이 성화에 대한 논란을 일으켜 왔다.[51] 첫째는, "코르시카 열광주의자"(Corsicana Enthusiasts)로서 성결파 전천년주의자들과 합류하여 감리교와 기타 "외부자들"이 밀러주의자와 연결된 천년주의 분파를 형성하였다.[52] 이 그룹은 부부가 성화의 경험에 대해 서로 일치하지 않으면, 완전성화를 따르는 사람이 그의 아내나 또는 남편과 분리하도록 요구하였다.

또 한 단체는 여성단체로서 여성 연방(Woman's Commonwealth)으로 알려졌지만, 일반적으로는 "성화된 자매"로 불리거나, 또는 "벨톤 성화주의자들(Belton Sanctificationists)"로 불렸다.[53] 이 벨톤 성화주의자들은 19세

그가 자신의 평판보다는 한사람이라도 더 복음을 듣고 회심하고 성화되는 일을 더 중요시하였음을 알 수 있다.

49) 웨슬리, 플래쳐, 클라크, 왓슨에 호소하면서 갓비는 진정한 웨슬리주의를 표현하였고, 그의 설교는 예시대 감리교를 회복하기 위해 애쓴다는 감명을 주었기 때문에, 그의 논란이 되는 부흥의 스타일과 습관에도 불구하고 그는 감리교에서 쫓겨나지 않았던 것이다.

50) Godbey, *Autobiography*, 277. 물론 갓비 역시 감리교의 이러한 변화를 잘 알고 있었으며, 그는 비싼 건축물을 짓는 현상에 대해 감리교의 '비영성'의 표시라고 보았다.

51) Hamilton, 재인용 George McCullough, *History of the Holiness Movement in Texas, and the Fanaticism Which Followed* (Aquilla, TX: J. H. Padgett, 1886), 71-72.

52) Texas Christian Advocate (22 November 1879)

53) Walter N. Vernon, Robert W. Sledge, Robert C. Monk, and Norman W.

기 중부 텍사스의 남성 지배 사회에 도전하였고, 그래서 특히 남자들과 마을 사람들로 부터 반대와 저항을 받았다. 이러한 반항적인 여성들에 대한 소식이 중부 텍사스지역에 걸쳐 퍼졌을 것이고, 갓비를 따르는 일부 "광신적"인 사람들과 혼합되어져서, 격렬한 반대를 받게 된 것이다.54) 따라서 텍사스에서 남자들은 갓비의 복음 전도 캠페인 중에 그에게 폭력적인 공격을 하였고, 바윗돌, 쓰레기, 그리고 계란을 집어던졌다.55) 이러한 남성들의 보복에 대해 성결 운동의 전통은 이것을 '순교'와 같은 박해로 보았다.

이러한 반대와 그의 성령의 두 번째 역사로서의 완전 성화에 대한 감리교 내에서의 반대로 인해 그는 점차 감리교의 주변으로 밀려났다. 그럼에도 불구하고, 갓비는 1884년과 1893년 사이에 성결 운동의 가장 성공적인 복음 전도자 중 하나가 되었고, 사역의 광범위한 네트워크를 개발하였으며, 남부 전역에 걸친 지원자들과 국내와 국외의 네트워크가 1900년 이전에 형성되었다.56) 이러한 초기의 성결운동은 감리교 내의 부흥운동 내지는 감리교 원시주의(primitivism)으로 인식되어졌다. 이는 당시에 잃어버린 완전성화의 회복을 통해 초기 감리교의 영적 파워와 마음과 삶의 거룩을 회복하여 부흥을 추구하려는 것이기 때문이다.57)

Spellman, *The Methodist Excitement in Texas: A History* (Dallas, TX: Texas United Methodist Society, 1984), 144. 이 분파는 텍사즈 중부의 벨톤 타운에서 발생하였는데 마사 맥위터(Walter Vernon McWhirter) 부인의 1866년에 체험한 경험으로부터 시작된다. 그녀는 자신의 주위의 여자들을 모아서 남편과 육체적인 관계를 갖지 않기로 결정하였다.

54) Godbey, *Autobiography*, 328.
55) Godbey, *Autobiography*, 353-354.
56) Hamilton, *William Baxter Godbey* (2000), 92-93 텍사스에서의 부흥운동은 19세기 후반에 매우 성공적이었으며, 최대 수혜자는 감리교였다.
57) Hamilton, *William Baxter Godbey* (2000), 94. 갓비의 부흥회에서 그는 완전성화를 지금-여기에서 체험해야 한다고 강조하는 교리에서 발견되는 것이다.

다. 성결운동과 사역의 열매들

1) 성결연합 사역과 세계여행

갓비는 성결운동이 남부에 오기 15년 전에 이미 개인적으로 성화의 체험을 하였고 그로 인해 불타는 전도자가 되어 있었다. 그는 당시 동부에서 성결운동을 전개하던 마틴 냅(M. Knapp)과는 서로의 글을 읽고 응답을 주고 받는 사이였다. 그러나 냅을 처음 만난 시점은 냅이 그의 사무실을 신시내티로 이전한 후에, 갓비가 켄터키의 연합집회에 냅을 강사로 초청하였던 1892년이다. 갓비는 냅과의 인상적인 만남을 다음과 같이 기록하고 있다.

> "처음 그의 영감있는 얼굴을 보았을 때, 그가 나보다 20살이나 어린 것에 좀 놀랐는데, 그보다 연장자인 내가 그의 강렬한 문체에 감동하였기 때문이다."[58]

냅과의 만남 당시에 갓비는 이미 전도자, 성경 교사와 작가로서 성공적으로 활동하고 있었다. 그의 초기 출판물인 『세례』(1884), 『성화』(1884), 『그리스도인의 완전』(1886), 『승리』(1888), 그리고 『성결 아니면 지옥?』(1893) 등은 여러 방면으로 유포되고 있었다. 1890년대 중반에 갓비는 "19세기의 마지막 분기의 가장 유명한 복음 전도자 중 하나"가 되었다.[59]

당시 냅은 갓비의 책을 읽고 유포시켜주었다. 이로 인해 갓비는 얼굴을 알지 못하는 수많은 사람들에게 책을 통해 복음으로 다가갈 수 있는 기회를 얻었으며, 이를 귀하게 생각하였다.[60] 또한 냅은 갓비에게 주석을 쓰도록 설득하였지만, 그는 팔레스틴을 여행할 때까지 이 프로젝트를 시작하지 않았는데, 그는 "땅과 책"은 분리될 수 없다고 믿었기 때문이다. 갓비는 1895년 63세에 첫 세계 여행길을 떠났고, 그 후로도 4차례에 걸쳐 세계를

---

58) Godbey, *Autobiography*, 365.
59) Melvin Easterday Dieter, *The Holiness Revival of the Nineteenth Century*, 2nd ed., Studies in Evangelicalism no. 1 (Lanham, MD: Scarecrow, 1996), 98.
60) Godbey, *Autobiography*, 365-366.

여행하였다.[61]

갓비는 "성경의 땅"을 여행하여 지리, 풍속과 땅과 민족의 관습에 대해 보다 깊이 이해하기를 원했다. 또한 그는 성경을 정확하게 해설하기 위해 성서비평 이전의 눈으로 보고자 하였다. 갓비는 우선 예언의 성취인 "시대의 징후"를 직접 관찰하여 성결 운동의 종말론인 전천년주의를 확립하고자 하였다. 그는 상식 실재론자[62]로서 상식에 대한 강력한 증거를 눈으로 확인하기 위해 "징조"들을 관찰하였다. 갓비는 주석서에서 그리스도의 재림에 관계된 예언의 성취를 논할 때 자신의 외국여행 관찰 내용을 사용하고 있다. 첫 번째 신약 성서 주석인 『요한계시록』에서 갓비는 "그리스도의 재림에서의 대한 모든 것"을 주요 관점으로 삼았다.[63] 갓비는 광범위한 여행으로 당시에 "성서의 땅"에 대한 지식을 풍성하게 갖추게 되었다. 또한 성결 서클에서 교사로서의 자신의 위상을 높이고, 성결 선교사들과의 개인적인 친분도 얻었다.

그가 여행한 기록 중 가장 인기 있는 책은 『성지 예수의 발자국』이다.[64] 이 책은 주로 구약의 해설로서 설교 기행으로 분류될 수 있는데, 여기에서 언급되는 장소와 사건들은 '성경의 진리'인 완전 성결로서 설명하

---

61) William B. Godbey, *Holy Land* (Cincinnati, OH: God's Revivalist Office, 1895), 5. 이 책에서 그는 텍사스의 웨이코(Waco)에 있는 텍사스 성결 협회의 캠프장에서 강의 후에 J. S. 헌튼(Hunton)으로부터 500 달러를 선물 받아서 여행이 가능했음을 밝히고 있다. 이후 그는 1899, 1905, 1912 및 1918년에 세계여행을 하였다.

62) 상식철학은 19세기 미국을 주도하던 사상으로 보통사람들의 상식적인 판단에 인식론적인 신뢰를 부여하는 것이다. 갓비에게 영향을 주었던 찰스 피니는 이러한 상식철학을 적극적으로 활용하여 부흥운동을 일으켰던 사람이다. 박명수, 『근대사회의 변화와 복음주의자들』(서울: 한들출판사, 2006), 제3장 "19세기 미국과 찰스 피니의 부흥운동" 을 보라.

63) Godbey, *Commentary on the New Testament*, 1: 9.

64) William B. Godbey, *Footprints of Jesus in the Holy Land* (Cincinnati, OH: God's Revivalist Office, Mount of Blessings, 1900), 170-171. One of the best accounts of Godbey's global tours is Around the World, Garden of Eden, Latter Day Prophecies and Missions. Mount of Blessings, Cincinnati, OH: God's Revivalist Office, 1907. See also William B. Godbey, The Apocalyptic Angel. Cincinnati, OH: God's Revivalist Press, 1914.

는 성경이야기나 설교 그림과 개인적인 일화들로 나누는 기회를 제공하였다. 여행 여정동안 갓비는 '수많은 위험들'을 만났는데,65) 그가 첫 번 여행을 시작했을 때의 나이가 62살이었던 것을 생각하면, 그는 비범한 용기와 동기를 가진 놀라운 사람이었음이 분명하다.

그는 첫 번째 세계 여행 이후 1898년 냅이 창립한 만국성결연맹((International Holiness Union and Prayer League)에 가입하고 친밀한 관계를 유지하게 된다. 또한 그는 냅의 출판사에서 그의 저술의 대부분을 출판하였다. 갓비는 그가 성화체험을 한 1884년 이후부터 책을 쓰기 시작하였지만 본격적으로 많은 책을 집필하게 된 것은 성지와 세계 여행을 한 이후이다. 이는 그는 마틴 냅과의 성결연합 사역이후에 더욱 저술가로서 활발히 활동했음을 보여준다. 또한 대부분의 저술에서 재림의 주제가 눈에 띠는 이유를 설명해주는 것이다.

2) 성경학자와 저술 사역

갓비는 전도 집회 기간 중 계속 성경을 가르치는 습관을 갖고 있었는데, 이를 통해 성서주석을 구상하게 되었다. 그는 낮 동안에 주님의 백성을 가르치고, 설교하고 밤에는 전도 집회에 관련하여 설교하였다.66) 이러한 그의 순회전도와 가르치는 사역은 갓비가 죽기까지 계속 되었다. 이러한 사역을 위해 갓비는 연구와 저술사역을 쉬지 않았다. 그의 저술은 대부분 설교를 기억하여 스토리텔링으로 풀어낸 것이었다. 그러나 신약성서 번역과 성서 주석 시리즈는 갓비의 학자로서의 면모를 보여주고 있다.

신약 성경에 그의 해설 외에 갓비의 가장 놀라운 출판 업적은 1901년 신약성서의 번역이었다.67) "서문"에서 그는 이 번역본이 "내 인생의 가장

---

65) 그는 자신이 만난 다양한 위험들에 대해 자서전 12장에 "위험들"(perils)에 기술하고 있다.

66) Godbey, *Autobiography*, 366-367.

67) William B. Godbey, *Translation of the New Testament from the Original Greek.* M. W. Knapp published the first edition (1901) in Cincinnati, Ohio.

힘든 작품"이며, 설교에서 그리스어 신약성서만을 사용해온 25년간의 결과이고, 성결 운동에서 12년간의 대중의 요구의 결과라고 하였다. 갓비는 시내산 위에 세인트 캐서린 수도원에 숨겨진 시내사본을 하나님의 섭리로 보존된 사도 시대의 신약의 원시 텍스트라고 보았다. 그는 조지타운 대학에서 졸업한 그해에 독일에서 이 헬라어 본문의 사본을 획득하였고, 이 텍스트를 바탕으로 자신의 신약성서 번역의 기초로 하였다. 그는 자신의 번역본에 대해서 "가장 문자에 충실하고, 명쾌하며 명료한 번역이 지금 영어권에 현존한다."고 확신하였다.68)

왜 "성결 사람들"(holiness people)은 새로운 성경번역본이 필요 했을까?69) 갓비는 영어 번역본 킹 제임스 성경은 "이 천 가지의 실수를 했으며. 그중 904개는 개정된 판에서 수정되었다."고 한다. 이러한 신약 성경 본문의 회복은 '신약 성경 기독교'의 회복을 증대시킬 것이며, 칭의와 중생과 구별되는 은혜의 두 번째 역사로서 완전 성결 교리에 대한 성서 텍스트를 제공할 수 있기 때문이다. 20세기 전환기에, 성결 운동은 세계의 전체 인구에게 남녀 평신도의 설교를 통해 사도 시대의 복음을 회복하는 비전을 명시하였다. 갓비는 이 비전을 공유하고, 하나님께서 이러한 과업을 위해 평신도 수천이 아니라 "수백만"을 부르실 것이라고 믿었다. 이러한 평신도의 사역은 하나님의 성도를 위한 '예수의 재림'을 재촉할 것이다.70) 갓비는 성결운동에 그의 출판물, 특히 자신의 신약 주석과 신약 번역본을 제공하여 평신도 전파에 대한 성결운동의 비전을 지지하였다. 사실, 갓비 자신이 세상에서의 끝없는 "여행peregrinations"으로 이러한 비전의 살아있는 체현이

---

68) Godbey, *Autobiography*, 378-381.
69) Godbey, *Autobiography*, 385. 갓비는 냅이 죽기 직전에 열린 집회에서 헤어지기전 자신의 손을 꼭 잡고 신약성서번역을 요청하였다는 사실을 밝히고 있다. 이때 갓비의 신약성서주석을 마쳐서 출판되었고, 냅은 너무도 기뻐하였다. 그리고 그 힘든 사역을 감사하면서 1,000달러를 희사하였고, 갓비에게 신약성서를 번역할 것을 약속받았다.
70) William B. Godbey, *Translation of the New Testament from the Original Greek.* "A KPOF Christian Classic Reprint." (Westminster, CO: Belleview College, 1991 [1901]), 5-7, 372-373.

었다. 그는 시대의 종말이 가까이 왔고, 주님의 재림이 임박하였으며, "시대의 징조"가 온 세상에 모든 살아있는 사람들에게 복음을 전파하는 과업에 대해 극도의 긴급함을 나타낸다고 열렬하게 믿었다.71)

갓비의 신약 성경 주석과 번역은 오늘날 세계에 "성경적 성결을 전파"하는 초기 성결 운동의 비전의 기념물로서, 초기 사도시대의 복음의 회복과 다가오는 창조 질서의 천년의 회복을 위한 준비였던 것이다.

3) 성결운동의 사도

노년의 갓비는 80세 이후에도 강철 같은 체력으로 지리적 경계 없이 설교하였다. 그는 자신이 건강하게 사역한 것이 매순간 하나님의 치유의 은혜를 경험하였기 때문에 육체가 신속하게 회복되었다고 고백한다.72) 해외나 국내 순회여행이 없을 때는 주로 신시내티에 있는 하나님의 성서학원(God's Bible School)에서 가르쳤고, 그곳에서 주로 책을 구술하여 집필하였다. 갓비는 그의 지성과 열정과 경건함으로 유명하였고, 그의 학생들은 존경과 애정을 갖고 기억하였다. 그러나 그는 경건함만이 아니라 독특한 성격도 갖고 있어 학생들은 "천상의 전도자"의 가르침과 함께 그의 개인적인 버릇들을 포함한 "괴상함"도 기억하였다.73)

갓비의 이상한 성격에는 극단적인 절약이 포함되는데, 이는 그가 선교사들에게 가능한 한 많은 돈을 보내려는 열망으로 인한 것이었다. 그는 자신의 장례식을 계획 할 때, 어떤 꽃도 구매하지 않도록 요청하였다. 그리고 그의 이전의 학생들 (하모니아 대학 졸업생)이 무료로 그의 무덤을 팠다. 그는 그의 재산을 성결연합회(IAHU)의 선교부의 처분에 맡겨 선교 활동을

---

71) Barry W. Hamilton, 110.
72) Godbey, *Autobiography*, 갓비는 자서전 서문에서 자신은 참으로 다사다난한 삶을 살았다고 고백한다. 그는 자서전을 쓰는 시간까지 건강하게 사역할 수 있었던 것이 하나님의 치유하시는 은혜를 인한 것이라고 밝힌다.
73) Barry W. Hamilton, 111. 이러한 내용들은 해밀턴이 그의 논문을 위해 학생들을 직접 인터뷰하여 실은 내용이다.

지원하기 원했다. 그의 출판물은 "약 만 달러 또는 2만 달러의 가치"였다.[74]

1920년 9월 12일에 주일 이른 새벽 갓비는 87세의 나이로 세상을 떠났다. 갓비가 떠났을 때, 그를 아는 사람들은 진정으로 최고의 존경을 감탄을 표하였다. 갓비의 마지막 병과 장례식에 대한 가장 상세한 설명은 하나님의 부흥자(God's Revivalist)와 성경 옹호자(Bible Advocate)의 편집자인 마틴 웰스 냅부인(Mrs. M. W. Knapp)에 의해 쓰여 졌다. 그녀는 "저 너머 아름다움을 향하여"라는 제목의 글로 갓비를 성경교사와 성결 운동의 이상을 살아서 구현한 성자(saint)로, 그들 가운데서 살고 가르쳤던 사람으로 묘사하였다. 갓비는 자기 부정의 한 형태인 극단적인 절약과 경건한 삶으로 기억되었다.[75] 모리슨(H. C. Morrison)은 오순절 헤럴드(Pentecostal Herald)에서 유사한 감정을 표현하고, 갓비의 업적과 기독교 정신을 강조했다. "갓비 박사는 많이 괴상한 취미를 가졌지만, 순수하고 아름다운 영혼이 특징적이었고, 그것이 그의 괴짜스러움을 매력으로 만들었으며, 불쾌하기보다는 오히려 즐겁게 했다."[76]

다른 이들의 갓비에 대한 추모는 성결연합회보다는 덜하지만, 그럼에도 그의 놀라운 부흥회와 설교에 대한 감사를 표하고 있다. 윌슨(Mallalieu Wilson)은 갓비가 체구가 작은 사람이었고, 그가 목회 초기에는 "금머리 지팡이를 갖고, 가장 멋 부리는 스타일의 옷을 입었다"고 말했다. 그러나 "그가 거룩하게 된 후, 그는 반대의 극으로 갔다.…또한 자신의 외모나, 또

---

74) William B. Godbey, *My Funeral* (Greensboro, NC: Apostolic Messenger Office, n.d.), 32.

75) Mrs. Martin Wells Knapp, "Into the Beautiful Beyond," *God's Revivalist and Bible Advocate*, vol. XXXII, no. 40 (October 7, 1920), 2. 갓비의 장례식은 두 군데서 치러졌다. 하나는 9월14일 성경학교에서 장례예배를 드렸으며, 분위기는 대관식과 같았다고 한다. 또한 켄터키 남부 감리교에서 치러진 장례 예배는 보스웰(Rev. G. W. Boswell)목사의 사회와 에즈베리 대학의 총장인 모리슨(Morrison)의 마침으로 드려졌다.

76) H. C. Morrison, "The Ascension of Dr. W. B. Godbey," *Pentecostal Herald* (September 29, 1920), 2–3.

는 일상적인 의식과 사회의 예우에 관하여 전혀 신경 쓰지 않았다."[77] 또한 윌슨은 갓비가 당시에 지적이고 교육받는 사람이며, 분별 있는 사람이었지만, 그러나 또한 많은 점에서 광신적이고, 광신적인 사상으로 성결사람들에게 힘을 주었다고 말한다.[78] 그는 갓비의 "성결 아니면 지옥"(Holiness or Hell?) 이라는 표현으로 사람들을 잘못 이해되도록 인도하였다고 지적한다. 이 표현은 그에게 무엇을 의미하던 간에 "내가 가르친 것처럼 당신이 두 번째 축복된 성결에 대한 경험이 없다면, 당신은 확실히 지옥에 갈 것입니다."[79]라고 이해되었기 때문이다. 갓비는 히브리서 12장 14절에 대한 성결운동의 분석에 기초하여 그 가르침을 강조하고자 했다. 안타깝게도, 이 가르침은 많은 성결 사람들에게 하늘에 들어가기 위해 완전 성결이 요구되어지는 것으로 이해하게 한 것이 분명하다.[80]

감리교의 반응은 갓비의 부흥에 대한 감사와 그 한계에 대한 균형을 맞추고 있다. 감리교 남부 켄터키 총회에서 발표된 사망기사에 실린 기사는 갓비가 오직 복음전도에만 관심을 갖고 거기에 그의 모든 노력을 쏟아 부었다는 사실을 언급하며, 갓비의 사역스타일을 다음과 같이 요약하였다. "질적으로 또한 선택적으로 그는 복음 레인저(Gospel Ranger)이었다." 또한 갓비의 엄청난 수고로 인해 현대의 가장 위대한 부흥들 중 하나가 일어났으며, 교회사가 기록될 때 윌리엄 박스터 갓비의 이름이 감리교의 부흥사에서 위대하게 나타날 것이라고 감리교에 대한 그의 공헌을 존중하였다.[81]

---

77) Mallalieu Archie Wilson, *Well Glory! The Life of William Columbus Wilson*, 1866-1915 (Early edited manuscript in Nazarene Archives, Kansas City, MO), 57-59.
78) Wilson, *Well Glory!*, 58-59.
79) Ibid., 60.
80) Godbey, *Commentary on the New Testament* 2: 122-123.
81) Minutes of the Annual Conferences of the Methodist Episcopal Church, South (Nashville, TN: Publishing House Methodist Episcopal Church, South, 1921), 56-57. Barry W. Hamilton 121. 재인용. 감리교 입장에서 쓰여진 이 기사는 갓비의 연합사역에 대해 "교회에서 떨어져 나와 표류하는 심각한 실수"로 표현하며, 그가 1918년에 총회에 들어와 감리교의 멤버로서 사망한 사실을 중요하게 기록하고 있다.

갓비는 1866년 남부 감리교 연합회의 소속이었고 평생 동안 감리교회를 떠나지는 않았던 것이다.

갓비는 실제로 몇 가지 독특한 측면을 가진 복잡한 성격이었다. 해밀턴은 이러한 갓비의 다양한 측면을 간과하지 않는 것이 그의 사역을 정당하게 평가하기 위해 필요하다고 언급하며 그의 특징을 다음과 같이 요약한다.[82] 우선, 그는 일반 사람들, 특히 농촌 배경을 가진 사람들과 가장 효과적으로 의사소통을 할 수 있는 교육을 잘 받은 감리교 목사였다. 둘째, 1868년에 그는 자신의 사역을 극적으로 바꾼 심오한 종교적 경험을 하였다. 셋째, 그는 이러한 경험을 많은 사람들에게 효과적으로 전달하고, 그들에게 유사한 경험을 받아들이도록 설득하였다. 넷째, 그는 복음전파에 대한 끊임없는 열정을 가지고 여행하였다. 그는 하모니아 대학 (1869)의 총장직을 떠난 후 부터 생애의 마지막 4주전까지 약 50년간을 집회에서 집회로 이동하였다. 다섯째, 관습에 매이지 않고 행동하는 습관 때문에 사람들은 그를 "괴짜"라고 불렀다. 이 같은 갓비의 명민함과 괴짜 같은 성격의 습관은 종종 동료들로부터 혼합된 반응을 낳게 한 것이다.

또한 해밀턴은 자신의 연구 제목에서 갓비를 '성결운동의 순회 사도'(*Itinerant Apostle of the Holiness Movement.*) 라고 이름 붙였다. 실제로 그는 '사도'라는 이름을 붙일만한 그런 놀라운 복음 사역자였다. 갓비는 전례 없는 사회적 종교적인 격변의 시기에 계속되는 에너지를 가진 불타는 "사이클론" 전도자, 세계를 여행한 "복음 레인저", 세계 여행에서 많은 위험에 직면했던 뛰어난 용기의 사람, 그의 사역아래서 수천의 사람들이 회심과 완전 성화를 경험한 사람들을 얻은 열매 맺은 전도자. 그리고 성결운동 초기의 신학을 형성하고 옹호했던 변증가이며 성경 교사였다. 이러한 갓비의 개성과 급진적 신념이 그를 오해하게 하였다 하더라도, 초기 감리교에로의 회복에 대한 그의 영향과 성결운동에 미친 그의 영향은 진지하게 재고되어야 한다.[83]

---

82) Barry W. Hamilton, 118.

3. 주요 저술을 통해 본 갓비의 사상

성결 문헌에의 갓비의 공헌은 지대하다. 그는 성결에 관한 수많은 글로 성결인들을 건전한 교리로 양육하였고, 19세기 후반에 미국 전역 강타했던 '이단'에 대항할 수 있도록 예방하였다. 책의 주제들은 주로, 성결 구원론의 해설, "대중 전도"에 대한 비평, "타락한 교회"에 대한 고발, "몰몬"과 같은 '이단에 대한 경고', '성지'의 지리에 대한 헌신적인 연구들이다.

갓비는 처음 책을 쓴 1884년경에 이르러 그의 신학적인 관점이 성숙한 것으로 보인다. 그는 1884년부터 1920년 사이에 대부분의 책을 썼으며, 가장 눈에 띄는 주제는 '그리스도의 재림'이다. 갓비는 역사를 개괄하고 역사, 휴거, 환란, 천년왕국, 마지막 심판 등을 설명하는 세대주의적 연대기 해설인 "시대의 징후"와 종말에 대한 권면에 관하여 수많은 소책자를 썼다. 성도와 교회들에게 완전 성화의 경험을 하여 "옷을 입고 준비"하여 깨어 있으라는 것이다. 이러한 책들에는 갓비의 설교, 그림, 개인적 일화, 고전 그리스 신화에 대한 암시, 전원생활에 대한 언급과 조지 휫필드, 존 웨슬리, 벤자민 애보트, 찰스 피니와 같은 주목할 만한 인물들의 종교적인 전기에 대한 이야기들이 포함되어 있다. 또한 이 책자들은 갓비의 설교 스타일을 보여주고 있다. 소박한 이야기, 수사학, 날카로운 권면, 고전 문학에 대한 언급 등은 그의 독특한 성격을 명확하게 보여준다.

갓비는 책을 쓰게 된 동기를 이렇게 밝히고 있다. 그는 회심자들이 타락하는 것과, 영혼의 양식을 필요로 하며 굶주리는 것을 보았고, 그래서 계속적으로 웨슬리의 '기독자 완전에 관한 일반적 설명'(Plain Account of Christian Perfection)을 유포시켰다. 그는 그 책을 수없이 구매해서 자신의 순회전도 때 마다 갖고 다녔으며 왓슨의 성결 매뉴얼(George D. Watson's Holiness Manual)도 유포시켰다.[84] 그러나 그의 회중들은 '성결 문헌'을

---

83) Barry W. Hamilton, 123. 해밀턴은 갓비의 괴상함의 어느 정도는 당시 성결운동 문화의 일부였음을 지적하고 있다.

갈망하였고, 갓비 자신의 내용을 출판하도록 압박하였다. 결국 첫 번째 책 "세례"(Baptism) 이후 35년간 자신의 저작을 출판하였다. 아마도 성결운동의 모임 내에서 갓비는 가장 성서적인 학자로서 인정되었기 때문일 것이다. 그는 소책자를 포함해 230권에 달하는 책을 저술하고 유포시킨 이유를 다음과 같이 설명하고 있다.

> 나의 책을 유포시킨 이유는 그 책들이 구원의 일반적인 방법을 분명하게 해설하고 명료하게 가르치고 또한 동시에 사탄이 그의 특사들을 통해 담대하고도 비밀스럽게 퍼뜨리는 무수히 많은 이단들에 대항하여 사람들을 양육하기 때문이다. 사단의 거짓 선지자들과 가짜 설교자들은 나라 전역에 흩어져 있고, 그가 설교하는 것은 "지옥 없음"(no-hellism), "물 중생"(water generation)과 다른 많은 은밀히 퍼지는 주술의 형태들과 유혹하는 이단들과 여러 가지 인기를 끌기위한 교조주의(dogmatisms)로 지옥에서 부화된 것들이다.[85]

앞서 살펴본 대로 갓비의 다작의 이유는 다음과 같이 정리해 볼 수 있겠다. 첫째는 성결인을 건전한 교리로 양육하는 것, 둘째는 성결운동을 지지하는 성서적 근거를 제공하라는 대중의 요구, 셋째는 성결운동이 직면한 새로운 섹트(sect)의 과다한 출현이다.[86] 갓비의 저술들은 주로 마틴 냅이 운영했던 출판사인 신시내티의 〈부흥자 Rivivalist〉와 루이빌의 〈오순절 소식 Pentecostal Herald〉에서 가장 많이 출판하였다.[87]

갓비의 저술에서 나타나는 주요한 사상은 죄의 근절을 말하는 완전성화론과 전천년설적인 재림론에 집중되어 있다. 더 정확하게는 신자들이 중

---

84) Godbey, *Autobiography*, 499-500.
85) Godbey, *Autobiography*, 501.
86) Ibid.
87) Godbey, *Autobiography*, 498. 갓비의 책들은 주로 질이 낮은 종이를 사용하여 현재 남아있는 책들은 상태가 매우 좋지 않다. 이러한 수많은 소책자들은 당시에 많이 유포되도록 제작되고 가격도 10센트로 저렴하였다.

생하고 성화의 은혜를 입어서 임박한 종말을 준비하면서 주님의 지상명령을 실천하도록 훈련시키는 것이 저술의 목적이었다. 그는 교파나 교리에 매여 있는 어떤 신학을 주장한 것이 아니고, 성서적인 기독교를 회복하고자 하는 열망으로 오순절 성령세례의 축복된 경험의 중요성을 전하며 실천적인 평신도 사역을 통한 하나님 나라의 확장을 위하여 선교적 연합사역에 순수하게 헌신된 사람이었다. 갓비는 초기 감리교의 웨슬리의 완전성화와 팔머의 제단신학적 순간적 성화론, 또한 부흥운동의 초자연적 능력경험과 부흥집회, 그리고 성결운동의 전천년재림론을 받아들였으며 이러한 내용들이 성서적 기독교의 원형을 회복하는 내용들이라고 믿었다. 이제 당시의 감리교의 신학적 입장과 구별되는 래디컬한 성결주창자였던 갓비의 신학적 사상을 주요저술들을 통해 살펴보자.

가. 순간적 성화론

1) 칭의, 중생, 회심

갓비에게 칭의(Justification)란 죄의 정죄를 없애고, 하나님이 그리스도의 희생으로 인해 율법 앞에서 옳다고 인정하시는 것이다. 칭의에 대해 갓비는 매우 독특한 관점을 주장한다. 그는 네 가지의 칭의를 설명한다.[88] 첫째는 태아기의 칭의이며 이는 태아가 모태에서 형성될 때 이미 얻은 칭의이다. 갓비는 이를 히브리서 2장 9절에 예수께서 모든 사람을 위해 죽으셨다는 것을 근거로 주장한다.[89] 둘째는 실제적인 칭의로서, 죄인이 회심할 때 믿음으로 받는 것인데 이는 로마서 5장 1절에 근거한다. 셋째는 심판시의 칭의가 있으며 야고보서에 나타난 대로 믿음과 행위 둘 다 필요하다.(약

---

88) Godbey, *Bible Theology*. 35-49.
89) 히 2:9 "오직 우리가 천사들보다 잠시 동안 못하게 하심을 입은 자 곧 죽음의 고난 받으심으로 말미암아 영광과 존귀로 관을 쓰신 예수를 보니 이를 행하심은 하나님의 은혜로 말미암아 모든 사람을 위하여 죽음을 맛보려 하심이라"

2:24) 넷째는 상급시의 칭의로서 계시록에서 주님은 행한 대로 갚아주시겠다고 약속하셨다. 따라서 이때는 행위로서 받는 칭의가 된다.(계 22:12) 갓비에게 있어서 칭의(justification)와 중생(regeneration)과 회심(conversion)은 모두 동일한 사건에 대한 다른 표현들이다.[90] 죄인이 회개할 때, 그는 새롭게 태어나고 중생하는 것이다. 이때 그는 이미 하나님이 이루신 칭의를 실제적으로 받게 된다. 그는 이미 태어날 때부터 칭의된 자였지만, 태어나서 그것을 잊어버리고 죄 된 행위로 인해 칭의를 잃어버린 상태이기 때문이다. 갓비는 이를 탕자의 비유로 설명하며, 모든 사람은 아버지의 집에서 아들로 태어나기 때문에, 하나님의 나라의 시민으로 태어난 것이라고 주장한다.[91]

회심이 죄 된 행위로부터의 돌이킴이라면, 성화는 그 내면의 죄의 뿌리를 완전히 제거하는 성령의 두 번째 역사에 해당한다.

2) 성화, 성령세례, 성결

갓비는 그리스도인의 제2의 축복으로서 순간적인 완전성화를 전파하는 데 헌신된 부흥자였다.[92] 그의 성화(sanctification)를 원죄로 부터의 완전한 해방으로 보는 '근절론'을 주장한다. 갓비에게 성화와 성령세례, 그리고 성결은 모두 같은 의미를 갖는다. 성화(sanctification)는 성령의 역사로 마음

---

90) 칭의, 중생과 회심은 같은 사건에 대한 각기 다른 관점의 서술인데, 이 칭의는 종교개혁적 배경을, 중생은 청교도적 배경을 갖는다면, 회심은 주로 미국 부흥운동적 배경을 가진 용어이다. 내적 의의와 거듭남에 대한 경험적 차원, 즉 마음의 변화를 의미하는 회심은 훨씬 더 현실적이고 경험적인 표현이다. 에드워드는 인간 본성의 근본적 변화가 회심이라고 보았다. 박명수,『근대사회와 복음주의』, 28-29.

91) 이러한 갓비의 주장은 웨슬리의 선행 은총론을 성서적으로 해석한 것으로 보인다. 이러한 해석이 갖는 신학적 의미와 평가는 더욱 연구할 과제가 될 것이다.

92) 성화에 대한 갓비의 책은 Godbey, *Sanctification.* (Louisville, KY: Pentecostal Publishing Company, 1898 [1884]), *The Incarnation of the Holy Ghost* (Louisville: Pentecostal Publishing Company, 1908) *Sanctification* (1884), *Christian Perfection* (1886), *Victory* (1888) and *Holiness or Hell?* (Noblesville, IN: Newby Book Room, 1974(1893)) 등이 있다.

에서 이루어지는 일이며, 성결(holiness)은 성화의 역사 이후에 하나님 나라의 즐거움을 누리는 상태이며 부가되는 경험을 말한다. 중생이 세상으로부터 우리를 '나오게 하는' 것이라면, 성화는 우리에게서 '세상을 제거하는' 것이다. 중생이 한 아기가 태어나는 것이라면, 성화는 옛사람이 죽는 것이다.[93] 완전성화는 성경전체에 걸쳐 나타나는 분명한 진리로서, 예수님은 요한복음 17장 17절에서 하나님의 진리로 제자들이 거룩하게 해달라고 기도하신다.

그렇다면 완전 성화는 어떻게 경험하고 얻어지게 될까? 갓비는 성화를 얻는 방식으로 팔머의 제단 신학(altar theology)과 케인 리지(Kein Redge) 스타일의 부흥회를 결합시켰다. 즉, 그리스도라는 제단에 자신을 완전히 헌신하고 내려놓음으로써 순간적으로 성화를 얻는다고 가르쳤으며, 이를 위해 종교적인 황홀 체험을 얻을 때까지 계속적으로 기도하고 간구하도록 하는 것이다. 갓비는 중생한 사람들이 가능한 한 빨리 성화의 체험을 갖도록 가르쳤다. 그러나 바로 여기에서 발생하는 논쟁은 완전한 헌신의 지점이 어디냐는 것인데, 갓비는 단지 진정으로 경험한 사람이 그것이 무엇인지를 안다고 말할 뿐이다. 완전성화는 성령이 행하시는 사역으로 그가 일하시고 증거하신다.[94] 완전성화의 '공적인' 표준은 거룩한 삶이다. 그는 윤리적 차원을 중시하여 율법폐기론자들을 비난한다. 그러나 갓비에게 '성화된 삶'이란 윤리적인 차원보다 깊은 본질적으로 죄 된 행동으로부터의 자유이며, 죄에 대

---

93) Godbey, *Bible Theology*. 50-51.
94) Godbey, *Holiness or Hell?*, 108-109. "성령은 당신이 성화를 얻기 전에는 당신의 성화를 증거 하실 수 없다. 당신은 성령이 당신을 성화시키기 전에는 성화를 얻을 수 없다. 성령은 당신이 믿기 전에는 그것을 하실 수 없다. 하지만 당신이 믿을 때, 성령은 그것을 하신다." 성령의 증거는 단지 경험에 대한 깨달음인 것이다. 따라서 성령의 증거가 아니라 완전성화 그 자체를 구해야 하며, 히브리서 11:1을 근거로 믿음 자체가 증거가 된다고 말한다. 해밀턴은 갓비의 신학에서 이러한 인식론적 약점이 가장 취약한 부분이라고 지적한다. 실상 성결운동은 완전성화이후에 따르는 성령의 증거와의 연관을 단절하고, 오히려 그것을 믿음으로 취하라고 조언하여, 성화된 자들이 이후에 그 실재를 의심하게 되는 문제들이 발생했다. Barry W. Hamilton, 161-163.

한 경향성의 부재인 죄 된 본성의 제거(eradication)이다. 그는 완전성화를 하늘에서 내리는 불로 묘사하는데, 이는 능력이 수여가 아니라, 내재된 죄가 제거되는 능력으로서의 '오순절 경험'이다.

갓비에게 사도행전 2장의 성령의 수여는 구속사의 절정이었다. 갓비는 "인간의 성화는 성서에서 드러난 모든 것 중에서 엄청난 최상의 것이다. 왜냐하면 이 책은 단순히 죄와 치료의 역사이기 때문이다."[95] 이러한 완전성화의 축복이 바로 오순절의 성령세례에서 일어난 사건이다. 이 사건은 하나님의 구원역사의 정점으로서 기독교를 탄생시킨 것이다. 기독교는 '성령의 종교'인 것이다.[96]

또한 갓비는 성령세례를 '성령의 성육신'(Incarnation of the Holy Spirit)이라는 말로 설명한다. 성령이 성육신 된다는 것은 성령세례를 받은 사람 안에 실제로 들어가서 그들 안에 거하심으로써 거룩하게 하신다는 것이다. 이러한 성령세례의 사건은 예수 그리스도의 성육신 사건과 같은 맥락으로 성령이 제자들에게 들어와서 성령의 성육신 시대가 열린 것이다. 성령을 받은 사람들은 이제 성령의 도구로서 성령의 사람으로 살아가게 된다. 이 사건은 성경이 말하는 '하나님 나라'가 임하는 사건으로서의 의의를 갖는다.[97]

최인식은 갓비의 '성령의 성육신'이라는 개념이 역사상 유일하게 사용된 것으로 보인다고 언급하며, 이러한 성령세례의 개념은 성화를 위해 지대한 구원론적 의의를 갖는다고 평가한다.[98] 이 성령의 성육인 사건인 성령세례를 통해 우리가 실제로 예수와 하나가 되어 재림하는 예수와 함께 오게 될 천년왕국을 미리 맛보는 자리까지 나아가게 되기 때문이다.

갓비의 성화론은 초기 성결운동은 이러한 완전성화의 주장이 당시의

---

95) Godbey, *Bible Theology*. 87.
96) Godbey, *Our Golden Wedding*, 9.
97) Godbey, *The Incarnation of the Holy Ghost*, 42-43.
98) 최인식, "성령세례의 신학적 의의에 대한 고찰-마틴 냅과 윌리엄 갓비를 중심으로", 『한국조직신학논총』 제33집. (서울: 한들 출판사, 2012), 61-62.

감리교나 주류교회들에서 받아들여지지 않은 것이지만, 갓비와 당시 성결운동은 이러한 완전성화 경험하는 것이 완전한 축복이라고 믿었다. 또한 신약성서의 기독교인 '성령종교'로서 성결운동에서 나타나는 성령의 사역을 그 증거로 삼았다.[99] 성령에 대한 이러한 관점은 그의 성결론과 재림론을 함께 묶는데, 완전성화의 경험은 주님의 재림을 준비하는 것이기 때문이다. 이러한 성령론적 전환은 결국 종말론으로의 전환과 관계되는 것이다.

나. 전천년설과 임박한 재림 사상

1880년대 중반까지 갓비는 재림에 대해 설교하지 않았다. 그러나 80년 중반 이후 갓비는 자신이 속한 감리교의 후천년설과는 달리 전천년설을 강력하게 주장하고 이에 대한 많은 소책자들을 출판하게 된다. 입박한 재림에 대한 갓비의 영적인 경각심은 성화체험과 함께 그의 삶과 사역을 특징짓게 한 중요한 주제였다. 갓비의 전천년설은 감리교의 부흥운동과 칼빈의 복음주의(evangelicalism.)를 결합시킨 것이다. 그러나 이러한 전천년설은 감리교 내에서는 받아들여지지 않는 것이었고, 갓비는 자신이 성령세례를 받았을 때 그러한 교파적인 한계를 버렸음을 고백한다.[100]

당시의 사회적 배경은 모더니즘과 다위니즘이 거세게 일어나고 있었고, 시민전쟁 이후 사회적 파탄과 분열, 산업화의 물결 속에 빚어지는 갈등의 양상은 낙관적 인본주의에 대한 회의적인 관점을 주었기에 충분하다. 이러한 인본주의적 낙관주의에 대한 반대는 전천년설에서 더욱 명확하게 드러난다. 이제 성화는 하나님이 세상을 변화시키는 일부분도 아니고, 천년왕국을 시작하는 방편도 아니다. 오히려, 하나님의 백성들에게 결혼예복을 입도

---

99) Godbey, *Our Golden Wedding*, 12-13.
100) Godbey, *An Appeal to Postmillennialists* (Nashville, TN: Pentecostal Mission Publishing), 5-6.

록 요청하는 일이었다.101)

신약성서의 첫 번째 주석102)에서 갓비는 그리스도의 재림이 매우 임박했다고 한다. 지금은 이방의 시대가 아니라, 섭리의 바로 끝 지점이다. 그리스도는 성도를 지상에서 데려가실 것이고, "대환란"이 시작되면, 그의 성도들과 함께 그리스도가 지상에 돌아오신 후에 "천년의 신정통치"가 회복될 것이다. 천년의 끝에 사탄은 최종적으로 패배하고, 지구는 "천상의 왕국"(Celestial Kingdom)을 회복할 것이다. 대환란의 목적은 구원을 거절한 자들의 세상을 제거하기 위한 것이다. 계시록 7장에 보면, "대환란 기간"은 "천년의 신정통지"를 위한 준비로 지상을 깨끗하게 할 것이다.103) 갓비는 주님의 재림과 영광스러운 통치를 구약의 다니엘서의 예언이 성취되는 것으로 설명한다. 또한 주님이 말씀하신 징조들이 주의 오심을 드러내고 있다.104)

갓비에게 후천년설은 세상이 점차 나아지고 있다고 믿는 낙관적인 관점으로 이는 교육적이고, 도덕적이며, 종교적이고 철학적인 기획이다. 그는 세상이 점차 좋아지고 사단의 세력이 약화되고 있다는 그들의 관점은 실수라고 지적하며, 주님의 깨어있으라는 명령을 포함한 말씀을 근거로 후천년설이 성서적이지 않음을 제시한다.

1890년대 갓비는 성결운동이 전천년적이라고 주장하였다. 그는 "성결한 사람은 누구나 예수의 임박한 재림을 대망하지 않는 사람을 단 한사람

---

101) D. Dayton, 『오순절운동의 신학적 뿌리』, 186.
102) Godbey, *Commentary on the New Testament*, 갓비는 첫 번째 세계여행에서 전천년설을 확신하였다. 다른 주석서와는 달리 여행에 대한 내용과 재림에 대한 내용이 주를 이룬다. 사실 갓비의 주석서는 학문적인 성격의 주석도 해설도 아니고, 각 절의 주제에 대한 흘러가는 해석으로 성결운동의 신학적 관점에 대한 해설이라고 볼 수 있다.
103) Godbey, *Tribulation Revivals* (Greensboro, NC: Apostolic Messenger Office, n.d.), 8-10.
104) Godbey, *Bible Theology*, 221-278. 이 주제에 대해 갓비는 13장 '주의 재림'과 14장 '재림의 징조들'이라는 제목으로 두 장에 걸쳐 성서적 근거들을 중심으로 긴 분량을 할애하고 있다. 또한 잇따르는 15장은 '후천년설'에 대해 다루고 있다.

도 보지 못했다"며 카라딘 형제(Brother Carradine)와 왓슨 박사도 이러한 입장으로 설교했음을 제시하고 있다.105)　성결운동은 성결운동이 존재한다는 그 사실 자체를 '휴거'가 가깝다는 사인(sign)으로 이해했다. 그 운동이 빠르게 성장하고 세계로 뻗어나가는 것은 하나님이 성도를 휴거를 위한 "신부"로 신속하게 준비시키는 것106)이라는 갓비의 생각에 힘을 실어주는 것이다.

이러한 관점은 당시의 성결운동 지도자들이 공유했던 것으로 보이는데, 특히 마틴 냅(M. Knapp)은 전천년설을 주님의 오심에 대한 오순절적인 관점으로 부르며, 이것이 성결인들을 연합시키는 끈(bond of union)임을 밝히고 있다.107) 이러한 전천년설은 성결운동을 역사적인 전망으로 눈을 돌리게 하여 더욱 큰 방향을 제시하고 '하나님 나라'라는 주님의 핵심적인 선포를 붙잡도록 하였다. 개인의 성결만이 아니라 성화된 세상을 향한 하나님의 창조의 목적이며, 이로써 종말론과 성화론은 서로를 강화하고 협력하는 중요한 동반자 관계를 이루게 된다.

따라서 이러한 전천년설적인 관점은 이 땅에서의 성화의 책임을 회피하는 것이라는 후천년주의자들의 비판이 정당하지 않음을 주장할 수 있었던 것이다. 성결운동이 주장하는 전천년설의 핵심은 이 땅에 하나님의 나라의 건설이 인간적인 차원이 아니라 하나님이 의도하신 대로 주님께서 직접 이루시는 일임을 강조하는 것이다. 따라서 인간에게 두는 강조로 인하여 오히려 하나님의 이루시는 일을 격하시키는 오류를 막고자 한다. 이는 인간의 구원은 오직 하나님만으로, 오직 은총만으로 이루어진다는 종교개혁적인 강조라고 볼 수 있다.

---

105) W. B. Godbey and Seth Cook Rees, *The Return of Jesus* (Cincinnati: God's Revivalist Office, n. d.), 16.

106) Godbey, *Commentary on the New Testament*, 1: 70.

107) Martin wells Knapp, *Lightning Bolts from Pentecostal Skies or Device of the Devil Unmasked.* (Cincinnati, OH: God's Revivalist Office, 1898), 155. 여기에서 냅은 후천년설에서 전천년설로 이동한 많은 사람들이 있다고 말하며 그중 갓비, 스펄전, 무디, 고든의 이름을 구체적으로 언급하고 있다.

이미 역사 가운데서 임박한 재림론을 주장하는 열광적인 재림론자들이 출현하여 사회에 물의를 일으킨 일이 종종 발생한 것을 볼 수 있다. 그럼에도 교회에 하나님의 성령 안에서의 능력 있는 삶이 있을수록 예수 그리스도의 재림에 대한 임박한 기대가 있었다는 사실은 역사가운데 하나의 법칙처럼 발견되는 것이다.108) 갓비는 '전천년설'과 '기독자 완전'이 교회가 시간을 통과해 하늘을 향해 가는 두 날개에 해당한다고 말한다. 당시의 성결운동은 임박한 재림 의식으로 인해 더욱 철저하게 세상에서 준비된 삶을 위해 깨어 있을 수 있었고, 또한 복음전파와 선교정신을 강력하게 고취시킬 수 있었다. 따라서 오늘날 전천년설의 적용가능성과 재림에 대한 더욱 깊이 있는 신학적 고찰이 필요하다.

다. 분파적 교회론과 연합운동 정신

갓비는 교회-신부-왕국에 대한 프레임으로 누가 하나님의 백성인지를 고찰하고 있다.109) 갓비의 교회론을 간단히 표현하면, '완전성화를 경험한 신부'이다. 그러나 교회에 속한 모든 사람들이 다 완전성화를 경험한 준비된 신부가 아니기 때문에, 거룩한 신부는 교회에 속한 이들과는 구별된다. 바로 이 지점에서 교회 안에서 교회를 구별하는 날카로운 분파주의가 드러난다.

갓비에 의하면 교회라는 단어는 그리스어로 '부르심을 받은 자들의 모임'이다.110) 그러나 이것은 단지 모임을 의미하므로, 교회가 하나님께 속할 수도 있고, 사단에게 속할 수도 있다. 그는 사도행전 19장에 나타난 에베소의 다이애나를 신봉하는 무리들을 사탄의 교회의 예로 들고 있다. 하나님의

---

108) D. Dayton, 『오순절운동의 신학적 뿌리』, 157.
109) Godbey, *Church-Bride-Kingdom*.(Cincinnati, OH: God's Revivalist Office, n. d).
110) Godbey, *Bible Theology*, 369.

교회는 눈에 보이지 않으며, 보이는 교회는 하나님의 아들이 나타나기 전까지는 결코 알 수 없다.

그러면 누가 거짓 교회인가? 성화의 복음을 전하지 않아서 성도들이 성화의 경험이 주는 제2의 축복을 누릴 수 없게 하는 교회와 주의 재림을 가르치지 않음으로 성도들을 깨어 있도록 준비시키지 않는 교회는 거짓된 교회다. 따라서 갓비가 보기에 초기 웨슬리의 가르침에서 떠난 당시의 감리교회는 타락한 교회이다. 주류 교파로서 성장한 감리교는 더 이상 성화의 복음을 전하지도 않을 뿐더러, 세속주의와 교회주의가 만연하다고 판단되었기 때문이다. 갓비는 자신이 사랑하는 감리교단을 결코 떠나지 않았지만, 그의 생애와 사역은 그가 결코 감리교의 교리나 교회주의에 갇히지 않았음을 보여준다.

해밀턴은 갓비의 교회론을 '섹트 타입의 교회론'으로 부르며, 교회에 속한 인간의 권위를 손상시키고 신자들에게는 "오직 주님만을 따르도록" 요구되었다고 지적한다.111) 이는 감리교의 신학적인 기반을 타격하는 것으로, 교회를 눈에 보이는 것으로 정의한다. 갓비는 '성결 사람들'에게 교회에 대한 마귀의 공격에 대하여 경고하였다. '캠펠주의', '러셀주의'(여호와의 증인), '몰몬교', 그리고 '모하메드'교와 같은 '이단'들, 이러한 '지옥에 갇힌 이단들'을 통하여 사탄은 '주의 백성들'을 곁길로 빠지게 하고, 지옥 '지옥에서 살게 한다.'112)

갓비와 몇몇 성결지도자는 방언운동에 대하여도 '사탄적'이라고 비난하였다. '성결영웅'(Holliness Hero) 중 하나였던 갓비의 이러한 반대는 성결운동에 큰 영향을 미친 것으로 보인다.

갓비는 완전 성화와 성령세례는 '오순절 체험'인데, '소리치는 것'과 '복도를 뛰는 것'과 같은 육체적 현상은 그 경험에 부수적인 것이다. 그는 성령의 은사를 인정할 뿐 아니라 몸의 치유 즉 신유를 인정한다. 그는 자신

---

111) Hamilton, 286.
112) Godbey, *Christianity and Sectarianism*, 25-27.

의 삶 속에서 경험한 여러 번의 신유체험을 고백하고 있다.113) 또한 성령이 주시는 방언의 은사를 인정한다.114) 그러나 방언이 성령세례와 동일시될 수는 없었던 것이다. 성결운동은 완전성화로 정의된 운동이었기에, 그 체험의 '필수적인 것'으로서의 '방언운동'은 새로운 이단이었다. 갓비는 사실상 "방언 이단은 성결 운동에 있어서 모든 시대의 모든 이단들 중 최고"라고 공격하였다.115)

성결운동에 있어서, '성령의 육화'인 성령의 '참된' 세례를 대체하는 다른 어떤 것도 있을 수 없었다. 오순절 경험에서, 성령은 하나님의 백성들 안에 성육하시며, 본질적으로 작동하신다. 이와 같이 근절주의자의 입장을 대표하는 갓비의 신학은 성령세례에 대한 증거로서 방언을 거절하였다.116) 그는 성결운동의 관점으로 "방언 운동"을 사단과 친교하는 영성주의(spiritualism)라며 비난하였다.117)

오순절과 구원사의 절정과 완전성화를 동일시하는 것은 두 번째 축복의 역사를 구체화하는 성결운동에 필수적이었다. 따라서 오순절의 성령세례를 성화가 아닌 방언으로 연결하는 "방언 운동"에 대하여 반대하는 것이다.118)

갓비에게 성서적 기독교는 오순절 성령강림 이후에 탄생한 '성령의 종교'이며, 이는 초기의 웨슬리 교회와 같은 교회이다. 그는 부흥운동을 통해 성서적 기독교의 회복을 열망하였고, 이를 위해 자신의 삶을 헌신하여 모든 신자들이 초대교회와 같이 성령의 불을 받아 복음전도의 사명을 감당하고,

---

113) Godbey, *Bible Theology*, 159-162. 갓비는 이 장에 50여 페이지를 할애해서 성령의 은사들을 설명하고 있으며 특히 신유체험에 대한 간증도 싣고 있다.
114) Godbey, *Bible Theology*, 188-189.
115) Godbey, *Current Heresies* (Cincinnati, OH: God's Revivalist Office, 1908), 20. "Try the Spirits", 8-12.
116) Godbey, *Bible Theology*, 92.
117) Godbey, *Spiritualism, Devil-worship and the Tongues* (Cincinnati, OH: God's Revivalist Press, n.d.), 22.
118) Godbey, *Bible Theology*, 88-89.

주님의 오심을 기다리는 신부로 준비시키는데 전념하였다.

이를 위해 필요한 것이 하나님의 백성들의 자유로운 연합사역이다. 그는 연합회는 신조대신 성경을, 권위 대신 하나님의 말씀을 갖고 있다고 주장한다. 또한 국제성결연합이라는 말보다는 "성결운동"(Holiness Movement)이 모든 나라를 아우르는 용어일 것으로 더 선호하였다.119) 그는 연합회의 활동이 성결연합회 회원들은 교회와 전혀 갈등을 일으키지 않고 멤버십을 갖을 수 있고 서로를 격려할 수 있고 자유롭다며 권장하고 있다.

> 우리는 모두 "여호와께 성결"이라는 위대하고 모든 것을 흡수하는 단 하나의 성경의 교리에 대한 조화, 우애, 협력(친교), 그리고 연합의 위대한 교훈을 영적으로, 실제적이고 실천적으로 배워야 한다.120)

이는 모든 인간의 신조에 의지하지 않고 "주님께 성결"이라는 말씀에 근거하는 연합체에 하나로 연합해야 한다고 역설하고 있다. 이러한 갓비의 연합정신은 교리를 근거로 한 교파적 정신을 넘어선 성경적 차원의 연합정신이다.

분파나 교파를 뛰어넘는 이러한 정신은 그가 책을 저술할 때도 적용되었다. 그는 자신의 성서주석이 갖는 몇 가지 특징을 설명하는데121), 그 한 가지로 분파적이지 않음(non-sectarian)을 주장한다. 이는 "성경은 분파주의나 교파적인 것으로부터 아주 자유롭다"는 사실 때문이다. 물론 갓비는 우리가 실제로는 어떤 교파에 속하여 자라나기 때문에 어느 정도 분파적인 영향을 받는 것이 사실임을 인정한다. "그럼에도 분명한 사실은 진정한 성

---

119) Godbey, *Autobiography*, 501-2.
120) Godbey, *Autobiography*, 503.
121) Godbey, *Autobiography*, 370-375. 자신의 주석의 특징을 1) 아주 주석적이고 2) 명쾌하게 경험적이며 3) 엄밀하게 실천적이고 4) 비평적이지 않고 5) 분파적이지 않으며 6) 탁월하게 모든 사람에게 적용된다고 강조하고 있다.

화는 분파주의를 포함한 육성(carnality)의 모든 형태와 국면에서 우리를 구원한다는 것이다"[122]

이런 점에서 갓비가 이해하는 성화란 성서적 진리 외에 자신에게 영향을 주는 모든 구조적인 차원의 영향력, 그것이 자신이 속한 교단의 교리일지라도 그것으로부터 자유로울 수 있는 차원에까지 나아가는 것이다. 갓비의 관점에 따르면, 진정으로 성화된 사람은 성경의 진리 안에서 참으로 연합할 수 있는 것이다.[123]

4. 결론

가. 갓비의 공헌점

갓비는 분명 감리교에 속한 목사로서 감리교의 신앙과 신학적 유산과 더불어 당시의 부흥운동의 역사와 정신을 물려받은 시대의 인물이었다. 그러나 갓비의 생애는 완전 성화라는 결정적인 신앙경험을 기준하여 성화체험 이전과 이후가 명확하게 구분된다. 완전성화의 체험 이후 그는 감리교 목사로서의 삶보다는 오히려 불타는 전도자로서 성결운동에 헌신한 연합회의 사람이 된 것이다. 그는 자신이 체험한 완전성화의 경험을 일평생 강력하게 전파한 '성결운동가'였다. 또한 주님의 재림을 선포하며 온전한 성결한 삶을 촉구한 갓비는 중생, 성결, 신유, 재림의 사중복음적 삶을 살아간 진정한 성결인이었다.

앞에서 살펴본 것 처럼 성결운동의 지도자로서 갓비의 영향은 지대하

---

122) Godbey, *Autobiography*, 371.
123) Godbey, *Bible Theology. 5.* 갓비는 그의 성경신학 서문에서 신학이 각 교파의 관점과 교리로 성경을 구부러지게 하고 있음을 지적하며, 그의 책은 성경의 진리를 밝혀 교파적으로 구부러지게 하지 않은 신학임을 주장한다.

다. 그러나 갓비의 삶이 진정으로 우리게 남겨준 가장 큰 공헌은 그의 삶에 나타난 효과적인 통합성이라고 볼 수 있다. 그는 당시 성결운동 그룹 내에서 가장 학식 있는 학자였지만, 강렬한 부흥의 열망을 지닌 실천적인 부흥운동가였다. 저술가로서 명성을 얻었으나 이는 그의 실제 사역의 필요와 현장 사역의 결과물들이었다. 이러한 갓비의 생애와 사역이 오늘날을 살아가는 신앙인들과 영적지도자들에게 전하는 메시지를 세 가지로 나누어 살펴보자.

1) 평신도에 의한 사역과 선교: 오순절적 평신도 신학

실제로 갓비는 수많은 저술로 성결운동의 대변자로 불렸다. 그러나 그는 결코 신학을 전개하거나 자신의 사상을 정립하려고 학문적인 작업을 수행한 것이 아니다. 그는 오히려 성서적 기독교의 원형을 사도행전의 제자들에게서 찾았으며 이 정신에 입각해서 평신도들이 주님이 지상명령을 수행하는 주체들이라고 보았다. 그는 특히 마지막 때에 주님께서 지상의 수많은 평신도들을 세우셔서 온 세상에 영적 부흥을 일으키실 것을 바라보며, 평신도들을 세우고 훈련시켜 선교사로 파송하는 일에 몰두하였다. 그가 수많은 책자들을 만들고 또 소책자들을 배포한 것도 그러한 이유에서이다. 또한 그의 책들은 성서의 말씀을 근거로 한 간증과 설교 등 그가 부흥회나 집회때 전한 말씀을 기초로 저술된 내용들로 평신도들을 대상으로 저술된 것이었다. 그는 당시의 가장 무지한 사람들에게도 성화의 복음을 전했으며, 농촌과 가난한 사람들, 이민자들과 같은 사회적 주변인들과 오히려 잘 소통하였다. 그는 자신의 사역과 또한 사역의 대상들이 세상적인 눈으로 볼 때 비주류인 소수들임을 인정하고 자신의 사명으로 받아들였다. 이러한 갓비의 평신도 중심적인 사역과 관점은 오순절적 평신도 신학으로 불릴 수 있을 것이다.

이미 루터의 종교개혁은 만인제사장설을 주장하였고, 성직자 중심의 종교가 아닌 모든 그리스도인들의 사제직을 선포했다. 하지만, 본격적으로 평신도가 복음사역의 전면에 나타나게 된 것은 초기 웨슬리 운동으로부터 시작되었다고 볼 수 있다. 여기에 성결운동은 평신도들이 마지막 시대의 중요한 선교주체로서의 사명을 확인시키고 강조하고 있다. 따라서 성결운동은 성경학교에서 평신도를 훈련시켜 선교지로 파송하는 일에 열심을 내었으며, 실제로 수많은 나라에 선교사들을 파송하고 수많은 지역에서 열매를 맺었다. 그 한 예가 바로 하나님의 성서학원을 졸업한 후 곧바로 일본으로 선교를 떠난 길보른과 카우만이었던 것이다.

2) 완전 성화와 재림의 강조점: 오순절적 하나님 중심주의

갓비의 과격한 성화론은 신학적 차원의 다양한 검토를 요구한다. 특히 감리교적 입장에서 보면 순간적 성화론은 논란을 불러일으키는 주제임에 틀림없고, 또한 성결운동 내에서 다양한 입장이 있음도 사실이다. 그러나 순간적 성화론, 또는 성령세례론에 있어서 중요한 점은 '하나님의 주권에 대한 강조'라고 볼 수 있다. 이것은 사도행전 2장에 기록된 성령 세례의 사건에 근거하며, 오직 성령이 주도하시는 은혜로서 체험된다는 점이 중요하다. 오순절의 성령세례에 의해 기독교의 출발부터 '성령의 종교'임을 선포한 것이고, 이러한 성령의 은혜가 바로 완전성화라는 입장이기 때문이다.

갓비의 전천년설과 재림론에서도 마찬가지이다. 갓비가 후천년설을 인간적인 기획으로 평가한 것과, 오직 하나님이 예수 그리스도의 사역을 통해, 또한 성령의 역사로 이 땅에 하나님 나라를 이루시는 전천년설이 성경의 진리와 일치한다고 본 것은 같은 맥락일 것이다. 바로 이 지점에 오순절적인 하나님 중심주의가 드러나고 있다. 인간의 노력과 애씀을 저버리는 율법폐기론에 빠지지 않으면서도, 성결한 삶을 통해 주님의 재림의 준비하는 자들로 살아갈 수 있는 그 중요한 초점은 하나님의 나라를 대망하는 삶이요, 모든 역사의 주권이 하나님께 있다는 하나님 중심주의였던 것이다. 이는 당시의 종교적 흐름 속에서 세속주의와 교권주의로 쇠퇴해가는 기독교에 던지는 성서의 본질적 메시지로서 래디컬 성결운동의 종교개혁적 성격을 보여준다.

3) 교파초월의 연합정신: 오순절적 일치와 연합정신

갓비는 성서적 기독교와 온전한 복음의 부흥과 전파를 위해 헌신하면서 이러한 사역을 위해 지역과 경계 교파를 초월한 연합정신의 소유자였다. 그는 누구보다 연합사역의 모범적 사례라고 볼 수 있다. 그리스도인 성결은 주님의 백성들의 연합을 표현하는 것이었다. 갓비에게는 마음과 삶의 성결, 그리고 신자의 연합은 분리되지 않는 이상이었다. 그는 당시 성결연합에서 교단간의 비분파적 정신의 가장 훌륭한 모범이었다.[124]

그는 연합사역이 교파주의와 교황주의적 교회주의에서 벗어나 순전한 복음의 정신으로 하나되어 일치할 수 있음을 강조한다. 또한 본질적인 진리의 정신에 일치한다면 이러한 연합사역에 참여하는 누구라도 자유롭다는 연합정신을 높이 평가하였다.

갓비는 완전성화를 체험한 1868년 바로 직전부터 남부 감리교 성결연합회에서 활동하였으며, 감리교에서 지역 경계 없이 활동할 수 있게 된 이후에는 전국적인 네트워크를 형성하였다. 특히 냅이 주도하는 성결운동에는 깊이 관여하였고, 많은 책들을 저술하여 유포하는 등 사역의 근거지로 삼았다. 그러나 이후 만국성결연맹이 교단으로서 자리매김할 때는 그 교단에 가입하지 않았는데, 이는 갓비의 오순절 연합정신에서는 성결운동의 교단적 결성이 바람직하게 보이지 않았기 때문일 것이다.[125]

나. 갓비의 성결운동과 21세기 성결교회

갓비의 성결운동은 하나님 중심주의, 오순절 성령세례, 성서적 기독교, 전천년설, 부흥운동, 래디컬 성결운동 등의 키워드를 남기고 있다.[126] 이제

---

124) Hamilton, 122.
125) Godbey, *Bible Theology*. 6. 갓비는 '성결운동이 하나님의 말씀보다 어떤 신조에 매이는 것은 이전 교파들처럼 타락하는 것이며, 교파주의 교회들은 죽은 교회주의와 우상숭배라는 끔찍하게 추락하는 풍조'라고 지적하고 있다.

우리는 21세기 현 시점에서 그 내용들을 정돈하고 연구해야 할 과제를 안게 되었다. 그중에서도 갓비에게 가장 특징적이었던 성령론과, 체험중심적 신앙과 연합정신에 대해 살펴보자.

우선, 갓비의 성령론은 재림론과 교회론을 포괄하는 주제이다. 성결운동의 생명력은 바로 이 임박한 재림 안에서 성결한 삶을 외친 것에 있었다. 이는 완전성화의 삶을 재림의 빛 가운데 볼 수 있는 관점이며, 또한 재림과 성화가 '하나님 나라'의 주제 속에서 논의할 수 있음을 제시하는 것이다. 또한 갓비의 분파적 성격이 강한 교회론은 논쟁적인 주제로서 더 연구해야 할 과제를 남기고 있다. 오순절 교회의 분명한 표지를 오순절성령세례의 '온전한 성화'로 삼았던 성결운동은 변화된 삶과 세속성과의 차이를 명확하게 구분하여 진정한 교회를 눈에 보이는 교회로 인식하고 있다.

한국 성결교회는 성결의 복음을 외치며 재림신앙으로 인해 고난을 받았던 역사적 경험을 갖고 있다. 그러나 성결과 재림에 대한 메시지는 점차 쇠퇴하고, 현실의 삶을 역동적으로 살도록 하는데 기여하지 못하는 현실이다. 따라서 지금, 여기를 살아가는 신앙인들을 위한 성서적 재림론의 의미를 밝히고, 하나님 나라의 본질적 역동성에 대한 구체적인 연구가 요청된다.

둘째는 건강한 체험 중심적 신앙의 회복이다. 갓비가 완전성화의 체험을 강력하게 주장하는 것은 사실 삶의 본질적이고도 실제적인 변화가 인간의 노력만으로는 불가능하기 때문이다. 자칫 체험중심의 신앙이 자기중심적 만족으로 대치될 가능성과 성령체험의 진위 구별의 어려움 등 여러 가지 장애들 때문에, 또는 은사주의로 흐를 위험성과 이단이라는 위협으로 인해 건강한 신앙경험이 질식되어서는 안 된다. 인간적인 오류와 실수를 뛰어넘는 초월적 역사를 신뢰하는 하나님 중심적 신앙은 지금 여기에서 만나지고 일하시는 하나님을 맞이하며 신뢰할 때, 삶에서 경험되는 것이다. 교회 공

---

126) Hamilton, 281. 해밀턴은 19세기의 성결운동은 부흥운동으로서, 주로 감리교 내에서 일어났고, 교회에 초기 웨슬리주의의 능력과 순수성과 초기 기독교의 회복이었다고 말한다.

동체에서 성령의 현존과 그 체험이 일어나지 않는다면, 사람들은 미혹하는 영적 체험에 더욱 이끌리게 될 것이다. 영성시대라 불리는 21세기에 교회는 참된 영성의 내용과 경험을 제시해야할 책임이 있다.

셋째, 교파초월적 연합운동을 위한 신학적인 정립과 더불어 그 연합정신을 발전적으로 계승할 필요성이다. 성결운동은 발생부터 연합과 일치의 정신에서 태어났다고 해도 과언이 아니다. 청교도, 장로교, 감리교 등의 배경을 가진 지도자들이 함께 참여하였을 뿐 아니라, 그 부흥회도 초기부터 연합집회의 성격을 갖고 있었다. 이는 본질적인 부분에서의 일치에 대한 집중력으로 볼 수 있다. 통섭과 소통이 주요화두인 21세기에 성결운동의 정신을 이어받은 성결교회는 연합 정신을 가장 잘 실천할 수 있는 유전인자를 가진 셈이다. 우리의 장점이 현시대 속에서 잘 발현할 수 있도록 연합사역의 꽃을 피울 수 있는 신학적인 토양을 조성해야 한다. 이는 교권적이거나 교리중심적 신학이 아니라 보다 성경에 충실하면서도 지금까지의 역사를 포괄할 수 있는 보다 큰 신학적 패러다임일 것이다.

여기에서 우리는 성결운동이 주창했던 중생, 성결, 신유, 재림의 복음이라는 사중복음의 신학적 주제들이 연합적 기반의 가능성을 제공할 수 있다고 본다. 이 사중복음의 정신은 "개인과 공동체, 인간과 피조세계, 교회와 사회 전 영역에서 다양하게 선포될 수 있는 신학적 주제로서 성결교회가 전수해온 복음의 핵심 내용"이기 때문이다.[127]

이상으로 우리는 갓비의 생애를 통해서 그가 미친 성결운동에의 공헌점과 또한 21세기 성결교회가 주목해야 할 점 들을 살펴보았다. 갓비가 외친 중생, 성결, 신유와 재림의 강력한 복음과 그에 헌신했던 래디컬한 성결운동적 삶은 참으로 험난한 좁은 길이었다. 그러나 그는 좁은 길을 가는데 따르는 어려움과 고통을 더 큰 기쁨과 소망으로 인해 기꺼이 감수하였다. 이미 성경의 수많은 증인들이 그러한 길을 갔으며 성결교회를 상징하는 '가

---

127) 서울신학대학교 성결교회신학연구위원회, 『성결교회신학』 (서울: 기독교대한성결교회출판부, 2007.), 345.

시밭의 백합화' 역시 그러한 신앙을 기리는 것이다. 이제 갓비의 자서전 맨 마지막에 있는 찬송시를 끝으로 본 연구를 맺고자 한다.

"내 안식은 하늘에 있네, 내 집은 여기 아니네.
그러니 모진 시험에 왜 불평할까?
고생이여 오라, 고통이여 오라, 최악의 상황이여 오라
단지 나의 여행을 재촉하여 속히 본향 가게 할 뿐이네"[128]

---

128) Godbey, *Autobiography*, 509.

참고문헌

1. 갓비의 책 (80여권의 목록)

The Abundant Entrance: 2 Peter 1:12. Greensboro, NC: Apostolic Messenger Office, n.d.

Armageddon. Greensboro. NC: Apostolic Messenger Office, n.d.

Around the World, Garden of Eden, Latter Day Prophecies, and Missions. Cincinnati, OH: God's Revivalist Office, 1907.

The Apocalyptic Angel. Cincinnati, OH: God's Revivalist Office, 1914.

Apostasy. Cincinnati, OB: God's Revivalist Office, n.d.

An Appeal to Postmillennialists. Nashville, TN: Pentecostal Mission Publishing Company, n.d.

Autobiography of W. B. Godbey. Cincinnati, OH: God's Revivalist . Office, 1909.

Bible Theology. Cincinnati, OH: God's Revivalist Office, 1911.

The Bridehood. Zarephath, NJ: Pillar of Fire, 1918.

Campbellism. Cincinnati, OH: Office of God's Revivalist, n.d.

Cherubim and Flaming Sword. Nashville, TN: Pentecostal Mission Publishing Company, 1917.

The Christhood and the Antichristhood. Nashville, TN: Pentecostal Mission Publishing Company, n.d.

Christian Perfection. Louisville, KY: Pentecostal Publishing Company, 1886.

Christianity and Sectarianism. Cincinnati, OH: God's Revivalist Office, 1911.

Church-Bride-Kingdom. Cincinnati, OH: God's Revivalist Office, n.d.

Collapse of the Ages. Greensboro, NC: Apostolic Messenger Office, n.d.

Comeoutism. Cincinnati, OH: God's Revivalist Office, n.d.

Commentary on the New Testament. 7 vols, Cincinnati, OH: Revivalist Office,

1896-1900.

Current Heresies. Cincinnati, OB: God's Revivalist Office, 1908.

Deeper Things. Louisville, KY: Pentecostal Publishing Company, n.d.

Doom of the Damned. Greensboro, NC: Apostolic Messenger Office, n.d.

Footprints of Jesus in the Holy Land. Cincinnati, OH: God's Revivalist Office, Mount of Blessings, 1900.

Gentile Tribulation. Cincinnati, OH: God's Revivalist Office, n.d.

God's Eclesia. Nashville, TN: Pentecostal Mission Publishing Company, n.d.

God's Gospel Preacher: When, Where, How. Cincinnati, OH: God's Revivalist Office, 1911.

God's Nazarite. Nashville, TN: Pentecostal Mission Publishing Company, n.d.

God's Triple Leadership. Nashville, TN: Pentecostal Mission Publishing Company, n.d.

The Great Harvest. Nashville, TN: Pentecostal Mission Publishing Company, 1909.

The Green and Dry Tree. Greensboro, NC: Apostolic Messenger Office, n.d.

Heaven, The Home of God's Saints. Cincinnati, OH: God's Revivalist Office, n.d.

Heavenly Queenship. Cincinnati, OH: God's Revivalist Office, n.d.

Holiness Churches. Greensboro, NC: The Apostolic Messenger Office, n.d.

Holiness Clergy Bureau. Greensboro, NC: The Apostolic Messenger Office, n.d.

Holiness or Hell? Noblesville, IN: New by Book Room, 1974 [1893].

Holy Land. Cincinnati, OH: God's Revivalist Office, Mount of Blessings, 1905.

Hypocrisy. Greensboro, NC: Apostolic Messenger Office, n.d.

Illumination. Greensboro, NC: The Apostolic Messenger Office, n.d.

The Incarnation of the Holy Ghost. Louisville, KY: Pentecostal Publishing Company, [1904?].

Infantile Christianity. Cincinnati, OH: God's Revivalist Office, 1911.

Methodism. Cincinnati, OH: Office of God's Revivalist, n.d.

Millennial Restoration of Israel's Lost Tribes. Louisville, KY: Pentecostal Publishing Company, n.d.

The Millennium. Nashville, TN: Pentecostal Mission Publishing Company, n.d.

Mohammedanism. Cincinnati, OH: God's Revivalist Press, n.d.

Mundane Restitution. Nashville, TN: Pentecostal Mission Publishing Company, 1917.

My Better Half. Cincinnati, OR: God's Revivalist Press, n.d.

My Funeral. Greensboro, NC: The Apostolic Messenger Office, n.d.

My Triennial Circuit. Cincinnati, OH: God's Revivalist Press, n.d.

Ocean World. n.p., n.d.

Old and New Creation. Zarephath, NJ: Pillar of Fire, 1919.

Omens of His Proximity. Cincinnati, OR: God's Revivalist Office, n.d.

Our Glorified Children. n. p., n.d.

Our Golden Wedding. Cincinnati, OR: God's Revivalist Office, 1911.

Paganization of the American Church. Cincinnati, OH: God's Revivalist Office, 1909.

Plan of Salvation. Cincinnati, OR: God's Revivalist Office, nod.

Popular Evangelism. n.p., n.d.

Prophecies Fulfilled. Greensboro, NC: Apostolic Messenger Office, n.d.

Psychology and Pneumatology. Cincinnati, OH: God's Revivalist Press, n.d.

Purgation of the Celestials. n.p., n.d.

Regenerated Earth. Greensboro, NC: Apostolic Messenger Office, n.d.

The Return of Jesus. Cincinnati, OR: God's Revivalist Office, 1898.

Revive and Refire. Greensboro, NC: The Apostolic Messenger Office, n.d.

Sanctification. Louisville, KY: Pentecostal Publishing Company, 1898 [1884].

Sanctified Earth. Greensboro, NC: Apostolic Messenger Publishing Company, n.d.

Satan's Side-Tracks. n.p., n.d.

Second Coming. Cincinnati, OR: God's Revivalist Office, n.d.

Signs of His Coming. Nashville, TN: Pentecostal Mission Publishing Company, n.d.

Sinequanons. Greensboro, NC: The Apostolic Messenger Office, n.d.

Six Tracts. The Higher Christian Life series, no. 19. ed. Donald W. Dayton. New York: Garland, 1985.

Souvenirs of A. D. 1913. Greensboro, NC: Apostolic Messenger Office, n.d.

Spiritual Gifts and Grace, Cincinnati: God's Revivalist Office, 1895.

Spiritual Pauperism. Cincinnati, OH: God's Revivalist Press, n.d.

Spiritualism, Devil-worship and the Tongues. Cincinnati, OB: God's Revivalist Office, n.d.

Superjicialism Fatal to Spirituality. Cincinnati, OH: God's Revivalist Office, 1911.

Thirty-five Old Testament Biographies. Salem, OH: Allegheny Publications, 1993.

Translation of the New Testament. Westminster, CO: Belleview College, 1991[1901].

Tribulation Revivals. Greensboro, NC: Apostolic Messenger Office, n.d.

"Try the Spirits". Greensboro, NC: Apostolic Messenger Office, n.d.

Victory. Cincinnati, OH: God's Revivalist Office, 1888.

Witness of the Spirit. Greensboro, NC: Apostolic Messenger Office, n.d.

Woman Preacher. Louisville, KY: Pentecostal Publishing Company, 1891.

Work of the Holy Spirit. Louisville, KY and Greenville, TX: Pickett Publishing Company, 1902.

Youthful Piety. Cincinnati, OH: God's Revivalist Press, n.d.

2. 참고자료들

1) 정기 간행물 Periodicals

Full Salvation Quarterly, 1899.

God's Revivalist and Bible Advocate, 1901.

Journal of the Tenth Session of the General Conference of the Methodist Episcopal Church, South, May 5-25, 1886.

Minutes of the Annual Conferences of the Methodist Episcopal Church, South, 1866-1921.

Pentecostal Herald, 1920.

Texas Christian Advocate, 1879-1886.

2) 책과 논문들 Books and Articles

박명수. 『근대사회와 복음주의』. 서울: 한들출판사, 2008.

박창훈. "대서양 양편 성결운동이 연속성과 불연속성" 『성결교회와 신학 제 5집』, 서울: 성결교회역사연구소, 2001. 봄.

최인식. "성령세례의 신학적 의의에 대한 고찰-마틴 냅과 윌리엄 갓비를 중심으로", 『한국조직신학논총』 제33집. 서울: 한들 출판사, 2012.

도널드W. 데이튼. 조종남 역. 『오순절 운동의 신학적 뿌리』. 서울: 대한기독교서회, 1993.

로버츠 리어든, 김광석 역. 『아주사 부흥』. 서울: 서로사랑, 2008.

빈슨 사이난, 이영훈, 박명수 공역. 『세계 오순절 성결운동의 역사』. 서울: 서울말씀사, 2000.

서울신학대학교성결교회신학연구위원회. 『성결교회신학』. 서울: 기독교대한성결교회 출판부. 2007.

Arnold, W. E. *A History of Methodism in Kentucky.* Louisville, KY: Herald

Press, 1935-1936.

Hills, Aaron M. *A Hero of Faith and Prayer; Or, Life of Rev. Martin Wells Knapp.* Cincinnati, OH: Mrs. M. W. Knapp, Mount of Blessings, 1902.

Knapp, Martin Wells. *Out of Egypt into Canaan: Or, Lessons in Spiritual Geography.* Cincinnati, OH: Office of the Revivalist, Pentecostal Holiness Library, and Full Salvation Quarterly, 1900.

_____. *Lightning Bolts from Pentecostal Skies or Device of the Devil Unmasked.* Cincinnati, OH: God's Revivalist Office, 1898.

Kostlevy. Holy Jumpers: Evangelicals and Radicals in Progressive Era America. Tabor College; Oxford Scholarship online. 2010.

McCulloch, George. *History of the Holiness Movement in Texas, and the Fanaticism Which Followed.* Aquilla, TX: 1. H. Padgett, 1886.

Randall J. Stephenes. *The Fire Spread: Holiness and Pentecostalism in the American South.* the President and Follows of Harvard College, 2008.

Rees, Seth C. *The Ideal Pentecostal Church.* Cincinnati, OH: M. W. Knapp, Publisher, 1897.

Watson, George D. *A Holiness Manual.* Newport, KY: Printed for the author, [1882].

Wesley, John. *Sermons, I. 1-33 in The Works of John Wesley.* ed. Albert C. Outler. 35 vols. Nashville, TN: Abingdon, 1984.

_____. *The Works of John Wesley.* Grand Rapids, MI: Zondervan, 1958 [1872].

White, Alma. *The Story of My Life.* 5 vols. Zarephath, NJ: Pillar of Fire, 1919-1943.

Wood, John Allen. *Christian Perfection, as Taught by John Wesley.* Chicago and Boston: The Christian Witness Company, 1921.

_____. *Purity and Maturity.* Philadelphia, PA: National Publishing

Association for the Promotion of Holiness, 1876.

Christenson, Larry. "Pentecostalism's Forgotten Forerunner." *Aspects of Pentecostal-Charismatic Origins.* ed. Vinson Synan. Plainfield, NJ: Logos International, 1975.

Hamilton, Barry W. "Preaching the 'Narrow Way': William B. Godbey's Homiletical Agenda for the Early Holiness Movement." *Methodist History* XXXVIII, no. 1 (October 1999), 40-52.

_____. *Willam Baxter Godbey: Itinerant Apostle of the Holiness Movement,* Studies in American religion; v. 72. Lewiston-Queenston-Lampeter. The Edwin Mellen Press, 2000.

McGraw, James. "The Preaching of William B. Godbey." *The Preacher's Magazine,* March 1956.

Brown, Kenneth Orville. "Leadership in the National Holiness Association, 1867-1930, with Special Reference to Eschatology." Ph.D. diss. Drew University, 1988.

Eslinger, Ellen. *Citizens Zion: The Social Origins of Camp Meeting Revivalism.* Knoxville, TN: University of Tennessee Press, 1999.

윌리엄 갓비의 약력[129]

1833년 6. 3. 켄터키 시골에서 출생하였다,

1836년 3세에 회심(conversion)을 경험하고 설교자로서의 소명을 받았다.

1849년 11. 16세 때 침례교 부흥회에서 완전한 회심을 경험하였다.

1853년 20세에 남 감리교(Methodist Episcopal Church, South)의 목사로 사역을 시작하였다.

1859년 26세에 조지아 타운 대학(Georgetown College) 졸업하고 학사학위를 받았다. 하모니아 대학(Harmonia College)에서 책임을 맡으면서, 동시에 페리빌 순회강사로 섬겼다. 켄터키의 마크빌(Mackville, KY)에 1870년 임명될 때까지 가르치고 전하는 것을 계속하였다.

1860년 27세에 엠마 더럼(Emma Durham)과 결혼하였고, 둘 사이에 태어난 8명의 자녀 중 한명만 살아남았다.

1868년 35세. 완전 성화를 경험하였고, 이후로 여러 사역지를 담당하게 되었다.

1869년 하모니아 대학의 총장직을 사임과 목회사역과 부흥회에 전념하였다.

1872년 포스터의 교회에 임명된 곳에서 한해에 500명 이상의 회심자를 얻었다.

1873~1876년 켄터키 총회에서 두 번 감리장로를 역임하였다.

1877~1884년 몇몇 작은 교회의 목사로 섬기면서 주로 총회경계 밖에서 부흥회 사역 전념하였다.

1884년 51세. 갓비의 감독인 멕킨타이어(Rev. Holland N. McTyeire)의 권유로 남부 텍사스 지역의 순회전도자로서, 비공식적 전도자로서 사역한다. 이후로 감리교의 경계를 넘어서 자유로운 사역자로 섬기게 되었다.

1884~1893년 성결운동의 가장 성공적이 복음전도자가 되었으며, 사역의 광범위한 네트워크를 개발하고, 1900년까지 국내와 국가 간에 빠른 남부 네트워크를 통하는 후원자를 두었다. 이때까지 5권의 책을 썼다. 세례 (Baptism, 1884), 성화 (Sanctification, 1884), 그리스도인의 완전(Christian Perfection, 1886), 승리(Victory, 1888), 성결 혹은 지옥? (Holiness or

---

129) 갓비의 자서전과 해밀턴의 연구에 기초한 연표이다. W. B. Godbey. *Autobiography of W. B. Godbey*. Cincinnati, OH: God's Revivalist . Office, 1909.

Hell?, 1893) 이후로 35년간 저술활동을 하였다.

1892년 59세. 서로의 글을 통해 알고 있던 마틴 냅을 켄터키에서 열린 성결 연합 집회에 초청하여 직접 만났다.

1895년 62세. 첫 번째 세계여행 시작하였다. 이후 네 차례 세계여행을 한다.

1896년 63세. 신약성경 주석 vol. 1. 출판하였다.

1898년 65세. 마틴 냅이 창설한 초교파적인 성결연합회에 참여(Apostolic Holiness Union and Prayer League) 이후로 성결연합회와 친밀한 관계를 유지한다.

1901년 68세. 신약성경번역. 시내사본의 복사본을 조달하여 이 번역의 기초로 삼았다.

1905년 세 번째 세계 선교여행을 마치다.

1909년 76세. 자서전을 출판하였다.

1912년 네 번째 세계여행을 하였다.

1918년 85세. 남감리교 켄터키 총회 재가입 요청하고 총회 동의를 얻었다.

1920년 9월 12일 87세에 생애를 마치고 켄터키 페리빌에 묻혔다.

□ 국문초록 □

월리엄 갓비의 생애와 사상

장혜선
글로벌사중복음연구소 연구원

  본 논문은 미국의 19세기 성결운동지도자 월리엄 갓비의 생애와 사상을 연구한
것이다. 갓비는 남부 켄터키에 속한 감리교의 목사로서 당시의 급진적 성결운동의
가장 영향력 있는 지도자 중 하나로 교파를 넘어 활동한 부흥운동가였다. 갓비는 완
전성화의 체험으로 인해 불같은 부흥운동가로 거듭났으며, 완전성화를 전파하는데
헌신하였고, 성결운동을 위해 성경적 연합운동을 펼친 연합사역의 모본이었다. 또한
그는 성서학자로서 성결운동의 성서적, 신학적인 배경을 제공하며 수많은 책자와 소
책자들을 저술한 저술가이기도 하였다.
  갓비는 평생 신약성서에 나타난 오순절적인 기독교, 성령의 종교, 성서적 기독
교의 회복을 갈망하며 완전성화를 전파하여 신자들과 교회들이 거룩하게 주님의 재
림을 준비하는데 전념하였다. 그러한 활동가운데 갓비가 저술한 책자에는 완전 성
화, 전천년설, 재림, 그리고 부흥운동과 연합정신이라는 사상이 드러난다. 갓비의 공
헌점을 세 가지로 요약하면, 오순절적인 평신도 신학, 오순절적 하나님 중심주의, 오
순절적 일치와 연합정신으로 볼 수 있다. 이러한 고찰을 통해 19세기 성결운동의 정
신을 이어받은 21세기 오늘의 성결교회가 영적으로 갱신되고 부흥되는 계기가 되기
를 기대한다. 본 연구는 성결운동의 사도인 갓비의 생애와 사상을 한국에 처음으로
소개하는데 의의를 갖는다.

주제어
  월리엄 B. 갓비, 급진적 성결운동, 완전 성화, 성령세례, 전천년설, 오순절주의,
부흥운동. 성령의 성육신.

□ Abstract □

A Study On the Life and Thoughts of William Baxter Godbey

Hyesun Chang
Global Institute of the Four-fold Gospel Theology, Researcher

This thesis studied on life and thought of William Godbey who is American leader of the Holiness Movement in the 19th century. Godbey is an revivalist who worked beyond the denomination as one of the most effective leaders of radical Holiness Movement and a pastor of Methodist Church included to Southern Kentucky. Godbey became a fiery revivalist because of the experience of entire sanctification and dedicated to propagate entire sanctification. And, he displayed Biblical associated movement for the Holiness Movement as a model of associated ministry. In addition, he provided Biblical and theological background of the Holiness Movement as a biblicist and wrote lots of books and small booklets.

Godbey propagated entire sanctification by longing for pentecostal Christianity, religion of the Holy Ghost, recovery of Biblical Christianity in the New Testament during his lifetime and believers and churches concentrated on preparation of Jesus' second coming divinely. In his activities and books, Wa can find the Godbey' thoughts such as entire sanctification, Premillenialism, the second coming, revivalism and associated spirit. Contributions of Godbey can be abstracted by three things. There are pentecostal lay theology, pentecostal God centrism, pentecostal accord and associated spirit. Through the consideration, current Holiness Church of the 21st century, succeeded by spirit of the Holiness Movement of the 19th century, should be spiritually renewed and revival. This research is significant to introduce life and thought of Godbey, an apostle of the Holiness Movement, to Korea for the first time.

Key Words

William Baxter Godbey, Radical Holiness Movement, Revivalism, Entire Sanctification, Baptism of Holy Spirit, Premillennialism, Pentecostalism, Incarnation of Holy Spirit.

애론 메릿 힐스의 생애와 사상

A Study on the Life and Thoughts of Aaron Merritt Hills

남 태 욱 박사

글로벌사중복음연구소 연구원

1. 서론

애론 메리트 힐스(Aaron Merritt Hills, 1848-1935)는 한국성결교회의 모체가 되는 1897년 만국성결연맹(International Holiness Union & Prayer League)[1]을 결성한 마틴 냅(Martin W. Knapp, 1853-1901), 셋

---

1) 도널드 W. 데이턴, 조종남 역, 『오순절운동의 신학적 뿌리』(서울: 대한기독교서회, 1993), 270-1. 이 모임은 1990년 만국사도성결연맹(The International Apostolic Holiness Union & Prayer League)으로, 1913년 만국사도성결교회(The International Apostolic Holiness Church)라는 이름으로 그리고 몇 번의 명칭변경이 있은 후 몇 개의 성결그룹과 통합하면서 1919년에는 만국성결교회, 1925년에는 필그림성결교회 (The Pilgrim Holiness Church), 마침내 1968년에는 웨슬리안 감리교회와 통합하여 웨슬리안교회(The Wesleyan Church)가 되어 오늘에 이르고 있다. 동양선교회(The Oriental Missionary Society)의 창설자인 카우만과 길보른은 바로 이 만국성결연맹에 의해 선교사로 안수를 받았을 뿐만 아니라, 그들에게 재정적 후원을 받아 선교하게 되었다. 이 운동은 18세기에 일어났던 웨슬리의 뜨거운 신앙을 회복(restoration)하기 위한 운동으로써 이미 구원받은 자들이 두 번째 은혜(second blessing)를 받아야 한다고 주장했다. 즉 주님이 약속하신 성령의 불세례를 받아야 한다고 강조하였

리스(Seth Cook Rees, 1854-1933), 윌리엄 갓비(William Godbey, 1833-1920)와 함께 19세기 말 20세기 초 성결운동(Holiness Movement)[2]을 견인한 대표적 인물 중 하나이다. 성결운동을 통해 수많은 분파와 교단들이 생겨났다. 힐스는 1908년 10월 13일, 텍사스 주 파일럿 포인트(Pilot Point, Texas)에서 나사렛교단(The Church of the Nazarene)의 창립 멤버로서 나사렛교회의 신학을 정립하고 고등교육을 담당한 나사렛교회의 대학 설립에도 적극적으로 기여한 인물이며, 실제로 나사렛교단에 소속된 대학들에서 학생들을 가르치고 지도하였다. 힐스는 자신이 주장했던 성결 교리가 『활천(活泉)』에 네 차례나 소개될 만큼 성결 교리[3]에 정통한 학자였다.

현재 한국 교회의 암울한 현실은 힐스의 표현을 빌리자면, 성령이 근심하시는 심각한 상황이다.[4] 한국 교회 성장의 둔화와 침체 현상은 주지하는 바와 같이 교회 내부에서는 물론이고 우리 사회가 인식하고 있는 감출 수 없는 명백한 사실이며, 이를 개선할 시대적 요구요 사명일뿐만 아니라, 근본적으로 성령을 근심케 하는 것이다. 이는 한마디로 한국 교회가 '성령과 성결(성령세례)'을 부인하고 거절한 결과이다. 따라서 필자는 이번 연구를 통해 성장의 정체와 침체라는 비극적 현실과 눈을 뜨고 빤히 보고도 그 위기를 벗어날 수 없을 만큼 무기력한 한국 교회에 희망의 한 줄기 빛, 마치 마틴 냅과 힐스, 그리고 그 당시 성결운동 지도자들이 공통적으로 경험

다.

2) 19세기 미국 시민전쟁(American Civil War, 1861-1865)을 전후로 미국 사회와 교회는 혼돈 속에 빠졌다. 이때에 1, 2차 대각성운동과 감리교회의 부흥 이후 하나의 갱신과 부흥운동이 일어났다. 이는 당시 일부 감리교회와 장로교회, 회중교회, 침례교회 등 다양한 교단과 교파가 참여한 미국 전역으로 확산된 성결-오순절운동(Holiness-Pentecostal Movement)이다.

3) 서울신학대학교 성결교회신학연구위원회 편, 『성결교회신학 역사적 유산 자료 연구집』 (서울: 기독교대한성결교회 출판부, 2006), 584-6. A. M. 힐스의 글은 『활천』 97호(1930): 12-16, 98호(1931): 13-16, 99호(1931): 74-76, 101호(1931): 215-19에 실렸으며 그 내용은 모두 성결의 세례에 관한 것이었다.

4) A. M. Hills, *Pentecostal Light: Praying for the spirit, filled with the spirit, grieve not the spirit* (Salem, Ohio: Schmul, 1980), 66-101.

했던 "오순절 하늘에서 떨어진 번갯불(*Lightning Bolts from Pentecostal Skies and Pentecostal Light*)"과 같은 희망과 비전을 발견하기를 염원하며, 과거 힐스가 참여했던 19세기 성결운동과 그것을 추동했던 물과 불의 성령 세례로 말미암아 21세기 한국 교회의 목회와 신학이 혁신되기를 바라는 마음으로 연구에 임하고자 한다. 이것이 19세기 말 20세기 초 성결운동과 사중복음 연구의 당위성이며 시대적 요구라고 할 수 있다.

　　필자는 이번 연구, "A. M. 힐스의 생애와 신학"을 통해 우선, 19세기 말 20세기 초 성결운동의 실체를 파악하고자 한다. 이는 한국성결교회의 정체성을 확립하는 데 유용한 자료가 될 것이다. 다음, 그 운동에서 힐스의 위상과 공헌을 규명하고자 한다. 그의 신학과 사역을 통해 드러난 교훈은 목회와 신학을 혁신할 수 있는 귀중한 단초를 발견할 수 있을 것이다. 끝으로 21세기 한국 교회의 개혁과 갱신을 위한 원리와 방법을 제안하고자 한다.

2. A. M. 힐스의 생애

　　19세기 말 성결운동의 선구자, 나사렛교단의 창립자, 복음전도자, 교육자, 힐스는 회중교회 전통 속에서 성장한 헨리 힐스(Henry Cleveland Hills)와 감리교회의 신앙적 배경을 가진 줄리 체스브로(Julie Ann Chesbrough)의 5남매 중 넷째(둘째 아들)로 1848년 2월 4일 미국 남부 미시간 주 도와지악(Dowagiac, Michigan)에서 태어났다.[5] 그의 가족들은 회

---

5) C. J. Branstetter, *Purity, Power, and Pentecostal Light: The Revivalist Doctrine and Means of Aaron Merritt Hills* (Eugene, Oregon: Pickwick Publications, 2012), 6-9. 힐스의 친가는 1632년 영국 켄트에서 메사추세스로 이주하였으며 힐스의 할아버지, 히스기야 힐스(Hezekiah Hills)는 헌신적인 회중교회 집사로 교회를 섬겼으며 1810년대에서 1820년대까지 로체스터에서 피니의 부흥운동에 영향을 받았다.

중교회에 소속되었으며, 힐스 역시 회중교회에서 성장하였다. 힐스의 외삼촌, 애런 체스브로(Aaron. M. Chesbrough)는 자유감리교회협회를 지지하였으며, 힐스의 직계가족은 찰스 피니(Charles G. Finney, 1792-1875)의 부흥운동과 사회개혁조합에 동질감을 느꼈으며, 이는 특히 그들이 오하이오 주 마운트버논(Mount Vernon, Ohio)으로 이주한 이후 오벌린 대학(Oberlin College) 출신 목회자 먼로(T. E. Monroe)를 만났을 때 더 강해졌다.6) 먼로는 힐스가 고등학교를 졸업하고 오벌린 대학에 입학할 때 추천서를 써주었을 정도로 힐스의 집안과는 각별한 관계였다. 힐스는 열 살 때 한 침례교회의 부흥집회에서 회심을 경험하였고 오벌린 대학 재학 당시 마음의 성결에 갈급하였으나, 성결을 경험할 수 없었다.7)

힐스는 1867년 마운트버넌 고등학교(Mt. Vernon High School)를 졸업하고 곧 바로 그 당시 성결운동의 중심지이었던 오벌린 대학에 입학하였다. 그 당시 오벌린 대학은 이미 17년 전 아사 마한(Asa Mahan, 1799-1889)이 떠나고 없었지만, 찰스 피니와 존 모간(John Morgan)과 같은 교수들과 제임스 페어차일드(James Fairchild)가 학장으로 재직하면서 학풍을 이어가고 있었다.8) 그는 오벌린 대학에서 성결운동을 이끈 위대한 지도자 아사 마한, 그리고 피비 파머(Poebe Palmer, 1807-1874)의 영적 유산과 찰스 피니와 같은 영적 거장들을 만나 그들에게 결정적인 영향을

자신의 세 자녀, 두 딸과 아들을 오벌린 대학에 보내 선교사 수업을 받게 할 정도로 헌신적인 회중교회 신자였으며, 힐스의 아버지 헨리 역시 회중교회와 부흥 사역에 평생을 헌신한 사람이었다. 힐스의 외가는 1630년 미국으로 이주하여 4대째 감리교회에 속한 경건하고 역동적인 신앙인들이었다. 이처럼 힐스는 친가와 외가의 가족의 신앙 전통, 회중교회와 감리교회 속에서 성장하였으며 그 신앙 유산은 그의 평생 사역과 신학 속에 고스란히 반영되었다.

6) Floyd Cunningham, eds., 박정열 외 역, 『나사렛교회 100년사, *Our Watchword and Song: The Centennial History of the Church of the Nazarene*』 (천안, 충남: 나사렛대학대학교출판부, 2013), 389.

7) Richard S. Taylor, ed., *Leading Wesleyan Thinkers. Great Holiness Classics. vol. 3.* (Kansas City, Missouri: Beacon Hill Press of Kansas City, 1985), 334.

8) C. J. Branstetter, 14.

받았다.9)

찰스 피니는 감리교 밖에서 그리스도인의 완전(Christian Perfection) 교리의 중요한 대변자였을 뿐만 아니라, 자신이 속한 장로교회 안에서 성결운동을 전개하였다. 그는 부흥사로서 사역을 접고 오하이오 소재 작은 기독교 대학인 오벌린 대학에 정착하여 신학과 교수가 된 후, 그리스도인의 완전을 철저히 견지하였다. 그의 유명한 저서, 『신앙부흥에 관한 강좌, *Lectures on Revivals of Religion*』가 출판된 1835년 『오벌린 전도자, *Oberlin Evangelist*』에 실린 피니의 칼럼들은 그리스도인의 완전에 대한 그의 점진적인 관심을 드러낸 것이었다. 피니는 오벌린에서 그 대학 학장인 아사 마한과 친밀하게 교제하며 사역하였다. 두 사람은 모두 너새니얼 테일러(Nathaniel William Tayler, 1786-1858)의 신학에 영향을 받은 장로교인들이었고 열렬한 부흥주의자들(revivalists)이었으며, 사회개혁을 진지하게 옹호하였다. 그들은 오벌린에 오기 전부터 그리스도인의 완전 개념을 연구하였다. 그들은 1836년 후반과 1837년 초반까지 수개월 간의 집중적인 연구와 명상의 시간을 통해 그리스도인의 완전을 확신하는 교사로 변화되었다. 피니는 이 시기를 회상하면서 다음과 같이 기록하였다.10)

> 나는 성서 연구에 전념하였고 그 주제와 관련된 것이라면 무엇이든지 닥치는 대로 읽었으며, 결국 내 마음은 만족하였고 보다 고상하고 안정된 수준의 크리스천의 삶을 달성할 수 있었으며, 이것은 모든 그리스도인의 특권이었다.… 나는 이 세상에서의 성화(sanctification) 교리, 그리고 원죄 없이 살아가는 것이 그리스도인들의 특권이라는 의미에서 "온전한 성결"의 교리가 성서에서 가르치고 있는 교리이며 성결을 달성하기 위한 풍부한 수단이 주어졌음에 만족하였다.

---

9) C. J. Branstetter, 14-5.
10) Garth M. Rosell and Richard A. G. Dupuis, eds., *The Memoirs of Charles G. Finney: Complete Restored Text, Annotated Critical Edition* (Grand Rapids: Zondervan, 1989), 391-2, 393.

피비 파머는 1837년에 온전한 성결(entire sanctification)을 경험하였으며, 이때부터 그녀가 사망한 1874년까지 그리스도인의 완전은 그녀의 절대적인 관심 분야가 되었다. 특히, 힐스는 파머의 성결의 '즉시성(immediacy)'에 결정적인 영향을 받았다. 그녀는 하나님의 거룩하게 하시는 은혜(성결)를 '지금(now)' 받으라고 촉구하였다. 파머의 뒤를 이어 다른 성결운동의 전도자들 역시 순회 부흥회에서 온전한 성결을 촉구할 때, 즉시성을 강조하였다. 이러한 즉시성은 성결의 즉각적 차원을 강조한 것이다. 힐스가 오벌린 대학에 입학하였을 당시, 이미 성결 교리에 대한 확신과 그 이론 체계가 정점에 이른 시기였음을 감안한다면, 오벌린 완전주의(Oberlin Perfectionism)가 힐스의 신학 형성에 결정적인 영향을 주었다는 사실은 의심의 여지가 없다.

오벌린 대학을 졸업한 힐스는 곧바로 예일 대학교(Yale University)에 입학하였다. 그 당시 예일 대학교는 너새니얼 윌리엄 테일러의 영향 하에 노아 포터(Noah Porter), 새뮤얼 해리스(Samuel Harris), 티모시 드와잇(Timothy Dwight the Younger), 역사학자 조지 피셔(George Fisher) 등이 학생들을 지도했다. 예일 신학교(Yale Seminary) 신학파(New School)의 신학은 수정된 칼빈주의를 표방하였다. 회중교회 목사이며 신학자인 테일러는 전통적인 칼빈주의(Calvinism)의 '전적 타락(total depravity)'이라는 개념을 재해석하였다. 그는 구원 교리에 있어서 강조점을 하나님의 절대적 주권과 불가항력적 은총으로부터 하나님 앞에서의 인간적이고 도덕적인 책임감과 인간의 선택으로 옮겼다. 그는 죄를 거부하고 하나님께 순종하는 인간의 도덕적 능력뿐만 아니라, 책임도 강조하였다.[11] 이러한 테일러의 주장은 힐스의 그리스도인의 완전, 즉 온전한 성결(entire sanctification)의 개념에 그대로 반영되었다. 오벌린 대학과 예일 대학교는 보수적인 칼빈주의를 의식적으로 반대하는 대표적인 학교들이었다.

1873년 예일 대학교 신학부를 졸업하고 힐스는 회중교회 목사가 되어

---

11) Floyd Cunningham, eds., 43.

오하이오 주 라벤나 (Ravenna, Ohio) 등지에서 10여 년간(1874-1884) 목회하였다. 그 기간은 힐스가 총회의 다른 목사들과 자신의 신학적 차이에 대해 절실히 느끼면서 사역했던 때였다. 목사들 중에는 사회복음(Social Gospel)의 대표적 인물이었던 워싱턴 글래든(Washington Gladden)과 같은 진보적인 인물도 있었다. 사회복음은 19세기 초, 성서비평주의와 진화론을 수용하였던 복음주의적 자유주의 신학의 전제들을 가진 사람들과 종교적으로는 리츨파(Ritschlian)의 하나님의 왕국에 관한 신학, 사회학적으로 진보주의 운동에 영향을 받았던 사람들에 의하여 형성되었다. 이 운동은 1890년에서 1940년대까지 주로 미국 개신교에 많은 영향을 끼쳤다. 워싱턴 글래든(Washington Gladden, 1836-1918)과 월터 라우쉔부시(Walter Rauschenbusch, 1861-1918)와 쉐일러 마테우스(Shailer Mattews, 1863-1941) 등이 이 운동을 미국 내에서 주도한 대표적인 인물이다. 이들은 '실재적 예수(The Real Jesus)의 가르침과 예언자들의 메시지에서 그들의 권위를 찾았고 이 원리들은 어떤 시대에서도 개인적이고 사회적인 삶에 확실한 방향을 제시한다고 확신하였다. 그래서 설교자들은 예수의 메시지의 중심은 바로 하나님 나라에 관한 선포라고 외쳤으며, 또한 그들은 그 나라를 어떤 완전함 속에서-즉, 사회적 질서를, 거대한 부조리의 소명을 초래하는 것으로-이 땅의 역사적 가능성으로 이해하였고 동일시하였다. 사회복음의 특징은 사회문제에 대한 복음의 적용에 있는 것이 아니라, 오히려 사회문제는 복음 속에서 얻는다는 것을 강조한 것이다.[12]

그 후 힐스는 피츠버그 근처 펜실베니아 주 알레게니(Allegheny, Pennsylvania)에서도 목회했는데(1884-1890), 그곳에서 프리메이슨(Freemason)[13]과 같은 비밀 조직(secret society)의 공공의 적이 되었다. 뿐만 아

---

12) James F. Childress and John Macquarrie, eds., *The Westminster Dictionary of Christian Ethics* (Philadelphia: The Westminster Press, 1986), 593-4; J. Philip Wogaman, *Christian Ethics: A Historical Introduction* (Louisville, Kentucky: Westminster & John Knox Press, 1993), 194-203.

13) http://ko.wikipedia.org/wiki/프리메이슨 프리메이슨(Freemasonry)은 16세기 말에서

니라, 그는 회중교회의 다른 목사들로부터 점점 소외되었다.[14] 힐스는 1890년부터 1891까지 올리벳(Olivet, Michigan) 대학 회중교회에서 목회하였고, 1891년부터 1893년까지 회중교회 국내 선교회(Congregational Home Missionary Society)의 주(州) 전도자로 사역했다. 그리고 미주리 주 스프링필드(Springfield, Missouri)에서 작은 가정 선교 교회를 맡아 사역하였으며(1893-94), 1894년에는 전임 전도자가 되었다.[15]

17세기 초에 발생한 인도주의적 박애주의를 지향하는 우애단체(fraternity: 친목단체) 혹은 취미 클럽이다. "프리메이슨(freemason)"이라는 낱말은 엄밀하게는 각 회원들을 가리키는 말이며, 정확한 단체명은 프리메이슨리(Freemasonry)이다. 프리메이슨은 오늘날 전 세계 곳곳에 여러 형태로 존재하며, 스코틀랜드 그랜드 롯지와 아일랜드 그랜드 롯지 관할 하에 약 150,000명, 영국 연합 그랜드 롯지 관할 하에 약 250,000명 등 영국과 아일랜드에 약 400,000명이 있고, 미국에 약 2백만 명이 있는 등, 전 세계적으로 약 6백만 명의 회원이 있는 것으로 추정되고 있다. 회원들은 각 그랜드 롯지의 헌장에 입각한 선언을 포함해서 여러 방식으로 도덕적이고 철학적인 이상을 나눈다. 대부분의 그랜드 롯지들은 지고자(Supreme Being)를 믿는다는 선언을 회원이 되기 위한 필수 요건 중 하나로 삼고 있는데, 그렇지 않은 그랜드 롯지도 있다. 프리메이슨 조직은 그랜드 롯지(Grand Lodge)를 중심으로 하위 롯지, 즉 단위 롯지(Constituent Lodge)들을 편성해 각 그랜드 롯지별로 독자적 관할권을 가지고 자치적으로 운영한다. 따라서 전세계의 프리메이슨을 통괄하여 관할하는 프리메이슨 총본부는 존재하지 않는다. 그랜드 롯지의 문자 그대로의 의미는 "커다란 집 또는 집회소"로 "본부"를 뜻하며, 대롯지라고도 한다. 그랜드 롯지는 또한 그랜드 오리엔트(Grand Orient: 프랑스어 발음으로 "그랑토리앙"이라고도 하며, 문자 그대로의 의미는 "커다란 서광")라고도 한다. 단위 롯지는 프리메이슨 롯지(Masonic Lodge)라고도 하며, 흔히 간단히 롯지라고도 한다. 각 그랜드 롯지의 관할구는 지역적 개념이 아니며, 단위 롯지들의 총합이 곧 해당 그랜드 롯지의 관할구이다. 마찬가지로, 롯지, 즉 단위 롯지도 건물 또는 지역의 개념이 아니며 프리메이슨들이 모여 하나의 그룹을 이루면 그것이 곧 단위 롯지가 될 수 있다(이런 이유로, 회원들이 "롯지에 모이는" 것이 아니라 "롯지로서 모인다"고 표현한다). 하지만, 흔히 각 그룹의 모임 장소이자 운영 센터로 사용되는 건물을 롯지라고 부르기도 한다. 각 그랜드 롯지는 단위 롯지들을 편성하여 자신의 관할구를 만들고, 두 그랜드 롯지가 서로가 프리메이슨의 성격에 합치한다는 것을 인정하는 경우 서로를 우호관계(in Amity)에 있다고 공식적으로 선언하게 된다. 우호 관계에 있는 그랜드 롯지 간에는 회원들이 상대의 관할구를 방문할 수 있다. 프리메이슨은 채석공의 연장과 용구를 상징으로 사용한다.

14) Louise L. Stevenson, *Scholarly Means to Evangelical Ends: The New Heaven Scholars and the Transforming of Higher Learning in America, 1830-1890* (Baltimore: Johns Hopkins U. Press, 1986), 97-101.

1895년 12월 7일 오벌린에서 힐스는 그토록 열망하였던 온전한 성결을 경험하였다.[16] 그는 회중교회 평신도이며 성결 밴드(Holiness Band)의 지도자인 프레슬러(L. C. Presler)로부터 성결에 관한 감리교 문헌들을 소개받았다. 그는 수개월간 독서에 집중하면서 성결이 가장 위대한 진리라는 사실을 깨달았으며, 5월 29일 처음으로 성령세례를 받기 위한 기도를 시작하였다.[17] 그리고 계속해서 발레이(Varley)의 '불신의 죄(The Sin of Unbelief)'와 킨(S. A. Keen)의 '신앙지(Faith Papers)'를 읽으면서 기도하던 중 12월 7일 저녁 성령의 지시를 따라 하나님을 찬양하던 중 성령세례를 받았으며, 성결의 은혜를 경험하였다. 그는 그 당시 체험을 다음과 같이 기술하였다.[18]

급히 성령께서 하나님은 참되시다는 말씀을 주셨을 때, 나는 성령세례를 주시는 하나님께 감사의 기도를 시작했다. 기쁨의 물결이 내 영혼을 흠뻑 적셨다. 나는 소리쳤다. 주님은 복되시다! 주님을 찬양하라! 그는 오셨고 나의 영혼을 채우셨다.

성령세례와 성결의 은혜를 체험한 후 힐스에게 결정적인 변화가 있었다. 그것은 다름 아니라, 지금까지 회중교회와 장로교회 중심의 부흥운동에서 성결운동으로의 전환이라고 할 수 있다. 1901년 시카고에서 결성된 성결연합회(Holiness General Assembly)[19]의 공인된 전도자와 인기 있는 부흥강사가 되었다.[20] 또한 회중교회와 감리교회의 중요한 회합들을 주도하

---

15) William Kostlevy, ed., *Historical Dictionary of the Holiness Movement: Historical Dictionary of Religions, Philosophies, and Movements, No. 98* (Lanham, Maryland·Toronto·Plymouth, UK: The Scarecrow Press, Inc., 2009), 145.
16) William Kostlevy, ed., 357.
17) Seth C. Rees, at all, *Pentecostal Messengers* (Cincinnati, Ohio: God's Revival Office, 1898), 37.
18) C. J. Branstetter, 30-1.
19) Richard S. Taylor, ed., 334.

였다.

1898년부터 1899년까지 1년 간 애즈베리 대학(Asbury College)에서 가르쳤으며, 1899년부터 1906년까지 텍사스 성결 대학(Texas Holiness University)의 설립자이자 총장으로 재직하였다. 1906부터 1908년까지 아이오와 성결연합회(Iowa Holiness Association)의 제안으로 중앙 성결 대학(Central Holiness University, Oskaloosa, Iowa)을 설립하였다. 그들은 초교파적 성결 비전을 가지고 활동하였으며, 성결운동의 지지자들이 결코 기존 교단에서 이탈한 자들이 아니라는 힐스의 확신을 공유하였다.21) 1910년 일리노이 성결 대학(Illinois Holiness University, Olivet)의 총장과 올리벳 남서 성결 대학(Southwestern Holiness College, New Mexico), 오클라호마 성결 대학(Oklahoma Holiness College, Bethany)의 선구자가 되었다.

1908년과 1915년 사이 세 차례(1908-1909, 1910-1911, 1913-1915)에 걸쳐 영국 맨체스터(Manchester, England)의 스타 홀 선교 신학교(the Star Hall School and Mission)에서 가르쳤다. 1908년 맨체스터 스타 홀로부터 초청을 받은 힐스는 일본 동양선교회(The Oriental Missionary Society of Japan)의 벤 길보른(Ben Kilbourne)과 찰스 카우만(Charles E. Cowman)과 동행하였다.22) 20세기 초 미국의 성결운동은 영국 맨체스터로 전해졌다. 주로 영국 맨체스터에서의 성결운동은 고무 생산과 가솔린 엔진 제조업자인 사업가 프랜시스 크로슬리(Francis W. Crossley, 1839-1897)의 지원을 통해서 이루어졌다. 그는 공장에서 예배를 시작하였고 맨체스터에 있는 가난하고 궁핍한 사람들을 도왔다. 그리고 가난한 사람들을 위해 오래

---

20) L. Paul Gresham, *Waves Against Gibraltar: A Memoir of Dr. A. B. Hills, 1848-1935* (Bethany, Oklahoma: Southern Nazarene University, 1992), 88.
21) C. J. Branstetter, 40.
22) C. J. Branstetter, 41. 힐스가 중앙 성결대학 학장으로 재직 시 길보른의 두 자녀가 재학하고 있었으며, 카우만은 냅과 하나님의 성서학원(God's Bible School)와 리바이벌리스트 출판사(Revivalist Press)를 통해 잘 알고 있었다. 그리고 힐스와 카우만은 하나님의 성서학원 캠퍼스에서 정기적으로 열린 캠프 미팅에서 함께 설교하였다. L. Paul Gresham, 94-5.

된 음악당인 스타 홀(Star Hall)과 예배를 위한 큰 강당은 물론 노동자들을 위해 식당, 화장실, 주택도 보수하였다. 크로슬리는 "안코츠(Ancoats)의 프란체스코 성자"로 알려지게 되었다. 스타 홀 음악당은 그리스도인의 삶의 기준을 보다 고상하고 일관성 있게 하는 운동의 중심이 되었다. 스타 홀에서 가르친 신학은 예수 그리스도의 명령을 제시하기 위해 분투하며 온전한 순종으로 빛났던 웨슬리의 가르침과 거의 일치하였다. 맨체스터 강당과 스타 홀은 초교파 성결운동과 가난한 사람들을 위해 선교에 헌신했던 많은 영국 사람들을 위한 집회센터였다.

그는 스타 홀에서 사역하면서 케직 신학(Keswick theology)에 대한 공격적인 글을 썼다. 뿐만 아니라, 그는 스코틀랜드 조지 샤프(George Sharpe)의 그룹을 포함해서 다양한 영국의 성결 그룹에서 설교하였다. 스타 홀에서 발행한 『성결의 길, *Way of Holiness*』에는 힐스, 루스, 버드 로빈슨(Bud Robinson), 그리고 다른 유명한 미국의 성결 작가들의 글들이 실렸다.[23] 힐스가 맨체스터에서 경험했던 사실들은 1912년 『성서적 성결과 케직 가르침의 비교, *Scriptural Holiness and Keswick Teaching Compared*』라는 저서로 결실되었다. 특히, 1908년 10월 26일부터 1909년 6월 15일까지 24주간의 힐스의 여행, 회합, 보고들은 '펜테코스탈 헤럴드 (The Pentecostal Herald)'에 상세한 내용이 기록되었다.[24] 마지막 사역으로 힐스는 패서디나 대학교의 총장인 윌리(H. Orton Wiley)의 초청으로 1916년부터 1932년까지 패서디나 대학교(Pasadena University/College)에서 신학과 목회 사역을 가르치다 1932년 84세의 나이로 은퇴하였다.[25]

힐스는 찰스 피니(Charles Finney), 금주론자 메리 우드브리지(Mary Woodbridge), 마틴 냅(Martin W. Knapp), 피니아스 브리지(Phineas Bresee) 등의 전기를 포함해서, 흡연과 비밀 조직에 반대하는 조약, 교리에 대한 연구(특히 성결 교리) 등 많은 저서를 남겼다. 특히, 1910년에서

---

23) Floyd Cunningham, eds., 238-40.
24) L. Paul Gresham, 97-8.
25) L. Paul Gresham, 109.

1915년 사이에 왕성한 저술활동을 하였다. 힐스의 대표작으로는 『성결과 능력, Holiness and Power: For the church and the ministry (1896)』이 있다. 이는 그의 초기작으로써 그리스도인의 성결에 대한 간증으로 가득 차 있으며, 그 당시 그리스도인들에게 가장 인기 있는 책 중에 하나였다. 힐스와 냅의 첫 만남은 1897년 가을에 이루어졌다. 냅의 첫 인상에 대해 힐스는 다음과 같이 회고하였다.26)

> 나는 와이엠씨에이(YMCA)빌딩에 있는 하나님과 성결을 위해 살고 불타오르는 신경과 머리와 심장의 작은 조직체인 그의 출판사에서 그를 만났다. 그의 검은 두 눈은 불꽃같이 이글거렸고 그의 말은 빠르고 신경질적이였으며 명확했다.

이 책은 원래 1896년에 쓰여 졌으나, 감리교회 설교자 던햄(R. E. Dunham)의 제안을 마틴 냅이 받아들여27) 1897년 출판되었으며, 1895년 12월 7일 성결의 체험 이후 자신의 경험을 바탕으로 쓰여 진 힐스의 역작으로 평가된다.28) 1929년에 출판된 『설교학과 목회신학, Homiletics and Pastoral Theology』이 있으며, 1931년 출판된 『근본적 기독교 신학, Fundamental Christian theology: A systematic theology. Vol. 1. 2.』은 그가 평상시 그랬던 것처럼 논쟁적 스타일로 쓰여 졌다. 그 내용은 성경무오설(축자영감설)과 성서고등비평, 찰스 다윈의 진화론을 비판하는 것이었고 전천년설(premillenialism)을 거절한 것이다. 이 책은 세간의 주목을 받지 못했는데, 그 이유로는 그 당시 전천년설이 복음주의신학의 주류를 이루었던 것에 반해 그는 후천년설(postmillenialism)을 주장했기 때문에 전천년주의자들로부터 철저히 외면당한 결과였다.29) 힐스에 의하면 자신이 후천

---

26) A. M. Hills, *A Hero of Faith and Prayer or Life of Rev. Martin Wells Knapp* (Cincinnati, Ohio: God's Revival Office, 1902), 159.
27) L. Paul Gresham, 98.
28) Richard S. Taylor, ed., 334-5.
29) Richard S. Taylor, ed., 334-5. 힐스는 열렬히 후천년설을 지지하였고 특히 세대주

년설을 주장하게 된 이유는 평생의 신학적 독서와 연구의 확신 때문이었다.[30] 그럼에도 불구하고, 이 책은 힐스가 평생 소원했던 웨슬리 신학을 자신의 언어와 신학으로 체계화시켜 말년에 완성한 그의 필생의 역작(masterpiece)이었다.

그리고 마틴 냅의 제안과 권고로 『오순절 메신저, *Pentecostal Messengers*(1898)』, 『오순절 불꽃, *Pentecostal Light*(1898)』, 『만유의 복음, *The Whosoever Gospel*(1899)』, 『양을 위한 양식, *Food for lambs; or, Leading children to Christ: A series of lessons illustrated by stories and incidents, for the use of parents and teachers in ... and preparing them for church membership*(1899)』, 『거부된 오순절, *Pentecost rejected: And the effect on the churches*(1902)』, 『찰스 피니의 생애, *Life of Charles G. Finney*(1902)』, 『삶을 위한 죽음, *Dying to live*(1905)』 등의 서적을 출판하였다. 마틴 냅과 성결운동의 심장부였던 오하이오 주 신시내티(Cincinnati, Ohio)의 "하나님의 부흥자 출판사(God's Revivalist Office)"에서 출판된 것들이었다. 이는 마틴 냅과 힐스의 관계를 명확히 밝혀주는 증거인 동시에 성결운동에서 힐스의 위상을 대변하는 것이기도 하다. 특히, 오순절 메신저(Pentecostal Messengers)는 19세기 말 성결운동을 주도했던 중심적인 인물들의 자전적 에세이다. 이 책에는 당대 성결운동의 대표적인 지도자들, 냅과 힐스를 포함하여 셋 리스(Seth C. Rees), 갓비(W. B. Godbey), 캐러딘(B. Carradine), 킨(S. A. Keen), 대쉘(E. H. Dashiell), 머로(Abbie Morrow), 히쓰(F. S. Heath) 등 9명의 간증과 고백이 담겨 있다. 이를 통해 성결운동에 있어서 힐스의 영향력을 짐작

의적 전천년설에 대해서는 한 치의 타협도 없이 비판하였다. 이런 고집스런 확신은 두 성결대학의 학장직을 떠나게 하는 직접적인 이유가 되었고 마지막 학교인 패서디나 대학에서도 교수와 학생들로부터 외면을 당했으며 『근본적 기독교 신학』은 끝내 초판의 유포로 끝났고 출판되지 못했다. 마침내 킨(C. J. Kinne)에 의해 1931년 출판되었으나 대중의 지지를 받지 못했다.

30) A. M. Hills, *Fundamental Christian Theology vol. 1, 2* (Salem, Ohio: Schmul Publishing Co., 1980), 339.

하고도 남는 것이다.

성결운동의 두 지도자 냅과 힐스의 관계는 신뢰와 존경으로 지속되었으며 힐스는 냅의 사후 1902년 『신앙과 기도의 영웅: 마틴 냅의 생애, *A Hero of Faith and Prayer or Life of Rev. Martin Wells Knapp*』이라는 제목으로 냅의 전기를 출판하였다. 비록 그는 자신의 자서전의 출판을 보지 못했지만, 1992년에 폴 그레샴(L. Paul Gresham)에 의해 『지브랄타에 저항한 파도들: A. M. 힐즈 박사의 회고, *Waves against Gibraltar: Memoir of Dr. A. M. Hills*』이라는 제목으로 출판되었다. 그의 또 다른 사역들은 성비밀 조직(secret Society)과 케직운동(Keswick Conference), 그리고 담배 사용[31]의 비평 및 비판, 성결운동의 열광과 오순절주의에 집중되었다.

힐스는 1874년 5월 26일 오벌린 대학을 졸업한 동문, 알타 포드(Altha Alamanda Ford)와 결혼하여 슬하에 세 자녀를 두었다. 1886년 아내와 사별한 후, 훌다 프레이쉬콘(Hulda Jane Freischkorn)과 재혼하여 네 자녀를 낳았다.[32] 힐스는 1935년 9월 11일 87세에 캘리포니아 주 패서디나(Pasadena, California)에서 하나님의 부름을 받았다. 성결 교리의 선구자, 힐스의 87년간의 생애는 챨스 피니(Charles G. Fenney)와 아사 마한(Asa Mahan)의 시대로부터 성결교단들의 시대에 이르기까지 미국 성결운동의 가장 활발한 시대와 함께 하였다.[33]

---

31) A. M. Hills, *Fundamental Christian Theology*, 207. 이미 그 당시 힐즈는 담배의 니코틴을 다른 질병은 물론 암과 연관시켰다. 담배는 성욕 억제를 포함해서 삶의 모든 분야에서 자기통제를 약화시키는 것으로 생각하였다. 힐즈에게 담배 사용은 결코 흠 없는 습관은 아니었다. 남부사람들은 일정 기간 동안 텍사스의 그린빌에 니코틴 병원을 유지하였다.

32) C. J. Branstetter, 24-7. 힐스는 알타와의 사이에서 넬리(Nellie Ford), 헨리(Herry Merritt), 안나(Anna Althea), 훌다와의 사이에서 제임스(James Aaron Hills), 찰스(Charles Finney Hills), 메리(Merry Woodbridge Hills), 드와잇(Dwight Moody Hills) 모두 일곱 자녀를 낳았다.

33) Richard S. Taylor, ed., 334.

3. A. M. 힐스의 신학

가. 웨슬리안 복음주의(Wesleyan Evangelicalism)

힐스는 오벌린 대학과 예일 대학교 재학 기간 동안 감리교 신학서적들을 집중적으로 읽었다. 힐스의 신학은 찰스 피니(Charles Finney)의 논리와 미국 성결운동의 구원론적 관심을 따랐다. 그에게 있어서 웨슬리 신학은 성결신학의 묘판이다. 힐스는 웨슬리의 그리스도인의 완전(Christian Perfection) 교리를 전적으로 수용하여 자신의 성결 교리의 원천으로 삼았다. 특히, 웨슬리의 선행은총(prevenient grace)과 온전한 성화(entire sanctification)에 관한 교리이다. 선행 은총은 칼빈의 인간의 전적 타락과 불가항력적 은총과 이중 예정론에 대한 반동으로써 하나님께서는 특별히 예정된 사람들뿐만 아니라, 모든 사람들에게 허락되었으며 가능한 것이다. 선행 은총은 알미니우스와 영국 국교회에서의 가톨릭 유산의 일부에서 발견된 개념이다. 죄 많은 인간에게 도덕적 자유의 기준을 회복시켜 주었으며, 그들에게 하나님의 구원의 제의를 자유롭게 응답하거나 거부할 수 있는 것이다.[34] 그리고 웨슬리는 하나님의 형상으로 새롭게 되는 과정인 성화(sanctification)는 지금 현시점에서 가능하다고 믿었다. 웨슬리는 그리스도인들이 유혹을 받지 않거나 은총으로부터 떨어져 있을 가능성이 있는 상태라고 믿지 않았지만, 은총을 통하여 성도들이 그들 자신을 온전히 하나님께 헌신하게 하는 과정에서 결정적인 순간이 있다고 믿었다. 신적인 사랑이 성

---

34) James Arminius, "On the Free Will of Man and Its Powers," in *The Works of James Arminius*, vol. 2, trans. James Nicholas and William Nicholas (Grand Rapids: Baker, 1986), 489-96; John Wesley's letter to John Mason, in *The Letters of the Rev. John Wesley*, vol. 6: December 11, 1772-March 12, 1780), ed. John Telford (London: Epworth, 1931), 239; Wesley, "On Working Out Your Own Salvation," *The Works of John Wesley*, vol. 3, 207; "The Principles of a Methodist," *The Works of John Wesley*, vol. 9: *The Methodist Societies: History Nature, and Design*, ed., Rupett E. Davies (Nashville: Abingdon, 1984).

도들의 마음을 가득 채워 하나님의 사랑에 반하는 모든 것을 물리칠 수 있었다. 웨슬리는 이것을 온전한 성화(entire sanctification)라고 불렀다.35) 힐스는 웨슬리의 성결 개념에 원칙적으로 동의하였다.36) 뿐만 아니라, 그의 대표저서, 『근본적 기독교 신학, *Fundamental Christian theology: A systematic theology. Vol. 1. 2.*(1931)』은 웨슬리 신학을 전적으로 반영한 조직신학서이다.

힐스는 성결의 즉시성을 강조한 웨슬리의 후계자인 존 플레처(John Fletcher, 1729-1785)의 입장을 자신의 견해로 수용하였다. 플레처의 그리스도인의 완전에 대한 교리는 웨슬리의 주장과 거의 같았다. 플레처는 성화의 즉시성의 문제를 제기하였으나, 두 사람은 이를 문제 삼지 않았다.37) 힐스는 플레처의 입장을 따라 성결의 즉시성을 강조하여 자신의 성결론의 핵심적인 교리로 체계화하였다. 힐스에 의하면 성결은 거룩하신 하나님이 원하시는 것이며, 그래서 성결을 명령하신다. 인간은 자신의 자유의지를 사용하여 성결의 은총에 책임적으로 참여해야 한다. 뿐만 아니라, 흥미로운 사실은 그가 신학적으로는 오벌린 대학과 예일 대학교에서 칼빈주의를 수용한 장로교 배경을 가졌음에도 불구하고, 그의 신앙은 신학적으로는 반대 입장에 있는 웨슬리-알미니우스주의(Wesley-Arminianism)을 절충했다는 점이다. 이를 통해 힐스의 신학의 실용주의적 성향을 엿볼 수 있다.

실용주의(pragmatism)는 미국의 사상사적 특징이다. '실용주의'라는 용어를 최초로 사용한 사람은 실용주의의 원조격으로 고전적 실용주의를 창도한 사람들 중의 한 사람인 퍼스로서 그것은 칸트의 『순수이성비판』에 나오는 '실용적 믿음(pragmatic belief)'이라는 용어에서 비롯된 것이다. 미

---

35) John Wesley, "A Plain Account of Christian Perfection," *The Works of John Wesley*, vol. 11: *Thoughts, Address, Prayers, Letters*, 3rd ed. (Kansas City: Beacon Hill Press of Kansas City, 1979), 366-446.

36) A. M. Hills, *Holiness and Power for the Church and the Ministry* (Cincinnati, Ohio: God's Bible School Book Room, 1897), 65 74, 85, 87, 90.

37) John Fletcher, *The Works of the Rev. John Fletcher*, vol. 4 (New York: Carlton and Phillips, 1854), 2: 627-657.

국의 실용주의는 미국인들의 역사적 기원과 깊은 관련이 있으며 이민자들의 삶은 매일 매일 실재적인 어려운 현실과 부딪히면서 살아야 했기 때문에 추상적인 철학적 사색에 많은 시간을 소비하거나 흥미를 가질 여유가 없었다. 그래서 진리가 무엇이냐? 보다는 진리가 어떻게 유용하냐? 에 더 많은 관심이 집중되었다. 즉 진리의 진정성 보다는 진리의 유용성에 더 많은 관심이 있었다는 것이다. 그래서 미국의 실용주의는 진리의 심각한 개념을 철저히 부정한다.38)

실용주의 속에서 미국 철학 내지 사상사적 이해가 가능하다. 실용주의의 계보 속에는 미국 신학의 아버지 조나단 에드워즈(Jonathan Edwards)를 시작으로 헨리 애덤스(Henry Adams), 랠프 왈도 에머슨(Ralph Waldo Emerson), 윌리엄 제임스(William James), 윌리엄 그래함 섬너(William Graham Sumner), 존 듀이(John Dewey), 월터 리프만(Walter Lippmann), 아서 슐레진저 2세(Arthur Schlesinger, Jr.), 라인홀드 니버(Reinhold Niebuhr)와 같은 인물들이 포함되어 있다. 실용주의자들은 경험적 연구들의 범위를 넘어선 삶의 영역을 인식한다. 그들은 무의미한 신학적 진술들을 거절하는 경향을 소유하였다. 또한, 이들은 개인적으로 살아있는 종교적 확신들을 소유하였다. 그리고 신학적 개념의 유용성에 관한 논쟁은 실용주의자들의 매우 중요한 차원이다. 구체적으로 스코틀랜드 상식 현실주의(Scottish Common Sense Realism)는 과학의 정밀성과 함께 철학과 윤리의 종교적 본체를 조직하고 명료화하기 위한 기본적인 인식론적 목표였다.39) 힐스는 오벌린 대학과 예일 대학교에서 이 방법론으로 훈련을 받았다. 즉 학문적 정통주의(Academic Orthodoxy)와 후천년설(post-millenarianism)의 결합을 의미한다. 후천년설은 학문적 정통주의의 목표의 실제적이고 개혁적인 측면을 고려한 것이었다. 힐스가 주장한 후천년설의 내용은 성령의 계획과 은총의 현재적 수단들에 의해 세상의 모든 사람들은 회심할 것이며 지

---

38) G. Brillenburg Wurth, *Niebuhr,* trans., David H. Freeman (Phillipsburg, New Jersey: Presbyterian and Reformed Publishing Co., 1979), 10-1.
39) C. J. Branstetter, 60.

상의 모든 나라는 복음화 될 것이다. 즉 후천년설은 복음은 사회 속에서 시민적이고 국가적 삶을 통제하는 영향력, 즉 이 세계 속에서 기독교의 승리를 의미한다.[40] 이 외에도 인간 이해, 성도의 견인과 성례전에 대한 입장에 있어서도 웨슬리의 신학과 주장에 의존하고 있다.[41]

도널드 데이튼(Donald W. Dayton)에 의하면 복음주의는 다양하게 정의될 수 있다. 19세기 미국에서 시작된 복음주의는 감리교의 부흥운동과 성결운동과 관련 있는 용어이다. 이 시기는 가히 '감리교의 시대(age of Methodism)'라고 할 만큼 1860년대 감리교의 성장과 부흥을 폭발적이었다. 이 당시 감리교회는 미국 최고의 교단으로 성장하였으며, 찰스 피니와 같은 전도자들에 의해 미국 칼빈주의의 감리교회를 의미한다. 그 당시 복음주의는 미국의 거의 모든 교단들, 감리교회, 침례교회, 회중교회, 장로교회들이 뒤섞여 북미의 종교적인 삶의 지배적인 형태가 되었다.[42] 이것이 19세기 미국의 복음주의의 특징이었다. 어느 시대, 어느 대륙의 복음주의건 간에 공통적인 것은 복음주의는 종교개혁 신념, 프로테스탄티즘(protestantism)에 기초한 영적 부흥 및 갱신운동이다. 즉 복음주의는 신학인 동시에 운동이다. 그리고 복음주의의 본질적 특성은 부흥과 갱신의 역동성을 의미한다.

힐스는 19세기 중반 미국에서 태어나 회중교회와 칼빈주의적 신학적 배경을 가지고 성결운동에 참여한 복음주의자이다. 이런 관점에서 볼 때, 힐스는 정확히 19세기 말 미국 복음주의시대의 아들이며 복음주의운동을 주도했던 중요한 인물 중 하나임이 확실하다. 힐스의 복음주의자로서의 면모는 스코필드 성서에 대한 신랄한 공격에서 드러난다. 그의 관점에서 스코필드 성서는 "성결에 반대하는 내용과 칼빈주의로 가득 차"있다는 이유로

---

40) A. M. Hills, *Fundamental Christian Theology*, 351.
41) A. M. Hills, *Fundamental Christian Theology*, 329, 244, 245, 259, 267, 287.
42) Donarld W. Dayton, "Whither Evangelism?," Theodore Runyon, ed., *Sanctification & Liberation: Liberation Theologies in Light of the Wesleyan Tradition* (Nashville, Tennessee: Abindon, 1981), 145.

근본주의자들과의 거리를 두었다.[43] 또한 그는 성서의 고등비평을 수용한 자유주의를 비판하면서 자유주의와도 차별된 입장, 웨슬리안복음주의를 지지하였다. 그 증거로는 칼빈주의가 주장하는 전적 타락과 불가항력적 은총을 거절하고 웨슬리의 그리스도인의 완전과 자유의지와 책임에 기초한 성결의 가능성과 필요, 그리고 당위성을 강조하여 영적 부흥과 교회의 개혁과 갱신을 강조하였기 때문에 그의 신학을 웨슬리안 복음주의(Wesleyan Evangelicalism)로 정의하는 것에는 무리가 없다.

나. 오순절주의(Pentecostalism)

성결운동의 전도자들에게 있어서 '오순절(Pentecostal)'이라는 말은 '성결'과 같은 말이었다.[44] 힐스가 사용하는 오순절은 성결, 그리고 성령세례와 동일한 의미이다. 성결운동의 지도자들은 온전한 성결을 사도행전 2장에 나오는 오순절 성령이 사도들에게 임하였다는 사실과 연관시켰다. 온전한 성결은 성령으로 말미암아 믿는 사람들이 믿음으로 마음이 깨끗해졌을 때 개인에게 성령이 임한 것이다(행 15:9). 성결운동의 지지자들은 성결운동을 성령강림절의 회복으로 간주하였다.[45] 다시 말해서, 성결운동이 19세기 말 미국과 영국에서 수십 년 간 지속될 수 있었던 강력한 동인은 바로 '오순절의 현재화'라는 확신이었다. 오순절주의의 핵심은 성령, 그리고 성령세례이다. 성결은 하나님의 선물인 동시에 성령세례에 의한 것이기 때문에 성결과 성령세례는 불가분리의 관계에 있다. 성결 없는 성령세례도 성령세례 없는 성결도 상상할 수 없다. 특히, 힐스에게 있어서 양자는 필수불가결한 관계이다. 힐스의 신학은 오순절 성령세례와 성결 교리에 집중되어 있다.

---

43) A. M. Hills, "The Schofield Reference Bible Examined for the Nazarenes," *Herald of Holiness* (Feb. 22, 1922): 4-5.
44) Floyd Cunningham, eds., 215.
45) Floyd Cunningham, eds., 225.

힐스가 주장하는 오순절주의는 가감 없이 성령세례와 성령론을 의미하고 그것은 반드시 성결과 이어져 있다. 그에 의하면 성결은 성령세례이고 성령세례는 성결을 의미한다. 사도행전의 오순절 성령세례는 중생이 아니라, 성결의 축복과 경험을 증거 한다.[46] 오순절 성령세례를 경험한 초대교회 신자들이 평범한 그리스도인의 경험으로써 성령세례에 의한 두 번째 은총, 성결의 역사를 대망하라고 가르쳤을 때, 그들의 열정은 지칠 줄 몰랐고 그들의 삶은 순결했으며, 그들의 용기는 완전하였다. 초대교회에서 성령세례와 성령 충만 그리고 성결은 지극히 일상적이며 평범한 일이었음을 힐스는 증거한다.[47] 힐스는 성결과 그 능력을 상실하고 성령과 성령세례를 거절한 감리교회를 향해 성결과 성령세례를 역설하였다. 한때 감리교도들은 모든 신자들의 특권으로써 성결 혹은 성화의 위대한 진리에 대해 거의 유일한 지지자들이었다. 성결은 중생 그 다음 오는 은총의 두 번째 역사이며 성령세례에 의해 마음을 정결케 하는 하나님의 은총이다. 성령세례에 의한 성결은 감리교회의 상징이었고 교회를 부흥케 하는 결정적인 요인이었다. 그러나 그 당시 감리교회는 성화 혹은 성결은 매우 느리고 점진적이고 기계적인 성숙의 과정으로 인식하고 가르쳤으며, 오순절 성령세례에 의한 성결을 거절하고 성결의 역동적 신앙을 상실하였다.

우리는 무시무시한 질병, 영적인 기근에 걸렸다. 그것은 성령의 증거의 결여, 개인적 경험의 결핍, 영적 능력의 결여이다. 그리고 그 증상들은 많고 다양하다. 그러나 그 병은 한가지이다.… 위대하고 그리스도와 같은 성품을 세우기 위해 필요한 도덕적이고 영적인 능력은 세속성과 이기심의 지배적인 세력에 의해 탈선하였다(Pentecost Century, September, 1901.).[48]

---

46) A. M. Hills, *Pentecost rejected: And the effect on the churches* (Cincinnati, Ohio: Office of God's Revivalist, 1902), 25.
47) A. M. Hills, *Pentecost rejected*, 11.
48) A. M. Hills, *Pentecost rejected*, 16.

힐스는 이처럼 암울한 현실을 변혁할 수 있는 유일한 방법은 오순절로 돌아가서 성령세례에 의한 성결의 능력과 경험을 회복하는 것이라고 주장하였다.[49] 오순절의 은혜는 중생의 경험과 차별된다. 중생에서 성령은 안에 계신 분(정숙성)으로 묘사되고 오순절과 성령강림 이후 성령은 존재 위에 계신 분(역동성)으로 설명된다. 성령은 기름 부으시고 강림하시며 구비시키는 분이다. 성령은 우리에게 성결케 하는 능력을 주시는 분이다.[50] 힐스는 자신의 경험에 비추어 성령세례를 받고 그 능력을 얻는 다섯 가지 조건을 다음과 같이 제시한다.

첫째, 당신은 성령 자체를 소유함 없이 성령의 능력을 소유할 수 없다. 즉 성령의 능력을 행하기 전에 거룩한 사람이 되어야 한다. 둘째, 당신은 정결해야 한다. 즉 당신은 깨끗한 그릇이어야 한다. 셋째, 당신은 당신의 최고의 목적으로써 그리스도의 영광을 위해 살아야 한다. 넷째, 당신의 설교와 가르침은 하나님의 말씀과 조화되어야 한다. 다섯째, 믿음에 의해 당신은 중생하고 믿음에 의해 당신은 의롭게 되며, 믿음에 의해 당신이 성결하게 되는 것과 같이 성령은 믿음으로 받는 것이다.[51]

끝으로 힐스는 성결을 유지하기 위해 성령의 충만함을 받으려면 성령을 위해 기도해야 하는 이유에 대해 다음과 같이 설명한다.

첫째, 성령을 위해 기도하는 것은 우리의 영혼 속에 하나님의 거하심이 있게 하는 것이다. 둘째, 우리가 성서의 진리를 더 나은 인식과 뚜렷한 의식을 가져야 하기 때문이다 셋째, 우리가 하나님의 사랑의 더 완전한 확신을 가져야 하기 때문이다. 넷째, 우리가 죄를 제지하고 세상의 덫으로부터 벗어나기 위해서

49) A. M. Hills, *Holiness and Power for the Church and the Ministry* (Cincinnati, Ohio: God's Bible School Book Room, 1897), 29.
50) A. M. Hills, *The secret of spiritual power* (Kansas, Mo.: Beacon Hill Press of Kansas City, 1952), 58.
51) A. M. Hills, *Pentecost rejected*, 25-6.

이다. 다섯째, 우리가 그리스도를 바르게 감사하기 위해서이다. 여섯째, 우리가 죄를 제거하고 성결하게 되기 위함이다. 일곱째, 우리가 위로부터 능력을 덧입기 위함이다.52)

다. 성결 신학(Holiness Theology)

힐스의 신학은 성결의 은혜를 거절한 비(非)성서적이고 반(反)신앙적인 목회와 신학, 그리고 사회와 문화에 대한 논쟁과 비판을 통해 형성되었다. 힐스는 19세기 후반과 20세기 초 사회·종교 그리고 도덕적 위기는 근본적으로 온전한 구원에 의해서만 오직 해결할 수 있었던 영적 위기라고 보았다.53) 힐스는 모든 신학 전선에서 면도날 같이 예리하고 날카로운 말씀의 검을 가지고 전투를 수행했다. 그는 예리하고 명쾌한 사상가였고 매력적인 작가였다. 그는 특별히 신학적으로 칼빈주의를 혐오하였다. 왜냐하면 칼빈주의가 비판하였던 반성결(antiholiness)에 대한 주장 때문이었다. 논쟁자로서 힐스는 칼빈 신학에 관한한 가공할만한 반대자였다. 힐스가 반대했던 대표적인 칼빈주의 학자는 구(舊)프린스톤 학파의 찰스 핫지(Charles Hodge, 1822-1878))이다. 핫지에 의하면 성결의 기준이 너무 높아서 하나님은 성결을 원하고 요구하지만 그것은 불가능한 것이다. 여기에 힐스는 반론을 제기한다. 우선, 인간의 전적 타락과 하나님의 불가항력적 은총에 반하여 웨슬리를 따라 하나님의 선행은총과 인간의 자유의지와 책임의 개념을 통해 성결은 가능하다고 반박한다. 힐스는 전적 타락과 불가항력적 은총은 최소화하고 자유의지와 책임은 극대화시켰다. 힐스에게 성결은 자유와 책임의 문제이자, 중생한 그리스도인이라면 당위로 받아들여야 하는 자유의지의 선용인 동시에 책임이다.

---

52) A. M. Hills, *Pentecostal Light*, 6-26.
53) William Kostlevy, ed., 145.

힐스는 성결에 대한 근본적인 이해를 성서로부터 가져온다. 성서적 성결은 아담과 하와가 창조 시 소유했던 최초의 성결이었다. 범죄로 인한 타락 이전의 인간은 하나의 성결만을 가지고 있었다. 그러나 타락 이후 그 성결은 원초적 성결(primitive holiness)과 윤리적 성결(ethical holiness)로 구분되며, 그것은 유전죄(inbred sin)와 자범죄(ethical or actual sin) 개념으로 이어진다. 원죄는 원초적 혹은 근본적인 성결에 대한 유비(analogue)이며, 자범죄는 윤리적 성결의 유비이다. 따라서 자범죄에 의한 죄책(guilt)은 용서(forgiveness) 또는 사면(pardon)을 필요로 하고 원죄에 의한 오염(pollution)은 정화(cleansing)를 요구한다. 즉, 자범죄는 칭의(justification)와 회개를 통한 중생(regeneration)에 관계되고 원죄는 성결(holiness) 또는 성화(sanctification)에 관련된다. 죄는 인간 안에 있는 악의 얼룩(taint)이며 인간에 의한 악한 행동(conduct)이다. 다시 말해서, 이는 죄의 상태와 죄의 실제를 의미한다. 힐스는 자범죄에 대한 중생을 넘어서 원죄에 대한 해결을 성결(holiness)로 보았다.

힐스는 죄의 심각성과 폐해에 대해서는 칼빈주의에 동의하지만 성결의 가능성을 삭제하는 전적 타락에 대해서는 찬성하지 않았다. 전통적 웨슬리 신학에 있어서도 선행은총과 자유의지를 내적 모순으로 이해하고 선행은총을 부정하였다.[54] 오히려 죄의 문제는 성결을 위한 자유의지의 기회요 가능성일 뿐이다. 그는 죄로부터 구원의 종결된 사역을 온전한 성화(entire sanctification) 또는 완전한 성결(perfect holiness)이라고 주장한다. 힐스는 다양한 용어로 성결을 다음과 같이 설명한다.

> 완전(perfection), 성화(sanctification), 완전한 사랑(perfect love), 마음의 정결(pure in heart), 죄에 대한 죽음(sin to dead), 그리스도와 함께 십자가에 못박힘(crucified with Christ), 내 안에 사시는 그리스도(Christ liveth in me), 그리스도의 마음(mind of Christ), 신적인 본성의 동참자(partakers of divine

---

54) Floyd Cunningham, eds., 400.

nature), 죄로부터의 자유(free from sin), 성령 충만(filled with the Spirit), 온 영혼과 마음과 힘으로 하나님을 사랑함(loving God with all the soul, mind and strength), 모든 죄와 불의로부터 깨끗게 됨(cleaned from all sin and from all unrighteousness), 육과 영의 모든 더러움으로부터의 정결케 됨 (cleaned from all filthiness if the fresh and spirit) 등이다.[55]

힐스는 성결에 대한 또 다른 이슈, 성결은 중생의 점진적인 변화요 성화의 과정이라는 논란을 일축한다. 중생과 성화는 다른 것이며, 중생이 구원의 일차적 축복이라면 성결은 이차적이며 최종적인 하나님의 축복(the second blessing)이라는 주장을 확고히 한다. 힐스는 중생과 성결을 비교하면서 성결의 차별성을 다음과 정의한다.

첫째, 중생은 우리 안에 행하는 하나님의 역사이다. 하나님과 거룩한 일들을 향한 의지의 수정된 태도이다. 중생은 그의 법과 통치와 함께 평화롭게 하시는 우리를 위하신 하나님의 역사이다. 그러나 성결은 전존재(the whole being)를 깨끗게 하시는 하나님의 역사이다. 둘째, 중생은 죄를 사랑하는 것을 제거하는 것이다. 칭의는 이미 저질러진 죄책을 떨어내는 것이다. 성결은 미래의 죄에 대한 성향을 제거하는 것이다. 셋째, 중생은 죄를 향한 의지의 상태와 성격을 바꾸고 신적인 삶의 싹을 우리 안에 심는 것이다. 칭의는 실제적인 죄의 용서를 보증하는 것이다. 그러나 성결은 원죄를 제거하고 전존재의 본성을 바로잡는 것이며 순종의 의지를 확증하는 것이다. 넷째, 중생은 위반한 법의 처벌을 면제하는 것이다. 중생은 순종의 원리를 심고 죄의 지배하는 능력을 깨는 것이며 우리를 하나님의 자녀로 만드는 것이다. 그러나 성결은 부정함과 우상들로부터 씻기는 것이고 온전한 사람이 의지와 완전한 순종을 강화하는 것이며 거룩한 마음이 안전한, 새로운 마음과 영혼이 더불어 있는 것이다. 다섯째, 칭의는 하나님의 은혜를 가져온다. 중생은 성결을 위한 욕구와 하나님의 형상을 위한 열망을 준다. 그러나 성결에 의해 우리는 영광에서 영광에 이르는 동일한

---

55) A. M. Hills, *Holiness and Power for the Church and the Ministry*, 40. cf. A. M. Hills, *The secret of spiritual power*, 47.

형상으로 변화되며, 신적인 본성에 동참하게 된다. 성결과 하나님의 형상을 위한 열망은 현실화 된다.56)

한걸음 더 나아가서 힐스는 소극적인(negative) 성결과 적극적인 (positive) 성결로 구분한다. 한편, 소극적인 의미의 성결은 첫째, 성결은 죄의 매장(committal of sins)으로부터의 구원 그 이상이고 둘째, 성결은 내재하는 죄의 실존으로부터의 구원 이상이며, 셋째, 성결은 모든 죄로부터 정결함을 받는 것 이상이다. 다른 한편, 적극적인 성결은 성령으로 충만한 존재를 의미한다(엡 5:18). 성결은 성령의 충만함으로써 사랑과 봉사를 위한 능력을 가져온다. "소망이 우리를 부끄럽게 하지 아니함은 우리에게 주신 성령으로 말미암아 하나님의 사랑이 우리 마음에 부은바 됨이니"(롬 5:5). 즉 성결은 인간의 원죄를 씻어내고 태워내 박멸하고 삭제(the eradication of carnality)하며 성령의 충만함을 통해 하나님의 온전한 사랑(prefect love)에 이르는 것이다. 그러나 그리스도인의 완전인 성결이 절대적 완전 (absolute perfection)을 의미하는 것은 아니다. 인간의 성결은 하나님의 은혜에 의해 유래되고 잘 계획된 것일 뿐, 오직 하나님만이 거룩하다.57)는 입장이다. 즉 인간이 누리고 지상에서 성취해야 하는 성결은 상대적 완전 (relative perfection)을 의미한다.58)

성결의 가능성의 문제가 칼빈주의와 장로교회와의 이슈였다면, 성결의 즉시성의 문제는 웨슬리의 그리스도인의 완전, 성화의 교리를 점진성의 문제로 인식한 감리교회와 그 추종자들에 대한 이슈였다. 힐스는 성결의 즉시성을 역설한다. 이는 웨슬리보다는 존 플레처(John Fletcher)의 입장을 따른 것이다. 그럼에도 불구하고, 힐스는 즉시적 성결(immediate sanctification)의 근거와 출처를 웨슬리에게서 찾는다.59) 힐스는 플레처의 다른 주장, 즉

---

56) A. M. Hills, *Holiness and Power for the Church and the Ministry*, 91-2.
57) A. M. Hills, *Scriptural Holiness and Keswick Teaching Compared* (Salem, Ohio: Schmul Publishing, 1983), 59.
58) A. M. Hills, *Scriptural Holiness and Keswick Teaching Compared*, 60.

시성에 대해서 웨슬리가 플레처의 입장을 포용한 것으로 이해한다. 이와 같은 그의 주장은 이후 찰스 피니, 아사 마한, 피비 파머와 같은 오벌린 완전주의자들과의 견해와 일치한다. 힐스는 성결의 즉시성을 성령의 물세례와 불세례를 통해 설명한다. 우리에게 성결의 은혜를 주시는 분은 성령이시고 그 성령은 당신의 세례를 통해 우리를 성결케 하신다. 인간의 육욕(carnality)은 성령세례를 통해 변화될 수 있으며, 세례의 의미는 씻는 것이다. 그것은 물(water)과 불(fire)을 의미한다. 물은 외부를 씻기고 불은 그 내면(실체)을 정화한다. 물은 최초의 씻김을 상징하고 불은 오순절 성취 속의 성령에 의해 역사되는 완전한 정화를 상징한다.60) 따라서 전존재를 변화시키는 성령세례, 즉 성결은 순간적이고 갑자기 이루어지는 하나님의 선물인 것이다. 뿐만 아니라, 힐스는 성결이 아닌 것을 다음과 같이 분석한다.61)

첫째, 성결은 이상적인 것이나 절대적인 것이 아니다. 둘째, 성결은 천사 같은 완전함도 아니다. 셋째, 성결은 우리 자신의 영광스런 상태의 완전에 관한 것이 아니다. 넷째, 죄와 타락에 대해 불가능하게 한다는 점에서 죄 없는 완전함이 아니다. 다섯째, 온전한 성결은 지식 혹은 판단 또는 기억의 무오성(infallibility)을 내포하지 않는다. 여섯째, 성결은 유혹으로부터 우리를 보호하지 않는다. 일곱째, 성결은 그리스도인의 성장의 끝은 아니다. 여덟째, 성결의 축복은 그리스도의 구속 사역에 대해 끊임없는 의존성을 제거하는 것이 아니다.

힐스는 절대적 완전주의를 부정하고 현실 가능한 상대적 성결 교리를 정립하였다. 힐스의 성결 교리는 실현 가능한 목표를 설정함으로써 누구나 성결의 축복과 은혜에 참여할 수 있는 현실적인 지평을 확보해 놓았다. 또

---

59) A. M. Hills, *Holiness and Power for the Church and the Ministry*, 73-4.
60) A. M. Hills, *Scriptural Holiness and Keswick Teaching Compared*, 74-6.
61) Richard S. Taylor, ed., 347-8.

한, 구체적으로 어떻게 성결의 은혜를 받을 수 있는가에 대한 조건들을 다음과 같이 제시하였다.

첫째, 영적인 가난함이 있어야 한다. 둘째, 자신의 죄에 대한 애통함, 즉 회개가 있어야 한다. 셋째, 성결의 축복이 당신을 위한 것이라는 견고한 확신이 있어야 한다. 넷째, 성결을 위한 배고픔과 목마름이 있어야 한다. 다섯째, 순종. 여섯째, 헌신(consecration). 일곱째, 믿음의 기도가 있어야 한다.62)

끝으로 힐스는 성결의 은혜를 지속적으로 유지해야 한다고 주장한다. 성결의 축복은 즉시성에도 불구하고 단 일회적 사건이 아니라, 여러 번 반복되는 지속적인 경험이요 축복이라는 점을 통해 성결이 계속 유지되어야 함을 강조한다(빌 4:19; 유 24; 살전 5:23; 고후 9:8).63) 따라서 성결의 은혜는 종말론적 긴장 속에서 마지막 날까지 지속되어야 한다. 그것은 성령의 충만함을 의미한다. 따라서 힐스에게서 성결은 그의 신학의 정선율(cantus firmus)이자 심장이요, 정수(core)이다. 비록 편협한 이해는 아닐지라도 그의 특별한 신학은 성결 교리이다. 힐스의 성결 교리는 그의 모든 신학의 원천이다.64)

4. A. M. 힐스와 21세기

가. A. M. 힐스의 공헌

---

62) A. M. Hills, *Pentecostal Light*, 34-8; A. M. Hills, *Fundamental Christian Theology*, 245-50.
63) A. M. Hills, *Scriptural Holiness and Keswick Teaching Compared*, 94-5.
64) Richard S. Taylor, ed., 335.

1) 교회와 사역에 봉사하는 신학의 확립

힐스는 19세기 말, 20세기 초 미국 교회의 타락한 현실을 개혁하고자 성결 교리를 자신의 무기로 삼았다. 예컨대, 그 당시 감리교회는 18세기 선교 초창기의 순수하고 열정적인 신앙의 역동성을 상실하였다. 신학적으로 19세기 후반 감리교 신학자들은 의식적으로 웨슬리의 성결 교리를 버리고 온전한 성결은 점진적인 과정이며 짧은 시간 안에 달성할 수 없다고 주장하였고, 감리교 설교자들 역시 성결 교리를 가르치는 것을 포기하고 그리스도인의 완전이란 적절한 용어로 설명하면서 실행 가능한 교리가 아니라고 인식하였다.[65] 그리스도인의 완전, 즉 성결 교리를 포기한 감리교회는 더 이상 감리교회가 아니었다. 다시 말해서, 감리교회는 자신의 정체성을 거부하였다. 정체성의 거부와 상실은 급기야 윤리적인 타락으로 이어졌다.

그것은 성령을 근심하게 하는 것이었다. 목회자들의 타락상은 극에 달았고 거짓 교사와 거짓 목회자들이 교회의 질서를 어지럽혔으며, 성도들의 삶은 성서를 신앙과 삶의 권위로 인정하지 않고 기도를 부정함으로써 세속적 오락, 극장, 카드게임, 춤, 술과 담배에 빠져 살았다. 결과적으로 그것은 성결을 거부하는 것이었다.[66] 힐스는 이런 불편부당한 교회의 현실을 바로 잡고자 성결의 복음을 외쳤던 것이다. 그에게 있어서 무엇보다도 시급했던 시대적 과제는 오순절 성령세례, 즉 성결을 회복하는 것이었다. 성결을 외면한 교회, 그로 인해 정체성을 상실한 교회를 위해 성결 교리만이 교회를 개혁하고 신앙의 정체성을 회복할 수 있다고 생각하였다. 왜냐하면 성결은 내면적이고 영적인 정결함의 차원과 윤리적 차원을 가지고 있기 때문에 성결은 교회의 신앙과 삶 모두를 변화시킬 수 있었다.

본질적으로 신학은 교회의, 교회에 의한, 교회를 위한 것이다. 즉 신학은 교회와 사역에 봉사하는 학문이어야 한다. 힐스의 신학은 간결하고도 명료하게 교회와 사역을 위한 것이었다. 그의 대표적인 저서, 『성결과 능력,

---

65) Floyd Cunningham, eds., 66.
66) A. M. Hills, *Pentecostal Light*, 69-98.

Holiness and Power』의 부제가 교회와 사역을 위한(for the Church and Ministry) 것이듯이 그의 신학을 성결 자체라고 정의한다면, 그 성결은 결코 이론적이며 사변적인 주지주의에 함몰된 것이 아니라, 교회와 사역을 위한 능력을 강조한 것이었고 실제로 그는 성결의 정의 및 개념으로부터 시작하여 성결을 받아야 하는 근거와 이유, 구체적인 방법과 실천, 그리고 유지하는 방법까지 실천적이고 실제적인 과정을 체계화 하였다.

위르겐 몰트만(Jürgen Moltmann)에 의하면 성서와 관련하여 그리고 죄인의 의인(義認, justification)을 위하여 십자가에 달린 그리스도와 관련하여 교회는 개혁된 교회요, 언제나 개혁되어야 할 교회(ecclesia reformata et semper reformanda)가 된다.[67] 현대 신학자 중의 한 사람인 하비 콕스(Harvey Cox)는 『세속도시, *The Secular City*』에서 세속적인 현대 문명 속의 교회를 정의하기를 "하나님의 아방가르드(avant-garde)"라고 하였으며, 교회의 기능으로써 선포·봉사코이노니아적 기능으로 설명하였다.[68] 선포적 기능이란 노예를 해방하고 인간으로 하여금 성숙한 존재로 만드신 이가 아직도 그 일을 계속하고 계시다는 사실을 신호로 알리는 것이고, 봉사적 기능은 선한 사마리아인과 같이 찢어지고 부서진 상처 난 세속 도시의 상처를 치유하는 것이며, 그 치유는 전체성을 회복하는 일, 각 부분의 상호 관련성과 통전성을 회복하는 것을 의미한다. 마지막으로 코이노니아적 기능이란 케리그마가 말하고 디아코니아가 지향하는 것을 눈으로 볼 수 있게 제시해 주는 것을 말한다. 또 그것은 보이는 소망이며, 교회가 애써 묘사하려고 하는 참된 인간 도시의 성격과 구성 요소를 생생하게 그린 것이다. 힐스의 성결 교리는 이와 같은 신앙의 부흥과 교회의 갱신의 원리이다. 이는 교회를 교회 되게 하고 교회와 세상(사회)을 분리(separation)가 아닌 구분(distinction)하는 동일성(identity)의 원리이다. 궁극적으로 힐스의 신학은

---

67) Jürgen Moltmann, 김균진 역, 『십자가에 달리신 하나님, *Der gekreuzigte Gott*』 (천안: 한국신학연구소, 1979), 123.

68) Harvey Cox, *The Secular City: secularization and urbanization in theological perspective* (New York: Macmillan, 1966), 114.

부흥운동과 성결운동에 봉사하는 신학으로써 복음주의의 본질적 특성인 부흥과 갱신의 역동성을 확보하는 데 결정적인 기여를 하였다.

2) 성령론의 새로운 지평

힐스는 성령론의 새로운 지평을 열었다. 그 당시 오순절주의와 오순절주의자들은 성령의 가시적인 은사, 방언, 예언, 환상, 병 고침(신유, divine healing) 등과 같은 초자연적이고 신비적인 측면, 즉 성령의 가시적이고 기능적인 측면만을 강조함으로써 교회의 갈등과 분열을 초래하였다. 이런 지배적인 분위기 속에서 힐스는 신앙의 부흥과 개혁의 원리로써 성결을 이해함과 동시에 이를 가능케 하는 주체가 성령이라는 사실에 주목하여 기능적 성령 이해가 아닌 삼위 되신 하나님이라는 사실 성령은 성결이라는 은사를 수여하시는 분이라는 사실을 규명하였다. 그 동안 많은 한국 교회 역시 성령과 그 은사를 기능적으로 이해하였다. 그리고 은사를 통한 교회의 외적 성장에만 집착한 결과 오늘날과 같은 신앙의 침체와 교회의 감소와 같은 절체절명의 위기에 직면에 있다. 이를 극복하는 유일한 원리와 방법은 과거와 같은 기능 혹은 방법 지향적인 프로그램 중심적 사역 즉, 일 중심적 구조에서 성령의 은사를 받은 사람이 중심이 된 사역으로의 구조적 전환을 필요로 한다. 성령으로 충만한 성결한 교회는 성숙한 은사들을 표방해야 한다. 성령은 자신의 은사를 공급하심으로써 교회를 교회 되게 할뿐만 아니라, 성도들을 자신의 능력으로 구비시켜 교회와 사회를 섬기게 하는 분이다. 그것은 윤리적인 덕목들로 결실되어 나타난다. 성숙한 교회란 하나님과 예수 그리스도의 생기를 받아 윤리적으로 무장된 교회요, 그러한 교회만이 현대사회와 그 속에서 표류하고 있는 개인들을 구원할 수 있다.[69] 다시 말해서, 힐스는 성령을 인격적이고 신앙과 교회를 성결케 하시는 주체로 인식하여 성령 자체에 주목하여 차별적인 성령 이해를 확립하였다.

---

69) 김달수, "성숙한 교회와 성령충만,"『한국 교회의 미래와 평신도』, 강남대학교 신학대학 편 (서울: 대한기독교서회, 1994), 46.

3) 주체적인 인간의 재발견: 성결한 인간, 변혁적 인간

힐스가 주장한 성결 교리에서 추론된 인간은 자유로우며 책임적인 존재이다. 성령세례를 받아 성결하게 된 인간이야말로 원죄로부터 자유롭게 되어 자신의 자유의지를 극대화하여 책임적인 존재가 된다. 이는 인간의 비관적인 이해를 넘어서 인간 존재를 현실적이고 낙관적인 존재로 만든다. 이는 인간을 윤리적 냉소주의와 패배주의를 넘어선 창조성과 초월성, 즉 자기 변화와 사회 변화를 추동하는 변혁적인 인간을 기대할 수 있다. 즉 한편, 인간의 자유의 가능성을 삭제한 정통주의의 냉소적 오류와 다른 한편, 인간의 창조성과 초월성만을 강조하여 자유를 무제한적으로 허용하여 인간의 자유의 파괴성을 간과한 낭만적 자유주의의 실패 사이에서 인간 본성의 양면성을 현실적으로 분석하여 성령에 의한 세례로 성결케 된 인간은 자신의 죄의 한계와 환멸, 즉 비극을 철저히 인식하는 자유로운 존재이다. 이는 죄에 대해 자유로울 뿐만 아니라, 끊임없이 성령과 그의 세례에 지속적으로 의존함으로써 성령 충만함, 성결을 유지하면서 현실적으로 책임적인 존재가 된다.

오늘날 지속적으로 제기되는 근대성에 대한 비판과 우려에도 불구하고, 세계는 시장의 무한한 자유를 인정하라는 신자유주의적 경제적 세계화의 오만함과 특정한 문명의 절대화를 관철시키려는 무모한 문화적 제국주의, 그리고 절제절명의 위기 속에서 신음하는 자연과 생태계에 대한 착취를 멈추지 않는 무소불능한 과학기술의 파괴성, 즉 인간 본성의 파괴성에 대한 고발과 경고를 무시하고 있는 현실이다. 18세기 계몽주의 이후 인간과 역사에 관한 절대적인 낙관론은 결국 이상(ideal)을 환멸(delusion)로 바꾸어 환상(illusion)으로 인한 비극적 종말과 파국을 가져올 것이다. 이러한 인식 속에서 무지와 무능과 무관심 속에 인간은 역사에 대해 무책임한 존재가 된다. 그럼에도 불구하고, 성서신학적인 인간은 하나님의 창조된 세계에 대한 청지기요, 하나님의 대리로서 책임적인 존재로 살아가야 한다.

18세기 이후 근대적 인간은 이성적인 존재이다. 이성적 인간은 이상적 인간이다. 힐스의 인간 이해는 인간 속에 있는 죄는 무지로 인한 것이기 때

문에 교육과 계몽을 통해 극복될 수 있다는 세속 종교적 낙관론에 엄중한 경고와 함께 쐐기를 박은 것으로 이해할 수 있다. 필자는 인간 본성에 관한 평가는 인간의 창조성과 파괴성의 양면을 공정히 다루어야 한다고 생각한다. 힐스에 의하면 성령세례로 인해 성결한 인간은 더 이상 비관적이고 파괴적인 죄성에 함몰되지 않고 자유의지를 선용함으로써 자유와 책임성을 확보한다. 이는 한마디로 변혁적인 인간에 대한 이해라고 할 수 있는 이는 개인은 물론 체제 속에서 안주하지 않고 끊임없이 체제의 한계를 극복하려는 변화와 개혁의 의지를 가지고 현실을 변혁하는 인간이다. 힐스의 성결교리에 나타난 인간은 현실 속에서 변화와 변혁을 요구하는 시대정신에 부응할 수 있는 새로운 존재이다. 필자는 이를 새로운 인간, '변혁적 인간'으로 정의한다.

나. A. M. 힐스와 21세기적 평가

웨슬리는 그의 동생 찰스와 함께 1791년 출판한 『찬송가, *Hymns and Sacred Poems*』의 머리말에서 "그리스도의 복음은 사회적이지 않은 종교를 모른다. 사회적 성결 아닌 성결을 모른다."(The Gospel of Christ knows of no religion but social; no holiness but social holiness)."[70]고 강조했고 산상수훈 설교 중 세상의 빛과 소금을 해석할 때, "기독교는 기본적으로 사회적 종교이다. 기독교를 고독한 종교로 바꾸는 것은 참으로 기독교를 파괴시키는 것이다(Christianity is essentially a social religion; and that to turn it into a solitary religion, is indeed to destroy)."[71]고 역설하였을 뿐만 아니라, 평신도 지도자들을 교육하면서 우리의 선교 목표는

---

70) John Wesley, *The Works of John Wesley, vol, Ⅷ* ed., Thomas Jackson (Peabody, MA: Hendrickson Publishers, 1986), 277.
71) John Wesley, *The Works of John Wesley, vol, V,* 296.

"국가를 개혁하는 것(to reform the nation)"[72]이라고 강조했다. 이처럼 성결의 은혜는 개인적인 동시에 사회적이다.

힐스의 성결 교리는 지나치게 개인과 교회에 편중되어 있다. 물론 힐스가 사회적 관심을 간과하거나 무시한 것은 아니다. 다만 성령세례에 의한 성결의 은혜에 집중한 나머지 성령의 역사에 의해 모든 사람이 회심할 것이며, 모든 나라는 복음화 될 것이라는 후천년설의 확신 때문에 성결의 사회적 차원, 즉 사회 참여와 변혁에 소극적이었다고 평가할 수 있다. 그것은 그 당시 사회복음과의 차별적 이해와도 일치한다. 사회복음은 사회의 구조적인 악을 인식하고 그것을 제거하려고 하였다. 그러나 힐스는 구조악보다는 개인의 원죄에 집중해서 성령세례에 의한 성결의 은혜로 말미암아 성결을 체험한 사람들이 많아지면 자연적으로 사회는 변화된다고 믿었다.[73] 이는 힐스가 사회와 역사에 대한 순진하고 낙관적인 이해를 갖고 있었다는 단적인 증거이다.

개인과 교회의 성결만으로는 사회와 세계의 위기에 대응할 수 없다. 힐스가 주장한 온전한 성결(entire holiness)은 완전한 사랑(perfect love)을 의미한다. 십계명에서 구현된 신앙과 윤리의 결합은 예수의 사랑의 이중계명(마 5:43-48)으로 요약되어 일관되게 신앙과 윤리가 결합된다. 이웃 사랑은 단순한 도덕이나 인도주의가 아니다. 여기서 말하는 이웃 사랑은 하나님 사랑과 언제나 결합되어 있다. 이는 수직적 차원의 신앙, 하나님께 대한 의무이며 동시에 수평적 차원의 윤리이다. 예수의 사랑의 이중계명은 사랑이 당위적이기 때문에 이웃 사랑은 권고나 권면, 혹은 가언명법이 아닌 정언명령(의무) 이상인 것이다. 그리고 예수의 이웃 사랑은 보복 금지(눅 6:29-30)와 원수 사랑의 계명(눅 6:27-28), 그리고 황금률(눅 6:31)로 구체화 된다.[74] 따라서 기독교의 신앙과 윤리는 구분할 수 있어도 분리할 수

---

72) Leon O. Hynson, *To Reform the Nation* (Grand Rapids, Michigan: Francis Asbury Press, 1984), 9-10.
73) C. J. Branstetter, 249.
74) 남태욱, "프랭크 스코필드(Frank W. Schofield)의 영성," 『宗敎硏究』 제53집(2008

는 없는 불가분리의 상관관계, 즉 동전의 앞뒷면(coin-side)과 같은 것이다. 따라서 성결 역시 당위요 의무 이상이기 때문에 자연스럽게 사회적 성결 또는 성화로 넘쳐흘러야 한다. 성결은 사회적 성결 혹은 사회적 성화로 지평이 확장되어 사회적 책임으로 귀결되어야 한다.

"사회개혁 없는 종교개혁은 무의미하고 종교개혁 없는 사회개혁은 불안하다."[75] 21세기는 다양한 분야에서 위기를 맞고 있다. 이에 대하여 미국 신학자 피터 핫지슨(Peter C. Hodgson) 다음과 같이 정리한다.

> 인지론적 위기(cognitive crisis), 역사론적 위기(historical crisis), 정치적 위기 (political crisis), 사회경제적 위기(socio-economic crisis), 생태학적 위기 (ecological crisis), 성의 위기(sexual and gender crises), 종교적 위기(religious crisis) 등.

이러한 서구의 위기는 중세의 기독교(Christendom) 세계관이 붕괴되고 인류 역사의 새로운 전환점을 이룬 계몽주의 운동(Enlightenment Movement)의 원동력이었던 모더니티가 소유했던 절대적 신조들에서 오류들과 한계가 드러남으로 시작되었다.[76] 한스 큉(Hans Kueng)은 타율적인 '권위의 집'으로부터 탈출을 선언하고, 자율적인 이성을 절대적으로 신봉하며 진화적 발전을 믿고 국가주의에 몰입했던 현대인들은 이제 이성 절대주의의 환원적 오류와 무한발전주의의 신화의 한계와 국가주의의 죄악성을 의식하게 되었다고 평가한다.[77] 다시 말해서, 현대 사회의 가장 큰 특징은 이러한 모더니티의 위기를 극복하기 위한 포스트모더니티(post-modernity)

년 겨울): 290.

75) 손규태, "마르틴 루터와 토마스 뮌처," 『기독교 사상』 통권 제382호.(1990. 10): 37.

76) Peter C. Hodgson, *Winds of the Spirit: A Constructive Christian Theology* (Louisville, KY.: Westminster/John Knox, 1994), 55-61.

77) Hans Küng, *Christianity: Essence, History, and Future* (New York: Continnum, 1995), 765-772.

의 출현이라고 할 수 있다. 즉, 모더니티에 대한 위기의식은 포스트모더니즘(post-modernism)을 출현케 했고, 그 특징은 한마디로 다원주의로 표현되는 상대화라고 할 수 있다. 그리고 데이빗 트래시(David Tracy)는 근래의 저서에서 점증적으로 다중심화 되고 있는 현대에서 가장 깊은 요구는 타자성과 차별성에 직면하려는 움직임이라고 지적한다.78) 이와 같은 위기에 대처하고 해결하기 위해 힐스의 성결 교리는 사회적 차원으로 그 외연을 확장해야 하는 해석학적 과제를 수행해야 한다.

이로 인한 인간 중심의 과학기술문명은 자연을 정복과 착취의 대상으로 인식하여 오늘과 같은 환경 및 생태학적 위기를 초래했다. 16세기 종교개혁 이후 기독교 신학은 성서 중심적인 은총(특별계시)에 집중했다. 일반 은총(자연계시)에 대한 폄하와 경시가 오히려 인간 중심적 세계관을 강화했다. 자연을 '다스리고 정복하라'(창 1:26, 28)와 같은 성서 구절에 대한 해석의 오류는 자연을 정복과 착취의 대상으로 인식하는 것에 대한 신학적, 종교적 시인을 제공했다. 린 화이트(Lynn Townsend White Jr. 1907-1987)에 의하면 첫째, 성서는 인간에 의한 자연의 지배를 옹호하고 인간 중심적 경향을 확립한다. 둘째, 기독교는 하나님의 형상으로 창조된 인간과 영혼 또는 이성이 없고 열등한 창조의 잔여물로써 자연을 구별한다고 비판했다.79) 이는 1960년 이후 제기된 환경 및 생태학적 위기에 대한 최초의 기독교적 반성이었다. 린 화이트는 신 중심적인 세계관으로의 전환과 자연 친화적(nature friendly) 생태신학(eco-theology)으로의 전환을 제안하면서 환경 및 생태학적 위기를 극복하기 위한 기독교적 대안으로 중세

---

78) David Tracy, *On Naming the Present: God, Hermeneutics, and Church* (Maryknoll: Orbis, 1994), 4; Leonard Swidler, "Interreligious and Interideological Dialogue: The Matrix for All Systematic Reflection Today", in Leonarl Swidler, ed., *Toward a Universal Theology of Religion* (Maryknoll: Orbis, 1987), 5-50; John Hick and Paul F. Knitter, eds., *The Myth of Christian Uniqueness: Toward a Pluralistic Theology of Religions* (Maryknoll: Orbis, 1987), 137-218.

79) Lynn Townsend White Jr., "The Historical Roots of Our Ecological Crisis," *Science*. vol. 155(1967): 1203-7.

의 성자인 아시시의 프랜시스(St. Francis of Assisi)의 입장(Franciscanism)을 따를 것과 인간은 더 이상 자연의 지배자가 아닌 자연의 책임적인 관리자로서 청지기직(stewardship)을 회복할 것을 제안한 바 있다.

그러나 필자는 오히려 힐스의 성결 교리가 교회를 넘어 사회, 사회를 넘어 우주적인 지평까지 그 의미와 외연을 확장할 수 있다고 생각한다. 왜냐하면 하나님은 온 우주의 주인이시며 그의 구원은 단지 인간의 영혼만이 아닌 육체와 세계, 우주 전체를 포함하는 통전적인 개념이기 때문이고 성결역시 인간의 원죄를 씻기고 태우시는 완전한 치유(entire cure)의 의미를 담고 있기 때문에 인간의 삶의 조건인 자연의 치유는 불가피한 것이다. 따라서 힐스의 성결은 인간의 치유를 넘어 사회의 치유로 다시 자연의 치유까지 이어지고 연속되는 개념으로 이념적이고 원리적 확장과 실천을 시도해야 한다. 이것이 바로 힐스의 성결 교리가 갖는 우주론적 지평과 의미라고 할 수 있다. 왜냐하면 힐스가 주장한 성결은 하나님 자신이 거룩하시기 때문에 성결을 원하시고 명령하시기 때문이다. 이는 당위와 의무로써 중생한 성도가 반드시 수행해야 할 자유의지의 실현인 동시에 특권이기 때문이다.

5. 결론

본 연구 "A. M. 힐스의 생애와 신학"을 통해서 필자는 한국 교회가 성장의 침체된 분위기와 교회의 감소로 인한 상실감과 절망감[80]에서 벗어

---

80) 한국 교회 역시 이미 선교 2세기를 향하고 있다. 선교 원년(1885년) 이후 한국 교회는 1919년 3·1 독립운동 당시 25만 명, 1960년 120만 명으로 40여 년 동안 5배에도 못 미치는 미미한 성장을 한 반면, 선교 100주년을 맞는 1985년에는 1,100만 명에 달하는(전 인구의 약 22%) 기적과 같은 성장을 이룩했다. 이는 불과 25년 만에 10배에 가까운 성장을 이룬 것이고 1978년을 제외하고는 매년 100만 명 이상이 증가한 것이다. 선교 100주년 이후 1980년대 후반까지 경이적인 성장을 계속해 오던 한국 교회는 1993년을 기점으로 성장둔화 현상(3%)이 나타나기 시작했다. 2008년 문

날 수 있는 희망을 보았다. 그것은 다름 아닌 '성결'이다. 이는 한국 교회의 목회와 신학을 혁신할 수 있는 명료한 이념이요 단순한 원리이다. 또한 필자는 이번 연구를 통해 신앙의 위기와 교회의 변혁의 방법은 거창한 구호나 복잡한 이론과 체계적인 조직으로 되는 것이 아니라는 사실도 새삼 깨달았다. 그것 역시 '성결'이었다. 따라서 필자는 힐스가 주장한 성결 교리와 그가 추진한 성결운동의 영성을 제안하는 것으로 결론을 대신하고자 한다.

힐스에 의하면 성령세례에 의한 성결의 은혜를 받는 제일 조건은 다름 아닌, 성결과 성령 충만함에 대한 목마름과 배고픔이었다. 이에 대한 갈급함이 있어야 한다는 것이다. 그리고 애통함과 슬퍼함이다. 우리가 회복해야 할 것은 오직 '성결'에 대한 갈급함이다. 이는 자신의 죄에 대한 애통과 슬픔을 동반한다. 이는 자기 비움의 영성을 의미한다. 현재 한국 교회의 위기는 탐욕으로 인해 너무 많은 것들을 소유해서 초래된 것이다. 하나님 자신인 성령과 그의 선물인 성령세례를 받기 위해서는, 성결의 은혜를 받기 위해서는 자신을 비워야 한다는 것이다. 이는 하나님의 창조 원리와도 같은 자기 제한(Zimmzum)이다.[81] 하나님은 철저히 자신을 제한하심으로써 우주를 무로부터 창조(ex nihilo Creatio)를 이루셨다. 마찬가지로 성령으로부터 성령세례, 성결을 받기 위해서는 자기 제한과 같은 자기 비움이 있어야 한다. 즉 자신의 죄와 그 한계에 대한 철저한 자기 인식과 함께 성결의 필요성에 대한 절박한 자기 요구가 동반되어야 한다. 동시에 이것은 철저한 자기 부정(self deny)을 의미한다. 힐스는 이것을 절대적인 헌신이라는 말로

화체육관광부의 "한국의 종교현황"에 따르면 한국에는 불교신자가 가장 많은 국민 5명에 1명꼴인 1,072만 6,463명으로 나타났다. 이는 2005년 인구 및 주택센서스 집계로써 1995년 조사와 비교해 40만여 명이 늘어난 수치이다. 기독교는 861만 6,438명으로 그 뒤를 이었고, 천주교가 514만 6,147명으로 세 번째이다. 기독교는 1995년 조사 때보다 10만여 명이 줄었으며, 천주교는 10년 전보다 220만 명이 늘어 높은 신장세를 보였다. 2013년 현재 한국 교회의 양적 성장의 둔화와 침체는 더욱 심각해졌다.
81) Jürgen Moltmann, 김균진 역, 『창조 안에 계신 하나님, *Gott in der Schöpfung: Ökologische Schöpfungslehre*』 (천안: 한국신학연구소, 1987), 112.

설명한다. 성결의 은혜를 받기 위해서는 절대적이고 철저한 헌신이 필요하다는 것이다.

본회퍼(Dietrich Bonhoeffer)에 의하면, 제자직이란 뒤따름, 쫓으라는 예수의 부름은 오직 예수 그리스도의 인격적 결합을 뜻하는 동시에 모든 법칙과의 단절을 의미한다. 철저한 자기 부정을 통한 부름에 대한 즉각적이고 단순한 순종이 수반된다. 부르심과 순종, 즉 신앙과 헌신 사이에는 "믿는 자는 순종하고 순종하는 자는 믿는다."는 통일성이 내포되어 있는 것이다.82) 이를 정리하면, 예수를 쫓는 제자직이란 한국 교회에서 한 때 유행했던 '제자훈련'과 같은 프로그램이 아니라, 예수의 은혜로운 부름에 즉각적으로 순종하는 행위요 결단이며, 예수와의 직접적인 관계를 통해 그의 인격과 관계하는 것이다. 제자직이란 예수 그리스도의 십자가의 제자직이라고 할 수 있으며, 그리스도가 그리스도이기 때문에 고난 받고 버림받은 자가 된 것과 같이 제자가 되려면 고난 받고 버림받고 함께 십자가에 달려야 하는 것과 같은 고난에 참여하여야 한다는 것이다. 그리고 본회퍼의 제자직은 신앙에 의한 순종을 실천하는 삶이다. 즉 절대적으로 헌신된 삶을 의미한다. 힐스가 성결의 복음을 통해 역설했던 것은 성결을 위한 전적인 헌신의 영성이었다.

힐스의 생애와 신학을 통해 배운 성결운동이 성공할 수 있었던 원리는 연합운동(united movement)이었다는 것이다. 이는 특정 교단에 국한된 것이 아니라, 초교파적으로 교파와 교단을 넘어 다양한 교파와 교단을 아우르는 복음주의 진영에서 일어난 에큐메니칼운동이었다는 점이다. 에큐메니칼운동의 모토요 원리(ecumenical principle or ecumenism)인 "교리는 분리하고, 봉사는 일치시킨다(Doctrine divides, service united)."와 같이 성결운동은 다양한 교파를 아우르는 교회와 목회, 그리고 신학을 혁신시킬 수 있는 역사적 가능성이다. 이미 상술한 바와 같이 19세기 말 20세기 초 급진적

---

82) Dietrich Bonhoeffer, *The Cost of Discipleship* (New York: Macmillan Publishing Co., 1963), 63.

성결운동(The Radical Holiness Movement)은 19세기 미국 시민전쟁(American Civil War, 1861-1865)을 전후로 혼돈과 난관에 이른 미국 교회와 사회를 성령세례와 능력을 통해 개혁하고 변혁하기 위해 일어났던 부흥운동이었다.

이는 1, 2차 대각성운동과 감리교회의 부흥에 이은 개혁과 갱신 운동이었다. 이 운동은 당시 일부 감리교회와 장로교회, 회중교회, 침례교회 등 다양한 교단과 교파가 참여한 미국 전역으로 확산된 성결-오순절운동(Holiness-Pentecostal Movement)이다. 성결운동 이후 다양한 교파와 교단들이 경쟁적으로 분열되면서 성결운동은 약화되기 시작했다. 따라서 급진적 성결운동의 역사적 교훈은 "성령세례와 성결의 은혜"는 특정한 교파나 교단의 전유물이 아닌, 모든 교회가 공동으로 소유하고 전 교회가 실천해야 하는 공동의 원리가 되어야 하며, 성결운동은 공동의 연대(solidarity)를 통한 연합운동(ecumenical movement)이 되어야 한다. 이는 한국 교회의 역사를 통해서도 알 수 있다. 1907년 원산과 평양에서 시작된 영적 부흥운동이 해방 이후 1980년대까지 전국적으로 교파와 교단을 초월해서 오랜 기간 동안 지속되었으며, 한국 교회의 양적 성장을 견인한 원동력이었다면 성결운동은 현재 한국 교회의 양적 성장으로 인한 병폐를 치유하고 21세기 한국 교회의 질적 성장을 추동할 수 있는 건전한 원리이며 방법일 수 있다는 확신이다.

참고문헌

김달수. "성숙한 교회와 성령충만," 『한국 교회의 미래와 평신도』. 강남대학교 신학
     대학 편. 서울: 대한기독교서회, 1994.

남태욱. "프랭크 스코필드(Frank W. Schofield)의 영성," 『宗敎硏究』 제53집(2008
     년 겨울)

서울신학대학교 성결교회신학연구위원회 편. 『성결교회신학 역사적 유산 자료 연구
     집』. 서울: 기독교대한성결교회 출판부, 2006.

손규태. "마르틴 루터와 토마스 뮌처," 『기독교 사상』 통권 제382호(1990. 10)

Arminius, James. "On the Free Will of Man and Its Powers," in *The Works of
     James Arminius*. Vol. 2. trans. James Nicholas and William Nicholas.
     Grand Rapids: Baker, 1986.

Bonhoeffer, Dietrich. *The Cost of Discipleship*. New York: Macmillan
     Publishing Co., 1963.

Branstetter, C. J. *Purity, Power, and Pentecostal Light: The Revivalist Doctrine
     and Means of Aaron Merritt Hills*. Eugene, Oregon: Pickwick
     Publication, 2012.

Childress, James F. and Macquarrie, John. eds. *The Westminster Dictionary of
     Christian Ethics*. Philadelphia: The Westminster Press, 1986.

Cox, Harvey. *The Secular City: secularization and urbanization in theological
     perspective*. New York: Macmillan, 1966.

Cunningham, Floyd. eds. 박정열 외 역. 『나사렛교회 100년사, *Our Watchword
     and Song: The Centennial History of the Church of the Nazarene* 』.
     천안, 충남: 나사렛대학대학교출판부, 2013.

Davies, Rupett E. ed. "The Principles of a Methodist," *The Works of John
     Wesley*, Vol. 9: *The Methodist Societies: History Nature, and Design*.
     Nashville: Abingdon, 1984.

Dayton, Donald W. 조종남 역. 『오순절운동의 신학적 뿌리, *Theological Roots
     of Pentecostalism*. 』. 서울: 대한기독교서회, 1993.

Fletcher, John. *The Works of the Rev. John Fletcher*. Vol. 4. New York:

Carlton and Phillips, 1854.

Gresham, L. Paul. *Waves against Gibraltar: A Memoir of Dr. A. M. Hills, 1848-1935.* Bethany, Oklahoma: Southern Nazarene University Press, 1992.

Hick, John and Knitter, Paul F. eds. *The Myth of Christian Uniqueness: Toward a Pluralistic Theology of Religions.* Maryknoll: Orbis, 1987.

Hills, A. M. *Holiness and Power for the Church and the Ministry.* Cincinnati, Ohio: God's Bible School Book Room, 1897.

_____. *Pentecost rejected: And the effect on the churches.* Cincinnati, Ohio: Office of God's Revivalist, 1902.

_____. "The Schofield Reference Bible Examined for the Nazarenes," *Herald of Holiness* (Feb. 22, 1922)

_____. *The secret of spiritual power.* Kansas, Mo.: Beacon Hill Press of Kansas City, 1952.

_____. *Fundamental Christian Theology: A Systematic Theology.* Salem, Ohio: Schmul Publishing Co., 1980.

_____. *Pentecostal light: Praying for the spirit, filled with the spirit, grieve not the spirit.* Salem, Ohio: Schmul, 1980.

_____. *Scriptural Holiness and Keswick Teaching Compared.* Salem, Ohio: Schmul Publishing, 1983.

Hodgson, Peter C. *Winds of the Spirit: A Constructive Christian Theology.* Louisville, KY.: Westminster/John Knox, 1994.

Kostlevy, William ed. *Historical Dictionary of the Holiness Movement: Historical Dictionary of Religions, Philosophies, and Movements.* No. 98. Lanham, Maryland·Toronto·Plymouth, UK: The Scarecrow Press, Inc., 2009.

Moltmann, Jürgen. 김균진 역. 『십자가에 달리신 하나님, *Der gekreuzigte Gott*』. 천안: 한국신학연구소, 1979.

_____. 김균진 역, 『창조 안에 계신 하느님, *Gott in der Schöpfung: Ökologische Schöpfungslehre*』. 천안: 한국신학연구소, 1987.

Rees, Seth C. at. all. *Pentecostal Messengers.* Cincinnati, Ohio: God's Revivalist

Office, 1898.

Rosell, Garth M. and Dupuis, Richard A. G. eds. *The Memoirs of Charles G. Finney: Complete Restored Text, Annotated Critical Edition.* Grand Rapids: Zondervan, 1989.

Runyon, Theodore. ed. *Sanctification & Liberation: Liberation Theologies in Light of the Wesleyan Tradition.* Nashville, Tennessee: Abingdon, 1981.

Stevenson, Louise L. *Scholarly Means to Evangelical Ends: The New Heaven Scholars and the Transforming of Higher Learning in America, 1830-1890* (Baltimore: Johns Hopkins U. Press, 1986.

Swidler, Leonarl ed. *Toward a Universal Theology of Religion.* Maryknoll: Orbis, 1987.

Taylor, Richard S. ed. *Leading Wesleyan Thinkers. Great Holiness Classics.* Vol. 3. Kansas City, Missouri: Beacon Hill Press of Kansas City, 1985.

Tracy, David. *On Naming the Present: God, Hermeneutics, and Church.* Maryknoll: Orbis, 1994.

Telford, John. ed. John Wesley's letter to John Mason, in *The Letters of the Rev. John Wesley,* Vol. 6 (December 11, 1772-March 12, 1780). London: Epworth, 1931.

Wesley, John. "A Plain Account of Christian Perfection," in *The Works of John Wesley,* Vol. 11: *Thoughts, Address, Prayers, Letters,* 3rd ed. Kansas City: Beacon Hill Press of Kansas City, 1979.

White, Lynn Townsend Jr. "The Historical Roots of Our Ecological Crisis," *Science.* Vol. 155(1967)

Wogaman, Philip. *Christian Ethics: A Historical Introduction.* Louisville, Kentucky: Westminster & John Knox Press, 1993.

http://ko.wikipedia.org/wiki/프리메이슨

애런 매릿 힐스의 약력

1848년 2월 4일 미시건 주 드와이악에서 회중교인 헨리 힐스와 감리교인 줄리 페스
    브로의 5남매 중 넷째로서(둘째 아들) 태어났다.
1859년 침례교회 부흥집회에서 회심을 경험하다.
1867년 성결운동의 중심지인 오벌린 대학에 입학하다.
1871년 예일대학교 신학부에 입학하다.
1873년 예일대학교 신학부를 졸업하고 회중교회 담임목사가 되었다.
1874년 오하이오 주 라벤나 등지에서 10여년 목회를 하였다(1874-1974).
1874년 오벌린 대학의 동창인 알마 포트와 결혼하여 3자녀를 두었다.
1884년 피츠버그 근처 펜실베니아 주 알레게니에서 목회를 하였다(1884-1890).
1886년 아내의 사별로 인해 훌다 프레이쉬콘과 재혼하여 4자녀를 낳았다.
1890년 올리벳 대학 회중교회에서 목회를 하다(1890-1891).
1891년 회중교회 국내선교회의 전도자로 사역하다(1891-1893).
1893년 미주리 주 스프링필드에서 가정선교교회를 사역하다(1893-1894)
1894년 전담 전도자가 되다.
1895년 5월 29일 성령세례를 위해 기도를 시작하다.
1895년 12월 7일 오벌린에서 회중교회 평신도이자 성결밴드의 지도자인 프레슬러
    (L.C. Presler)로부터 성결교리에 관련한 감리교 문헌들을 소개받았다. 저녁
    에 성령의 지시를 따라 하나님을 찬양하다가 성령의 세례를 받고 성결의 은
    혜를 경험하였다.
1896년 『성결과 능력』 *Holiness and Power*을 저술하다.
1897년 가을에 하나님의 부흥사역자 출판사에서 마틴 냅을 만나다.
1898년 에즈베리대학에서 1년간 가르쳤다.
1899년 텍사스 성결대학의 설립자요 총장으로 사역하다(1899-1906).
1901년 시카고 성결연합회의 공인 전도자와 인기 있는 부흥강사가 되었다.
1906년 아이오와 성결연합회의 제안으로 중앙 성결대학을 설립하다(1906-1908).
1908년 영국의 맨체스터의 스타 홀 선교신학교에서 웨슬리와 동일한 가르침을 주었
    다(1908-1915).
1908년 스타 홀 선교회의 초청을 받아 일본 동양선교회의 벤 길보른과 찰스 카우만
    과 동행하다.

1910년 일리노이 성결대학의 총장, 올리벳 남서성결대학, 오클라호마 성결대학의 선구자가 되다.

1916년 캘리포니아의 파사데나에 돌아오다(1916-1932).

1929년 실천신학서인 『설교학과 목회신학』을 출판하다.

1931년 조직신학서인 『근본적 기독교신학』을 출판하다.

1932년 84세에 모든 공직에서 은퇴하다.

1935년 9월 11일에 87세의 나이로 소천하다.

□ 국문초록 □

애론 힐스의 생애와 사상

남태욱
글로벌사중복음연구소 연구원

애론 메리트 힐스(Aaron Merritt Hills, 1848-1935)는 한국성결교회의 모체가
되는 1897년 만국성결연맹(International Holiness Union & Prayer League)을 결성
한 마틴 냅(Martin W. Knapp, 1853-1901), 셋 리스(Seth Cook Rees,
1854-1933), 윌리엄 갓비(William Godbey, 1833-1920)와 함께 19세기 말 20세기
초 성결운동(Holiness Movement)을 견인한 대표적 인물 중 하나이다. 필자는 이번
연구, "A. M. 힐스의 생애와 신학"을 통해 첫째, 19세기 말 20세기 초 성결운동의
실체와 힐스의 신학의 내용을 파악하고자 한다. 이는 한국성결교회의 정체성을 확립
하는 데 유용한 자료가 될 것이다. 둘째, 그 운동에서 힐스의 위상과 공헌을 규명하
고자 한다. 그의 신학과 사역을 통해 드러난 교훈은 목회와 신학을 혁신할 수 있는
귀중한 단초를 발견할 수 있을 것이다. 끝으로 21세기 한국 교회의 개혁과 갱신을
위한 원리와 방법을 제안하고자 한다.

주제어
힐즈, 성결운동, 웨슬리안 복음주의, 오순절주의, 성결신학, 성령세례, 불세례

□ Abstract □

A Study on the Life and Thoughts of Aaron Merritt Hills

Tae-wook Nam
Global Institute of the Four-fold Gospel Theology, Researcher

Aaron Merritt Hills(1848-1935) was one of the representative leaders in Holiness Movement with Martin W. Knapp(1853-1901), Seth Cook Rees(1854-1933), and William Godbey(1833-1920) at the end of 19th century to early 20th century in the United State. They organized the International Holiness Union & Prayer League in 1897. In this study, "A Study on the Life and Theology of Aaron Merritt Hills, firstly I will get hold of realities of Holiness Movement and Hills's theological contents at the end of 19th century to the early 20th century in the United State. It will be used as valuable materials for re-building up identity of Korea Holiness Evangelical Church. Secondly, I have to examine Hills's position and contribution in Holiness Movement concretely. As a result, we can find precious key-idea and it can innovate our pastorate and theology now and in the future. Lastly I will propose the principle and method for reformation and innovation of church and its theology in Korea.

Key Words
A. M. Hills, Holiness Movement, Wesleyan Evangelicalism, Pentecostalism, Holiness Theology, Baptized with the Holy Ghost & Fire